बोरूंदा डायरी

अप्रतिम बिज्जी का विदा-गीत

मालचंद तिवाड़ी

राजकमल प्रकाशन
नयी दिल्ली पटना इलाहाबाद कोलकाता

ISBN : 978-81-267-2695-0

मूल्य : ₹ 150

पहला संस्करण : 2014

प्रकाशक
राजकमल प्रकाशन प्रा. लि.
1-बी, नेताजी सुभाष मार्ग, दरियागंज
नई दिल्ली-110 002

शाखाएँ
अशोक राजपथ, साइंस कॉलेज के सामने, पटना-800 006
पहली मंजिल, दरबारी बिल्डिंग, महात्मा गांधी मार्ग, इलाहाबाद-211 001
36 ए, शेक्सपियर सरणी, कोलकाता-700 017

वेबसाइट : www.rajkamalprakashan.com
ई-मेल : info@rajkamalprakashan.com

मुद्रक
बी.के. ऑफसेट, नवीन शाहदरा, दिल्ली-110 032

BORUNDA DIARY (Apratim Bijji Ka Vida-Geet)
by Malchand Tiwari

बोरूंदा डायरी

अप्रतिम बिज्जी का विदा-गीत

मित्रद्वय जोधपुर निवासी
शिवदत्त जी और कैलाश कबीर
को निवेदित

आमुख

वह सितंबर, 2012 की कोई तारीख थी। मैं भारतीय कथा-साहित्य के अनूठे और अप्रतिम कथा-शिल्पी विजयदान देथा उर्फ बिज्जी के आकस्मिक बुलावे पर उनके गांव बोरूंदा पहुंचा था। उन्होंने अपने जमाता और राजस्थानी भाषा के सुप्रसिद्ध कवि पद्मश्री डॉ. चंद्रप्रकाश देवल को भी बुला रखा था। कहा, ''तुम दोनों से मिले अर्सा हो गया था, सो बुला लिया।''

शाम को विशद पैमाने के रसरंजन (इस शब्द के लिए श्रीयुत अशोक वाजपेयीजी का आभार) के साथ विस्तीर्ण गपशप हुई।

बिज्जी खूब खुश रहे। मैं और देवल साहब उनको खुश पाकर भरपूर कृतकार्य हुए। देवल साहब उन्हें आदरपूर्वक आचार्य के संबोधन से बुलाते रहे हैं और मैं तो उनके साथ अपनी शुरू-भेंट से ही उन्हें पितृ-स्थानीय मानकर उन्हें राजस्थानी संबोधन में जी'सा कहता रहा हूं।

वर्ष 2012 के नोबल पुरस्कार के लिए नामित होकर विश्व नागरिक बन चुके इस भारतीय कथाकार को एक कमरे में परिमित जीवन बिताते देखना उनके अनेक चाहने वालों की तरह हमारे लिए भी दुखद ही था। आठ-दस घंटों तक उन्होंने हमारे साथ दुनिया-जहान की बातें करके मानो दुनिया भर की सैर कर ली थी और अगली सुबह हमारी विदाई का क्षण भी आ पहुंचा था।

बिज्जी ने सब कुछ मानो ठीक अपनी किसी कहानी के प्लॉट की तरह बुन कर रख छोड़ा था। सवेरे नाश्ते से फारिग हुए कि बोले, ''मेरी 'फुलवाड़ियों' (14 भाग) को अविकल हिंदी अनुवाद में प्रकाशित करने का प्रस्ताव आया है। इस अनुवाद की अनुमति मैं केवल तीन ही व्यक्तियों को दे सकता हूं—कैलाश कबीर, चंद्रप्रकाश देवल या फिर मालचंद तिवाड़ी। कैलाश (उनका पुत्र) ने स्पष्ट रूप से इनकार कर दिया है। सीपी साहब (डॉ. देवल के लिए उनका संबोधन), आप फैसला करें कि आप और मालचंद दोनों में से कौन इस काम का बीड़ा उठाता है!''

देवल साहब ठहरे परम व्यस्त आदमी! कहें—व्यस्तता-व्यसनी! बेशक वे चाहें तो किसी को पान की दुकान खुलवा दें या फिर कोई खुली हुई दुकान उठवा दें,

पर यों एक जगह बंधकर बैठने का बीड़ा वे भला कब उठाते! उन्होंने अपने अचूक कौशल से गेंद मेरे पाले में लुढ़का दी। यह काम जगह पकड़कर बैठने की मांग रखता था। बात की बात में ही एक संक्षिप्त आशीर्वाद-समारोह का आयोजन हो गया।

बिज्जी के सम्मुख मेरे मुंह से हां निकलते ही उनके पुत्र महेंद्र बाबू ने कारिंदे को दौड़ा कर दो चेक मंगवा भेजे। बिज्जी के आशीर्वाद के साथ बयाने की राशि भी। तय रहा कि देवल साहब के परामर्श-दिग्दर्शन में बिज्जी की 'बातां री फुलवाड़ी' के 14 भागों का 'बातों की बगिया' शीर्षक से मैं अनुवाद करूंगा और सो भी बोरूंदा में, बिज्जी के परिपार्श्व में रहकर।

'फुलवाड़ियों' के अनुवाद की यह निर्विकल्प समाधि अंगीकार करने के सिवाय मेरे पास चारा ही क्या था! लेकिन यह बेचारगी अपनी परिणति में मेरे लिए कैसा वरदान साबित हुई, इसे केवल 'बोरूंदा डायरी' पढ़कर ही जाना-समझा जा सकता है।

मैंने सितंबर, 2012 में ही बिज्जी के गांव बोरूंदा को अपना ठिकाना बना लिया था; लेकिन डायरी का पहला पृष्ठ लिखा 11 जनवरी, 2013 को। असल में हुआ यह कि अक्टूबर, 2012 में 'राजस्थान पत्रिका' के साप्ताहिक परिशिष्ट में मेरी एक कहानी छपी। शीर्षक था—'रौनक'। संयोगवश दिसंबर, 2012 में इस कहानी को 'राजस्थान पत्रिका' द्वारा प्रति वर्ष दिये जाने वाले सर्जनात्मक लेखन पुरस्कार के लिए चुन लिया गया। बिज्जी बहुत खुश हुए। मुझे बुलाकर मुझसे कहानी सुनी। कहा, "वैसे तो मैं तुम्हें 'फुलवाड़ियों' के अनुवाद का काम छोड़कर हर्गिज न जाने दूं, पर पुरस्कार लेने जयपुर जरूर जाना। चलने की स्थिति में होता तो मैं भी तुम्हारे साथ चलता।"

7 जनवरी, 2013 को भारत के बहुचर्चित पूर्व थलसेना-अध्यक्ष वी. के. सिंह के हाथों यह पुरस्कार लेकर मैं जयपुर से सीधे अपने घर बीकानेर चला गया था। पुरस्कार-समारोह के सचित्र समाचार पढ़कर मेरे मित्र सुविख्यात वेटरिनेरी साइंटिस्ट डॉ. टी. के. गहलोत ने फोन किया, "मालचंद जी, बीकानेर में ही हैं?" मेरे हां भरते ही बोले, "तो शाम को चले आइए...आपका पुरस्कार सेलिब्रेट करते हैं।"

मैं गया तो उन्होंने आठ-दस मित्रों का जमावड़ा लगा रखा था। महंगे रसरंजन और परम सुस्वादु भोजन के पश्चात् एक बड़े आकार की खूबसूरत डायरी मुझे पुरस्कारस्वरूप भेंट की गई।

11 जनवरी, 2013 को सवेरे बीकानेर से बोरूंदा के लिए निकला तो यह डायरी मैंने बस 'यों ही' अपने साथ रख ली थी। शाम को बोरूंदा पहुंचकर जाने क्या सूझा, इसको तारीखवार लिखने की सोचकर लिखने लगा और लिखता चला

गया। अंतिम दिवस 10 नवंबर, 2013 तक, जिसके लिए मैंने इस डायरी में लिखा है : 'आज पृष्ठ की पहली पंक्ति मैंने खाली छोड़ दी है। जैसी आशंका बिज्जी की कहानियों में अनेकशः जतलाई जाती रही है, मानो आज सचमुच वैसा ही हो गया है; सूरज आसमान से टूटकर जमीन पर गिर पड़ा है—वे, बिज्जी, नहीं रहे। विजयदान देथा उर्फ बिज्जी ने आज सवेरे 8:55 पर बोरूंदा स्थित अपने घर सबल-निकेतन में अंतिम सांस ली। एकबारगी ऐसा लगा, जैसे दो भाषाएं मौन हो गईं, गूंगी हो गईं—राजस्थानी और हिंदी।'

इस तरह यह 'बोरूंदा डायरी' लिखी जाकर संपूर्ण हुई। इसीलिए मैंने इसे एक दूसरा नाम और दिया है—'अप्रतिम बिज्जी का विदा-गीत'! बिज्जी के लिए मुझे सदा-सर्वदा एक ही विशेषण सूझता रहा है—अप्रतिम! अर्थात् लासानी! बेनजीर!

मुझे यह डायरी लिखते-लिखते कई बार लगा था कि बिज्जी की अप्रतिमता की कोई सुगंध मेरे गद्य में भी समाती चली आ रही है। फिर इसके कुछ अंश यत्र-तत्र पत्रिकाओं में छपे तो मित्रों और पाठकों की प्रतिक्रियाओं ने मेरी इस प्रतीति की मानो पुष्टि ही कर दी। 'साहित्य अमृत' (फरवरी, 2014) में छपे 'बोरूंदा डायरी' के अंश के शीर्ष पर संपादक ने टिप्पणी जड़ी : 'बिज्जी हिंदी और राजस्थानी के बड़े कद के कथाकार थे। एक बड़े और मुकम्मल साहित्यकार, जिनके जीवन का हर क्षण बड़ी ही जीवंत किस्म की बतकही, अनूठी कल्पना और रस से सराबोर था। जीवन के आखिरी दिनों में लंबी बीमारी और शारीरिक थकान भी उनकी ज़िंदादिली को खत्म नहीं कर पाई थी। प्रसिद्ध कथाकार मालचंद तिवाड़ी ने न सिर्फ बिज्जी की लोककथाओं का हिंदी अनुवाद किया है, बल्कि बहुत गहरे और अचंभित कर देनेवाले समर्पण के साथ लंबे समय तक वे बिज्जी के साथ रहे हैं। यही नहीं, उन्होंने उस समय जो डायरी लिखी, वह एक जमीनी कथाकार के रूप में बिज्जी के खांटी और सतेज व्यक्तित्व को सामने लाती है। इस कारण 'बोरूंदा डायरी' एक साहित्यिक दस्तावेज का दर्जा पा चुकी है।'

इसी तरह बिहार के अत्यंत अंतस्थ-दूरस्थ इलाके सुपौल से पच्चीस रुपए के डाक-टिकट वाले रजिस्टर्ड लिफाफे में भेजे अपने 16 दिसंबर, 2013 के पत्र में श्री केदार कानन ने लिखा : ' 'पाखी' के नए अंक में 'बोरूंदा डायरी' पढ़कर रहा नहीं गया। सोचा, पहले आपको लिख ही दूं। बिज्जी भारतीय साहित्य के अद्‌भुत चितेरे थे। उनके निधन के बाद पत्रिकाओं ने उनके बारे में बहुत कुछ लिखा है, लेकिन आपके द्वारा प्रस्तुत डायरी में उनका जो व्यक्तित्व और खुलापन उभरकर आया है, वह बहुत मर्मस्पर्शी है। आपने इतनी निष्ठा और तन्मयता से यह सब लिखा है कि बहुत दिनों तक बिज्जी हमारे मन-मस्तिष्क में छाए रहेंगे।'

फोन तो अनगिनत आए। यह सब पढ़-सुनकर मुझे बरबस कविकुल-

गुरु गोस्वामी तुलसीदास का स्मरण होने लगा। अपनी कही रामकथा के लिए उन्होंने ही तो कहा है— *भनिति भदेस बस्तु भलि बरनी!* मेरी कथन-शैली बेशक भदेस रही होगी, लेकिन मैंने वस्तु का चुनाव बड़ा भला किया है। रामकथा कहने की ठानी है। इसी तर्ज पर कहूं तो भले ही मेरी लेखनी अप्रतिम न हो, पर कथा तो मैंने भी अप्रतिम बिज्जी की ही कहने की कोशिश की है। बस, इतनी-सी ही मेरी लिखी इस डायरी की बड़ाई है।

राजकमल प्रकाशन समूह का सदैव आभारी रहूंगा जो इसे पुस्तकाकार आपके हाथों तक पहुंचा रहा है। मित्रवर गिरिराज किराडू और निरुपम बाबू इसके निमित्त बने; इन दोनों के प्रति आभार कैसे जतलाऊं! दोनों मेरी प्रियता के पात्र जो ठहरे! राजस्थानी के सुपरिचित गद्यकार और कवि अनुज-तुल्य शंकरसिंह राजपुरोहित ने सदा की भांति मेरे लिखे को निर्दोष रीति से कम्प्यूटर पर उतारकर इसकी प्रेस-कॉपी तैयार की। वे सदा ही मेरे स्नेह-भाजन हैं और रहेंगे। आशा करता हूं, इस बिज्जी-कथा को हिंदी के पाठकों का प्यार भी भरपूर मिलेगा।

महाशिवरात्रि वि. सं. २०७० **—मालचंद तिवाड़ी**
27 फरवरी, 2014
बीकानेर (राजस्थान)

अनुक्रम

आमुख 7

जीती रहो 13
मिकदार 13
बात 14
सूई पिरोना 16
दिन का देहांत 17
मीठा है? 17
चील के परांठे 19
खुश-किस्मत 20
आंधी का आसन 21
पावन आंसू 22
रे गंधी! 23
अवयव 24
भूतो न भविष्यति 26
मशक्कत 26
चेतन 27
महाराजा मालदेव 30
नान्तं न मध्यं 31
जीरा 34
कविता में बोलूंगा 35
किससे कहूं? 36
इतना ही सामान शेष है 37
अतिरेकी 38
तू ही बिज्जी बन जा 39
डायरी के पन्ने नहीं सुनाएगा? 40
न दैन्यम् न पलायनम् 41
अब क्या कहूं! 42
नींबोजी का सिलोका 43
तीस बरस तक तीन बजे 46
यह उलूक 48
यकीन ही नहीं होता 49
शून्य, बेहद दुखद शून्य 50
गांव वापिस कब आएगा? 50
झूठ चबेना 51
पेंटिंग 52
विनोबाजी की टेक 55
आज मैं डायरी न लिखता 58
ईश्वरीय अनुभूति की मद्धिम-सी झंकृति 59
इसीलिए तो पंडितजी के पास आया हूं 60
म्हनै तो लाय लगावणी आवै 61
दोनों भाषाएं समृद्ध हो जाएंगी 62
इंटेलीजेंट उत्तर 64
खुलूस-ओ-मुहब्बत 66
वेद व्यास 68
खूब...खूब! 69
रोनी पर कुछ लिखते क्यों नहीं? 71
आज का दिन व्यर्थ 73

कई चीज़ों पर मेरी नज़र है 74
चिंता बिज्जी की और आनंद भी बिज्जी का 76
मजा आया, तो पैसे दे! 79
आज बोरूंदा चला आया 80
हे भगवान, यह स्मृति! 81
आंसू सपने में भी धोखा नहीं देते 83
क्षमस्व परमेश्वरी! 85
धणी रौ मांन धणियाणी रै हाथ 87
मात्र यह मातृ वंदन 92
दुनिया में हूं दुनिया का तलबगार नहीं हूं 92
वाह बिज्जी! 95
दो गूंगों का गुड़ 97
हमारा ग़म कुछ और है मित्रो! 101
कुबेर को चिट्ठी लिख दूंगा 104
और किस पुण्यस्मरण से उनको प्रणाम करूं 107
प्रेमजी 'तनहा दिल' लिये घूमने वाले आदमी हैं 109
113 गजब के गो-सेवक नींबोजी
117 आग लगे तुम्हारे इन परवानों को
120 मां की महिमा
123 सफेद सो सारे श्वेत कपोत
126 आप महाराज हैं क्या?
129 आपको राई-रत्ती जान चुका हूं
131 मोरा बाला, चंदा का जैसा हाला रे!
134 पर्यायवाची लिखने के बाद भी रोता है रे!
136 करणी समौ न देवता, गीता समौ न पाठ
139 राम-राम मालू!
142 फिर बेतलवा डाल पर!
144 बिज्जी पर क्या गुजर रही है?
146 यह मुझसे उम्र में बड़ा है!
148 एहसान मेरे दिल पे तुम्हारा है दोस्तो!
152 निवै तिलोकी नाथ, राधा आगळ राजिया!
154 एक भुजा खंडित
156 वाभा...आंखें क्यों नहीं खोलते!
157 बस 'बातों की बगिया' पूरी हो जाए
159 अलविदा बिज्जी

11 जनवरी, 2013

जीती रहो

आज मैं बोरूंदा पहुंचा, शाम 6.45 बजे। आने का मन नहीं था पर फ़ैज़ साहब का शे'र याद किया, रखा, किसी मंत्र की तरह :

दुनिया ने तेरी याद से बेगाना कर दिया
तुझसे भी दिल-फ़रेब हैं ग़म रोज़गार के

यह बात कितनी मामूली है, मगर कितनी जटिल! इसको उमर के 56वें बरस में लुढ़कता मालचंद तिवाड़ी महसूस कर सकता है, लेकिन जरूरी नहीं कि और तमाम लोग, जो उसकी रोजमर्रा जिंदगी और जिम्मेदारियों से वाबस्ता हों, वे इसकी जटिलता को समझें और तदनुरूप आचरण करें। बहरहाल, फ़ैज़ साहब का ही एक मिसरा इस दर्द की दवा है :

वो बुतों ने डाले हैं वसवसे
के दिलों से ख़ौफ़-ए-ख़ुदा गया
वो रोज़ पड़ी हैं क़यामतें
के ख़याले-रोज़े-जज़ा गया

क़यामत को आम शहरी की जिंदगी का ऐसा संदर्भ बना देना कदाचित् ग़ालिब के वश की बात भी न थी। इसलिए फ़ैज़ के 'फ़ैज़' को सलाम! जीती रहो! अब लोग सोचें, यह आशीर्वचन मैंने किससे कहा—उर्दू की शायरी से, अपनी आला दरजे की बेवकूफाना तबीयत से या किसी और से, जो जीती तो बेशक रहे पर मेरी खबर न ले?

12 जनवरी, 2013

मिकदार

आज विवेकानंद की 149वीं जयंती है। 39 वर्ष का छोटा-सा मगर तेजस्वी जीवन जीकर चला गया यह भारतीय नर-सिंह! इस महान प्रतिभा को पहचानने वाले महापुरुष रामकृष्ण परमहंस को कोटिशः प्रणाम। निरालाजी द्वारा मूल बांग्ला से अनूदित हिंदी 'वचनामृत' का गत वर्ष मैंने राजस्थानी में अनुवाद करना शुरू

किया था। कुछ अंश इधर-उधर छपे भी थे और लोगों को पसंद भी आए थे। मैंने तो यह काम इस सर्जनात्मक कौतुक से आरंभ किया था कि देखूं, परमहंस अगर राजस्थानी में बोलते तो कैसे लगते ? बड़ा आनंद आया। 'बातां री फुलवाड़ी' का कार्यभार न आ पड़ता, तो अब तक 'वचनामृत' काफी हो जाता पर 'फुलवाड़ी' के हिंदी अनुवाद का विलक्षण अनुभव भी मेरे ही हिस्से आना था। बिज्जी के सुपुत्र महेंद्र ने बोरूंदा बुलाकर रुपए 25,000 का चेक बिज्जी के हाथों दिलवाया और काम शुरू। तीन महीने हो गए। पहला, दूसरा, चौथा और पांचवां भाग प्रेस में भेज चुका। तीसरा भाग एक ही कथा या कथाओं से बना उपन्यास है—'आठ राजकंवर'। आधी भूमिका कर दी है, पूरी होने पर कथाओं के क्रम की पहली कथा—'पैलौ राजकंवर'—का अनुवाद शुरू करूंगा। तबीयत थोड़ी ढीली है, काम करने का उत्साह पैदा नहीं हो रहा।

बिज्जी मेरे 4 जनवरी को बीकानेर जाने के बाद बीमार हो गए। कल उनको जोधपुर लेकर गए थे। वहां 'ड्रिप' लगी। दवाएं भी चलीं। रात 8.20 पर मैं अपना तीसरा पेग खत्म कर खाने के लिए कहने ही वाला था कि उनकी गाड़ी आ गई। सेवकों ने मिलकर उन्हें कार से उतारा। कमरे में पहुंचाया। वे निपटने को गए—टॉयलेट के द्वार तक व्हील-चेयर में और द्वार के अंदर वॉकर के सहारे ख़ुद चलकर। पिछले दो-एक साल से यही सिलसिला है। निपटकर आए तो उन्हें बिस्तर पर लिटाया गया। मैं उनके बाएं बाजू जा बैठा। वे एकदम खुश। जैसे कुछ हुआ ही नहीं! मुझसे मसखरी में पूछा, "पूजा-पाठ शुरू कर दिया ?" पूजा-पाठ का मतलब सांध्य-पेय का सेवन।

मैंने कहा, "कब का, मैं तो रोटी जीमने वाला था।"

वे बोले, "तो आया क्यों ?"

मैंने कहा, "आपसे मिलने।"

बोले, "तो अब जा अपने कमरे में।"

मैं अपने कमरे में पहुंचा कि पीछे-पीछे उनका सेवक सुरेश खाली गिलास लिये आया, "जी'सा पेग मंगवा रहे हैं।"

गिलास का पेंदा एक सेंटीमीटर शराब से ढककर मैंने दे दिया। बिज्जी इसे नीट पिएंगे। इस मिकदार से ज्यादा शराब उन्होंने पूरे जीवन में कभी नहीं पी।

13 जनवरी, 2013

बात

कैलाशजी (कैलाश कबीर) को फोन किया कि जोधपुर शहर में मौजूद पाक विस्थापितों के खैरख्वाह श्रीयुत हिंदूसिंह सोढ़ा से बात करें। बेटा 32 वर्ष का

हो रहा है और अविवाहित बैठा है। लड़कपन में कुसंग के कारण छवि बिगाड़ ली। अब उसके आचार-व्यवहार में कोई दोष नहीं। बेरोजगार है, सो है। पर...बदनामी का दाग किसी डिटरजेंट से नहीं धुलता। रामकृष्ण परमहंस से एक ही बात सीखी मैंने, कातर होकर मां-मां पुकारना। मां-मां करते ही ध्यान गया कि हाल ही में पाकिस्तान से विस्थापित होकर जोधपुर आए परिवारों में कोई बच्ची मिले और बेटा कबूल करे तो क्यों न उसे अपने घर की दुलहिन के रूप में बेटी की तरह अपना लूं! बहू भी, बेटी भी। परम आत्मीय मित्र कैलाशजी बोरूंदा आए, तो उनसे बात की। उनको भी विचार भाया। पर वे अपने पिता विजयदान देथाजी से मिलकर जोधपुर लौट गए और रोजमर्रा की मशरूफियत में सब-कुछ भुला बैठे। लेकिन आज बड़ी तत्परता दिखाई। मेरे फोन करने के थोड़ी देर बाद ही उनका फोन आया। कहा, ''मेरी हिंदूसिंहजी से फोन पर बात हुई है। उन्होंने पूछा है, ब्राह्मणों के गोत्र-वोत्र का तो कोई चक्कर नहीं?''

मैंने कहा, ''कैलाशजी, उनसे कहो, लड़की सयानी हो, यही एक अपेक्षा है, बाकी कोई बंधन नहीं। जाति-बंधन तो कतई नहीं।''

कैलाशजी चौंके, ''क्या बात कर रहे हो? क्या मेघवाल जाति की लड़की भी स्वीकार करोगे?''

मैंने कहा, ''क्यों नहीं कैलाशजी! बीकानेर के वर्तमान सांसद और पूर्व आई.ए.एस. अधिकारी अर्जुनरामजी मेघवाल की लड़की से कौन होगा जो शादी करने से इनकार करेगा? फिर साधारण मेघवाल बच्ची से परहेज क्यों?''

कैलाशजी गलती का एहसास करते से बोले, ''मैं तो इसलिए कह रहा था कि पाकिस्तान से आने वाले ज्यादातर परिवार दो ही जातियों के हैं—राजपूत और मेघवाल।''

देखें, बात निकल तो पड़ी, कितनी दूर तक जाती है। कहते तो हैं—बात निकली है तो फिर दूर तलक जाएगी!

पुनश्च :

कल की शुरू की हुई कहानी आज पूरी हुई—'कीचड़'। आशा है, लोगों के मर्म को छू लेगी। आज लक्ष्मणदानजी कविया आए थे। दोपहर का भोजन उनके साथ किया। बिज्जी दिन-भर विभ्रमों के शिकार रहे। शाम को बुलाकर पूछा, ''मुझे इस कमरे में जैसे दिव्य और अलौकिक दृश्य दिखाई दे रहे हैं, तुम भी देख रहे हो?''

मैंने कहा, ''आपको एक किताब बड़ी प्रिय रही है, क्रिस्टोफर कॉडवेल की 'विभ्रम और यथार्थ'। ये दृश्य आपने अपनी 'फुलवाड़ियों' में खूब खींचे

हैं। वहीं से आपकी स्मृति पर अतिक्रमण कर रहे हैं।''

वे विवश स्वर में बोले, ''ठीक है भाई, तू भी मेरी बात पर विश्वास नहीं करता!''

14 जनवरी, 2013

सूई पिरोना

बिज्जी के स्वास्थ्य की स्थिति उत्तरोत्तर गिरावट पर है। उनको स्मृति-भ्रंश हो रहा है। वे पता नहीं, किन संदर्भों में भटक रहे हैं! कभी छत से टपकते पानी से उनकी रजाई भीगने लगती है, कभी एक गुलाबी जल का झरना उनको कमरे की छत के कोने पर बहता दिखाई और सुनाई पड़ता है। अचंभे से सवाल करते हैं, ''तुझे दीख रहा है? सुन रहा है?''

ऐसे सवाल बार-बार पूछने पर मैं उनका मन रखने के लिए झूठ बोल देता हूं, ''हां, सचमुच कैसा अलौकिक झरना है! और देखिए, आपके कमरे में गिर रहा है और आंगन पर पानी की एक बूंद तक नहीं!''

सचमुच, किसी इन्सान का, और वह इन्सान बिज्जी सरीखा कृती-व्यक्तित्व हो तो, मन रखने के लिए झूठ बोलना कितना सुखद और प्रीतिकर है! इतने दिनों में आज पहली बार बिज्जी को निढाल और पस्त देखा। थोड़ा-सा चिड़चिड़ापन भी। झुंझलाहट भी।

मैं लगभग 26-27 वर्षों से उनको जानता हूं। समय की कई इकाइयों—मिनट, घंटा, सुबह-शाम, दिन, सप्ताह, पखवाड़ा, महीना और अब पिछले तीन महीनों से अहर्निश—मैंने उनके साथ समय बिताया है। अब भी वे अपनी कहानियों में ही सांसें ले रहे हैं। मैं 'फुलवाड़ी' के पहले, दूसरे, चौथे और पांचवें भाग का हिंदी अनुवाद प्रकाशक के सुपुर्द कर चुका। उनको विश्वास है कि मैं 'बातां री फुलवाड़ी' को हिंदी पाठकों तक 'बातों की बगिया' बनाकर पहुंचा दूंगा। फिर भी एक दिन अपने बहुत करीब बुलाकर कहा, ''ला, हाथ दे!''

मैंने अपना दायां हाथ दिया तो उसे अपने गले पर रखकर बोले, ''अब कसम खा, मेरे गले की कसम, कि 'फुलवाड़ी' के हिंदी अनुवाद के काम को अंजाम दिये बगैर बोरूंदा नहीं छोड़ूंगा? कसम खा कि यह काम मैं पैसों के लिए नहीं कर रहा, बिज्जी के लिए कर रहा हूं?''

उनकी स्थिति ठीक रहे तो शाम को मुझसे मेरे अनुवाद में 'फुलवाड़ी' के हिंदी अनुवाद का वाचन सुनते थे। 'झोंपड़ी का ज्ञान' पर बड़े मुग्ध हुए। कहा, ''कड़ी से कड़ी मिलने पर ही जंजीर बनती है...बस, गद्य लिखने का इतना ही मर्म है। सूई पिरोना आता हो तो कशीदा काढ़ना सीखा जा सकता है। सूई पिरोने

के लिए बारीक बीनाई की जरूरत होती है। दूसरे की पिरोकर दी हुई सूई से कशीदा कोई नहीं निकाल सकता। तेरे को सूई पिरोनी आती है।" आमीन!

6 फरवरी, 2013

दिन का देहांत

लगभग बीस दिनों के अंतराल के बाद आज बोरूंदा (बिज्जी के गांव) पहुंचा हूं। घर (बीकानेर) से 8.30 बजे सवेरे निकला सो बिज्जी के घर में कदम रखने तक 5.30 बज गए। पूरा द्रिन तबाह। कृष्ण बलदेव वैद के शब्दों में—दिन का देहांत। एक बार मैंने वैदजी को रात 10 बजे के लगभग फोन किया तो उन्होंने अपनी खूबसूरत संशयात्मा लरजती-सी हां-हूं में मुझसे बात कर मुझे निपटा दिया। मैं समझ गया, वे सदा-सुहागन 'रम' में डूबकर दुनिया और दीन को, मज़ाज के शब्दों में 'फ़ितना-ए-अक़्ल से बेज़ार' होकर, अलविदा कह चुके हैं। लेकिन चौथे-पांचवें दिन ही उनका बड़े-बड़े हरफों में काली स्याही से लिखा खत मिला, जिसका पहला जुमला ही था, 'तुमने फोन किया तब तक मैं दिन का देहांत कर चुका था।' यों भाषा में दिन का देहांत करनेवाला कोई दूसरा लेखक है हिंदी में?

बहरहाल, मैं आते ही बिज्जी के कमरे में गया तो वे अपने रूमाली पर्दे में गहरी नींद में निमग्न थे। रूमाली पर्दे का मतलब—एक तहाया हुआ रूमाल ललाट पर, एक तहाया हुआ रूमाल आंखों पर और एक तहाया हुआ रूमाल गले पर। पीठ के बल लेटना और गहरी नींद में सोना। यह है जलवा 90 वर्षीय अप्रतिम भारतीय कथाकार बिज्जी का। 'दस्तावेज-135' में बनारसीदास चतुर्वेदी पर एक आलेख पढ़ा तो पता चला कि उन्होंने हिंदी साहित्य में एक 'जनपद आंदोलन' चलाकर आंचलिक भाषाओं के साहित्य के विकास का बीड़ा उठाया था। उन्होंने इसे, इस साझे मंच को 'भारतीय संस्कृति का मायका' कहा था। मतलब जहां अलग-अलग जगहों पर ब्याही भाषा-बहनें मायके में आकर अपने मन की बात करें। बिज्जी का बुलावा आ गया है, इसलिए भागकर जाना पड़ेगा। शेष कल।

7 फरवरी, 2013

मीठा है?

आज जमकर काम किया। तीसरे भाग की भूमिका पूरी की। 'आठ राजकंवर' का पहला अध्याय 'चिड़िया के बच्चे' का अनुवाद किया। बिज्जी की तबीयत

अब दिनोंदिन गिरावट पर है। ऐसा लगता है, वे ख़ुद को जीवन से विद-ड्रा कर रहे हैं। बार-बार देवल साहब (प्रख्यात राजस्थानी कवि पद्मश्री डॉ. चंद्रप्रकाश देवल) के आने के बारे में पूछते हैं। वे उनके शागिर्द और जामाता, दोनों हैं। मैं दिन का खाना बिज्जी के साथ खाता हूं। आज वे 1.45 बजे मेरे पहुंचने से कुछ ही देर पहले उठे थे। सोए पड़े रहते हैं—दिन भर, रात भर। कहते हैं, ''नींद नहीं लेता, पड़ा रहता हूं।''

उनकी विवशता उनके चेहरे पर लिखी रहती है। काल बड़ा निर्मम है। उसने इस अप्रतिम पुरुषार्थी को अपना शरणार्थी बनाकर रख दिया है। उनको लिखना छूटने का इतना अफसोस नहीं है जितना पढ़ना छूटने का। अपने उपन्यास 'महामिलन' की पंक्तियां दिन में कई बार पढ़ने की जिद पर अड़कर मात्र अंगुलियों के पोरों से सहलाते रहते हैं। दिखाई नहीं देता तो टेबल-लैंप को धकेल-धकेलकर किताब के पन्ने पर टिका देते हैं। आज दिन में थोड़ी बातें कीं। पूछा, '' 'एक राजकंवर' पूरा कर लिया?'' (मतलब—तीसरे भाग के आठ राजकंवरों के आख्यान में से एक का हिंदी अनुवाद पूरा कर लिया क्या?) फिर अचानक उनको 'दशकुमार चरित्' याद आया। मुझसे पूछा, ''पढ़ा है तूने?''

मैंने हां भरी।

फिर पूछा, ''किसका लिखा है?'' मेरे उत्तर देने से पहले ख़ुद बोले, ''नागदेव का!''

मैंने निवेदनपूर्वक कहा, ''नहीं, हर्षदेव का।'' तो खुश हुए। फिर मैंने उन्हें बताया कि मुझे फ्रेंज काफ़्का की एक कहानी 'माई इलेवन संस' बहुत पसंद है और मैंने कभी इसका हिंदी में अनुवाद करके इसका नाम 'एकादशकुमार चरित्' रखा था।

वे बड़े खुश हुए। कहा, ''कमाल का शीर्षक रखा तुमने!''

फिर मुझे लगा, वे थक गए हैं। थोड़ी देर पहले मैं उनसे आठ-दस फीट की दूरी पर बैठा खाना खा रहा था। वे अपने नित्य-सेवक चिमनारामजी से पूछ रहे थे कि मुझे क्या-क्या परोसा गया है। पूछा, ''मीठा है?''

चिमनाराम ने कहा, ''मालजी खाते नहीं हैं।''

मैंने धीरे बोलकर चिमनारामजी से कहा, ''कहो, अभी कुछ देर पहले गोंद का एक लड्डू खाया था।''

परंतु बिज्जी सीधे मुझसे ही पूछ बैठे, ''मालू, झोळिया है?'' (झोळिया मतलब पतला किया हुआ दही।) मुझे कई बार ताकीद कर चुके, ''तू रात को ड्रिंक करता है, दिन में दही जरूर खाया कर बेटा!''

चील के परांठे

आज बिज्जी अपेक्षाकृत कुछ स्वस्थ नजर आए। एक बार सवेरे, जब मैं महेंद्र बाबू (बिज्जी के सबसे छोटे पुत्र) के साथ धूप में बैठा गपशप कर रहा था, उन्होंने मुझे बुलाया। मैं गया तो लेटे हुए थे। मैंने पास जाकर उनको पुकारा, "प्रणाम करूं-सा!"

उन्होंने आंखें खोलकर पूछा, "कौन, चिमनाराम?"

मैंने कहा, "नहीं, मैं मालचंद!"

उनको सोए रहने पर बहुत ही कम सुनाई पड़ता है। फिर भी बातें करने की जिद करते हैं। सुनाई नहीं देता तो झल्लाते हैं, "सबको धीरे बोलने की बीमारी लग गई है क्या? क्या किसी ने सिंदूर पिला दिया है?"

पर आज वैसा नहीं था। उन्होंने मेरी उपस्थिति जल्दी ही दर्ज कर ली और कातर स्वर में कहने लगे, "बेटा मालचंद, 'फुलवाड़ी' का काम जल्दी कर डाल। परिवार में कलह छिड़ गई है। मेरे अपने ही महेंद्र की खिलाफत कर रहे हैं। सच बता, 'एक राजकंवर' पूरा कर लिया?"

मैंने उन्हें अपने जवाबों से—जो जाहिर है, उनके कान के पास जोर-जोर से बोलकर दिये गए—संतुष्ट किया और चला आया।

कोई 1.30 बजे चिमनारामजी ने मुझे बाहर से पुकारा, "मालजी...!" फिर दरवाजा खोलकर अंदर आए और कहा, "वाभा कह रहे हैं, मालू से कहो, भूख नहीं है तो भी मेरे साथ खाना खा ले।"

मैंने कहा, "जो उनका हुक्म!"

असल में, आज मुझे बिज्जी के एक निकट रिश्तेदार डॉ. भीमदानजी देथा 8 बजे आकर अपने साथ नाश्ता करने का न्योता दे गए थे। एक विशेष, पालक से मिलती-जुलती, चील नामक स्थानीय पत्ती के परांठे उन्होंने बड़े चाव से मेरे लिए बनवाए थे। गरम परांठों पर मक्खन का लोंदा, दही और अचार! वाह! यह दावत नाश्ते में ही उड़ा चुका था सो भूख तो थी ही नहीं। फिर भी गया। उनके सामने बैठकर खाना खाया।

वे मेरी थाली पर बड़ी नजर रखते हैं। कटोरियां कितनी हैं, यह तक ध्यान रखते हैं। आज मुझे भूख कम थी। सब्जी कटोरी में छोड़ दी और एक फुलका भी निकाल दिया।

खिचड़ी-दही के बाद उन्होंने नमकीन साग-रोटी की फरमाइश की तो चिमनारामजी ने मेरी निकाली रोटी-सब्जी उनको चूर कर दे दी। तभी उनकी नजर मेरी थाली पर पड़ी। पूछा, "मालू की थाली में एक ही कटोरी कैसे?" उनको बताया। फिर उन्होंने 2.30 बजे तक मुझे अपने पास अपने बिस्तर पर

बिठाए रखा। मैंने कई बार इजाजत मांगी, पर वे अपने दाहिने हाथ के कोमल-से इशारे से बरजते रहे।

उन्होंने कई बातें कीं, जो कल दर्ज करूंगा।

9 फरवरी, 2013

खुशकिस्मत

कल बिज्जी ने खूब बातें की थीं। कहा, बीकानेर के हरीश भादाणी ने उनके उपन्यास 'तीडो राव' का राजस्थानी में नाट्य रूपांतरण किया और उसके कई मंचन हुए। अचानक उनकी स्मृति में कुछ कौंधा। पूछा, "हरीश तो गुजर गया न?"

मैंने कहा, "हां, 2 अक्टूबर, 2009 को बीकानेर में गुजरे।"

मैंने उनको बताया कि हरीशजी को भोजन-नली का कैंसर हो गया था। बिज्जी ने गुजरने के समय की उम्र पूछी। मैंने बताई—70-72। अंदाजे से।

जब हरीशजी गुजरे तो हम बीकानेर के सारे लेखक छबीली-घाटी स्थित उनके आवास पर एकत्र थे। उन्होंने दो पन्नों की अपनी कच्ची वसीयत में लिखा था कि उनका दाह-संस्कार न किया जाए, उनकी देह बीकानेर के सरदार पटेल मेडिकल कॉलेज को सुपुर्द की जाए ताकि वह नए चिकित्सा-वैज्ञानिकों के काम आ सके।

मुझे याद है, डेथ होते ही उनकी देह मेडिकल कॉलेज दवाइयों का लेप करने के लिए भेज दी गई थी। अगले दिन सवेरे यानी 3 अक्टूबर को इस जनकवि की देह को गाजे-बाजे के साथ मेडिकल कॉलेज ले जाया जाना था। हम उनकी देह का औषधीय लेप पश्चात् मेडिकल कॉलेज से घर आने हेतु इंतज़ार कर रहे थे।

दिन का कोई एक-डेढ़ बजा था। तभी दैनिक भास्कर, बीकानेर के रेजीडेंट एडिटर मधु आचार्य 'आशावादी' मेरे पास आए और कहा, "भाई साहब, आप घर चले जाएं। तीन बजे तक मुझे आपका लिखा भादाणीजी पर एक 'ट्रिब्यूट' चाहिए। आप जाकर लिखने बैठ जाएं। मेरा आदमी लेने आ जाएगा।"

कैसे इनकार करता! लिखना सीखा किस दिन के लिए? अपने नगर के लाड़ले कवि को सुंदरतम शब्दों से विदाई न दूं, तो लानत है मेरी लेखनी को! घर गया, मां को मनाया, लिखने बैठा। नॉन-स्टॉप सात-आठ पृष्ठ। मधु का आदमी आया, ले गया।

अगले दिन सवेरे-सवेरे बिज्जी का ही पहला फोन आया था। कहा, "बेटा, हरीश के जाने पर तूने बहुत अच्छा लिखा।" थोड़ा-सा ठहरकर फिर कहा,

"लेखक की मौत पर इतना अच्छा लिखता है तो मुझ पर भी लिखकर मुझे पढ़वा दे। मरने के बाद तो दूसरे ही पढ़ेंगे, मैं कैसे पढ़ूंगा?"

ऐसे ही हैं बिज्जी। ऐसी अतिरंजना करेंगे कि आप न तो हंस पाएं, न रो पाएं।

एक बार मुझे फोन किया, "क्यों रे मालू, अब गांव (बोरूंदा) तो शायद तू मेरे बारह दिनों में ही आएगा?" (बारह दिन अर्थात् तेरहवीं के अवसर पर!)

मुझे अगले ही दिन बोरूंदा की बस पकड़नी पड़ी थी। मेरी किस्मत देखिए कि मैं उनका भरपूर वात्सल्य लूट रहा हूं। कोई महीने भर पहले पुलिसवाले लेखक मित्रवर हरिराम मीणा का फोन आया था, "मालजी, कहां हो? मैं बीकानेर आ रहा हूं।"

मैंने कहा, "सर जी, मैं तो बोरूंदा में हूं, बिज्जी के पास। 'फुलवाड़ियों' का हिंदी अनुवाद कर रहा हूं।"

वे बोले, "यार, बड़े खुशकिस्मत हो!"

"हां, सो तो हूं।"

10 फरवरी, 2013

आंधी का आसन

बिज्जी पूछते हैं, "पहले राजकुमार का संघर्ष क्या है?"

वे मेरे अनुवाद की प्रगति की जासूसी कर रहे हैं। 'बातां री फुलवाड़ी' का तीसरा भाग 'आठ राजकंवर' एक उपन्यासपरक विशद आख्यान है। शुरुआत में इसमें काफी दोहराव और असहनीय इतिवृत्तात्मकता है। पात्रों का मनोवैज्ञानिक आधार भी काफी कमजोर है। बिज्जी के लिखे किसी टेक्स्ट का हिंदी अनुवाद करते हुए इतनी उकताहट और बोरियत नहीं हुई जितनी इन 'चिड़िया के बच्चे', 'नई रानी', 'रानी छलगारी' आदि अध्यायों को करते हुए हुई। लेकिन आज 'देश-निकाला' अध्याय के अंत में आनंद आ गया। एक अकल्पनीय बिंब मिला। नई रानी द्वारा खदेड़े गए 'चिड़ा-चिड़िया' आठ राजकुमारों के महल में शरण लेकर अपना आलना बनाते हैं और वहीं अंडे देते हैं। कथा के घटनाक्रम में देश-निकाले के सजायाफ्ता राजकुमार जब नगर के अंतिम द्वार पर नगरवासियों से विदाई लेकर चलने को होते हैं, तभी चिड़ा और चिड़िया अपने आलने को अंडों सहित अपनी-अपनी चोंचों में उठाए राजकुमारों के पास आते हैं। सबसे छोटा राजकुमार उस आलने को थामता है। चिड़ा-चिड़िया कहते हैं, 'जब आप ही महल छोड़कर जा रहे हैं, तो हम किसके भरोसे यहां रहेंगे?'

चिड़ा-चिड़िया का सवाल एक वैश्विक ताब रखता है। प्रेम, सहिष्णुता,

सहकार, बंधुत्व, सहअस्तित्व, अहिंसा जैसी चीजें जब भोगवादी लिप्सांधता द्वारा खदेड़ी जाती हैं, तो यह सवाल बड़ा तात्त्विक-सा जान पड़ता है। बिज्जी की खूबसूरती यह है कि वे इस भविष्य के अंडे लेकर चलनेवाले आलने को आठ राजकुमारों में सबसे छोटे भाई के काले फेंटे (पगड़ी) में बचाते हैं। फेंटा काला इसलिए है कि आठों भाइयों को देश-निकाले की सजा के तहत आठ काले घोड़ों पर काले ही कपड़े पहनाकर मुंह काले करके भूखा-प्यासा राज्य की सीमा से निष्कासित किया गया है।

इस अंतिम महानिष्क्रमण में बिज्जी एक और सांकेतिक बिंब रचते हैं। लिखते हैं, 'उड़ती धूल के बीच में काले घोड़ों पर बैठे राजकुमार ऐसे लग रहे थे मानो आंधी के काले आसन पर काले बादल इस नगर से कहीं दूर ही दूर जा रहे हैं!'

जरा गौर कीजिए, साठ के आस-पास लिखी इस कहानी पर, जब ग्रीन-हाउस इफेक्ट नामक मानवीय चिंता से कोई परिचित तक नहीं था, देखते-ही-देखते आंधी के आसन पर बैठकर बादल पृथ्वी से दूर चले गए और हमारी सभ्यता हाथ मलती रह गई। ये हैं बिज्जी!

11 फरवरी, 2013

पावन आंसू

अपने कमरे में, मैं रोज शाम दीया-बाती करता हूं। 'रामचरितमानस' और 'गीता' की एक-एक प्रति रख छोड़ी है, उन्हीं के इर्द-गिर्द धूप-बत्ती रख देता हूं। थोड़ा-सा बुदबुदाकर मां श्यामा से प्रार्थना कर लेता हूं। उसके सामने वाचाल और सस्वर होने की क्या जरूरत है! पर आज ऐसा कुछ न कर पाया।

पौने सात बजे निर्मल, बिज्जी का पोता, आया। बोला, ''जी'सा बुला रहे हैं।''

मतलब बिज्जी बुला रहे हैं। उस वक्त मैं 'आठ राजकुमार' आख्यान के 'शगुन चिरय्या' नामक अध्याय की अंतिम पंक्तियों का अनुवाद कर रहा था। लपककर गया। वे अपनी टेबल के सामने कुर्सी पर बैठे थे। सामने पिछले दिनों आई पत्र-पत्रिकाओं की दो ढेरियां थीं।

मेरी पहचान दर्ज करते ही बोले, ''देख बेटा, कितनी बढ़िया-बढ़िया पत्रिकाएं आई हैं! एक का पन्ना भी पलटने का संजोग नहीं रहा...कोई मेरी इस वेदना को समझ सकता है?''

मैंने कहा, ''आपका मन हो तो कुछ चुनी हुई रचनाएं पढ़कर सुनाऊं?''

कहने लगे, ''देख, कितनी सारी हैं, एक महीने में भी पूरी नहीं होंगी।''

फिर कुछ ठहरकर बोले, ''कैसी विडंबना है बेटा...रो भी नहीं सकता। थोड़ा-सा रोता हूं कि जाने कैसे अपने पर ही हंसी आ जाती है!''

मैं चुपचाप उनका उदास, पस्त चेहरा देखता रहा।

बिज्जी फिर बोले, ''मृत्यु तो जीवन का शृंगार है, बेटा! यह न हो तो कैसे काम चले? सोच, मेरे सारे पुरखे आज तक जिंदा होते तो क्या होता?'' थोड़ा ठहरकर करुण स्वर में बोले, ''कुछ ला न...सुना मुझे!''

मैंने पूछा, ''आठ राजकुमारों को आपके सामने हाजिर करूं?''

थोड़े-से उत्साहित होकर कहा, ''हां...वही।''

फिर मैं लेकर गया। 'चिड़िया के बच्चे' शीर्षक एक अध्याय सुनाकर मैं रुका तो बोले, ''रुक मत।''

मैंने कहा, ''अब कल सुनाऊंगा...मेरा टाइम हो गया है।'' कहकर मैंने हाथ के इशारे से उन्हें समझाना चाहा कि ड्रिंक लेने का।

बड़े आग्रह से बोले, ''एक और चैप्टर...बस!''

मैंने 'रानी का इंतकाल' भी सुनाया। आंखें मूंदकर सुना। खत्म हुआ। मैं रुका। उन्होंने आंखें खोलकर पूछा, ''रुका क्यों?''

मैंने कहा, ''पूरा हो गया।''

तो कहने लगे, ''बस, एक और सुना दे, बड़ा आनंद आ रहा है।''

मैंने देखा था, मेरे दो अध्याय सुनाने के दौरान उन्होंने बड़े एहतियात से, मुझसे लगभग छिपाते से, अपनी आंखों के पास अंगुलियों के पोर ले जाकर अपने आंसू पोंछे थे।

प्रणाम बिज्जी, आपके इन पावन आंसुओं को!

12 फरवरी, 2013

रे गंधी!

आज सुबह बड़ा मजा हुआ। मैं नाश्ता करने बिज्जी के कमरे में गया तो चिमनारामजी उन्हें कंघी-स्नान करवा रहे थे। यह कंघी-स्नान बिज्जी का अद्भुत आविष्कार है। सर्दियों में नहाना रोज हो नहीं पाता। वे नींद से जागते ही अपनी कमर के पूरे हिस्से पर हलके-हलके एक छोटा कंघा फिरवाते हैं। कहते हैं, इससे उनका रक्त-संचार ठीक रहता है और न नहाने की क्षतिपूर्ति हो जाती है। वे इसे अपनी खास राजस्थानी शैली में 'कांगसिया-सिनान' कहते हैं।

बहरहाल, मैं जब कमरे में घुसा तो चिमनारामजी हस्बेमामूल उनके बाएं बाजू सटकर बैठे उन्हें कंघी-स्नान करवा रहे थे। मेरे कमरे में घुसने पर

चिमनारामजी ने मुझसे पूछा, "खुसबू आवै कांई ?" (मतलब खुशबू आ रही है क्या ?)

दरअसल दूसरी या तीसरी बार बोरूंदा आते समय मैं कन्नौज में बने 'फैंटेशिया' नामक इत्र की एक शीशी लेकर आया था। सवेरे नहा-धोकर बिज्जी के कमरे में जाता तो सबको खुशबू आती।

एक दिन बिज्जी के पुत्र और अब घर के मुखिया महेंद्र बाबू ने पूछ लिया, "यह कौन-सा परफ्यूम है ? बड़ी मीठी खुशबू है !"

मैंने कहा, "अभी दिखाता हूं।" मैं वह कोबरा ब्रांड इत्र की शीशी अपने कमरे से लेकर आया और उनको दिखाई।

उन्होंने कहा, "इस बार बीकानेर से आते समय चार-पांच शीशियां लेते आना...सबको देंगे...बड़ा अच्छा इत्र है।"

फिर मैंने वह शीशी बिज्जी के कमरे में ही छोड़ दी। असल में बंद ही बंद रहने के चलते बिज्जी के कमरे में नमी की वजह से एक बोसीदा-सी हलकी दुर्गंध कई बार महसूस होती है। मैंने चिमनारामजी से कहा, "इसको जी'सा (बिज्जी) के कपड़ों पर लगा दिया करो।"

खैर, सब हुआ। मैं अब तक 'फैंटेशिया' की कई शीशियां बोरूंदा ला चुका। पर आज जब चिमनारामजी ने मुझसे खुशबू के बारे में पूछा, तो मैंने जवाब में कहा, "खूब आ रही है।"

तब उन्होंने बिज्जी को 'कंघी-स्नान' कराते-कराते ही ऊंचे सुर में बोलकर, ताकि बिज्जी भी सुन लें, कहा, "चिमनिया सैंट लगाता है तो वाभा (बिज्जी) कहते हैं—क्यूं पापौ काटै रे ?" (व्यर्थ में नष्ट क्यों करता है।) फिर उन्होंने बिज्जी से कहा, "म्हैं पापौ काटूं ?"

जवाब में बिज्जी ने मुझे सुनाते हुए एक प्रसिद्ध दोहे की पंक्ति पढ़ी, "कर फुलेल को आचमन, मीठो कहत सराय।"

मैंने चिमनारामजी को दोहे की टीका सुनाई कि कवि इत्रफरोश को मना कर रहा है कि वह ऐसे मूर्खों को इत्र न दिखाए जो उसे हथेली से मुंह में लेकर चखें और उसकी मीठा कहकर सराहना करें।

आगे क्या हुआ, कल लिखूंगा।

13 फरवरी, 2013

अवयव

चिमनारामजी ख़ुद सत्तर की वय के हैं। बिज्जी के लगभग आधी शताब्दी पुराने सहचर। बिज्जी ने कोई 50 वर्ष पहले गांव में हाथ से चलनेवाली ट्रेडल प्रिंटिंग

मशीन 'फुलवाड़ियां' छापने के लिए लगाई थी, तो कंपोजीटर, बाइंडर, मशीनमैन आदि सारा कार्मिक-वृत्त अजमेर से इस शर्त पर लेकर आए थे कि एक साल में वे बोरूंदा के लोगों को ही प्रशिक्षित कर दें और चले जाएं। उस प्रेस के पहले-पहले प्रशिक्षुओं में से दो लोग—चिमनारामजी और निसार अहमद—आज तक बिज्जी से ऐसे जुड़े हुए हैं, जैसे किसी देह से उसके दो अवयव जुड़े होते हैं। निसार कुछ सालों से वार्द्धक्य के कारण अशक्त होकर घर तक सीमित हो चला, लेकिन चिमनारामजी तंदुरुस्त हैं और अपने 'वाभा' (राजस्थानी भाषा में बड़े भाई के लिए संबोधन) के नित्य-सहचर हैं। उनकी पूरी शुश्रूषा, जिसे राजस्थानी भाषा में 'हीड़ा' कहते हैं, बिज्जी के पुत्र महेंद्र बाबू ने चिमनारामजी को ही सुपुर्द कर रखी है। बिज्जी और चिमनारामजी के रिश्ते में एक अद्‌भुत केमिस्ट्री है। उसके बारे में फिर कभी।

यहां कल की बात को आगे बढ़ाता हूं। मेरी टीका सुनकर चिमनारामजी ने रूठने का अभिनय किया और कंघा पास ही बिज्जी की टेबल पर रख दिया, "मुझसे कंघा नहीं फेरा जाता...आप तो मुझे मूर्ख बनाते हैं।"

इस रिश्ते के भरोसे की खूबसूरती देखिए कि बिज्जी चिमनारामजी की धमकी से जरा भी विचलित नहीं होते और कहते हैं, "बनाने की क्या जरूरत है, तू तो जन्मजात ही मूर्ख है।"

चिमनारामजी मेरी तरफ देखकर हंसते हैं, फिर बिज्जी को जोर से बोलकर कहते हैं, "मैं तो मूर्ख हूं, कंघा कैसे करूं?"

बिज्जी धीमे सुर में कहते हैं, "यही तो मूर्खों का काम है, बुद्धिमान तो मालचंद है जो 'फुलवाड़ियों' का अनुवाद कर रहा है।"

अब तक चिमनारामजी कंघा दुबारा उठा चुके हैं और बिज्जी की पीठ पर फेरने लगे हैं।

एक दिन ऐसे ही चुहल के मूड में इन्हीं बिज्जी ने मुझसे कहा था, "मालू, मेरे इस चिमनिये (चिमनारामजी) के तो दूसरे काम बहुत ज्यादा हैं, वरना तेरा वाला काम (अनुवाद) तो यह पलक झपकते कर डाले।" कई बार यह भी कहते हैं, "चिमना, मालू कहीं अनुवाद में अटके और कुछ पूछे तो बता देना।"

चिमनारामजी और उनका रिश्ता इतना विलक्षण है कि वह अपनी मिसाल आप है। चिमनारामजी के बारे में और बहुत लिखना है। आज सीपी साहब (राजस्थानी कवि चंद्रप्रकाश देवल) और शिवदत्तजी आए थे। दिन अत्यंत घटनापूर्ण था, पर इस बाबत कल लिखूंगा।

14 फरवरी, 2013

भूतो न भविष्यति

बिज्जी को मानो 'एडिक्शन' हो गया है—रोज मुझसे अनुवाद और डायरी के पृष्ठ सुनना। श्री चंद्रप्रकाश देवल और बिज्जी के एक स्पृहणीय भावुक मुरीद श्रीयुत शिवदत्तजी आए थे। जब मैंने उन्हें बताया कि मैं रोजाना 'फुलवाड़ी की अनुवाद-डायरी' लिखता हूं, तो अड़ गए कि सुनानी पड़ेगी। कोई 15 दिनों के 15 पन्ने सुनाए तो उनके साथ-साथ देवल साहब भी अभिभूत हो गए।

शिवदत्तजी दिन में भी शराब से परहेज नहीं करते। खाना खाने से पहले तीन-साढ़े तीन पेग लगाए और खाना आते-आते अक्ल से सेवानिवृत्त हो गए। तिस पर मेरी डायरी का सुरूर! महाभारत के वेद व्यास की तरह दोनों हाथ उठाकर बार-बार कहने लगे, "भूतो न भविष्यति! एक लेखक अपने से बड़े लेखक के बारे में इतना निस्पृह और प्रेमिल होकर लिख ही नहीं सकता... ।" आदि-आदि।

देवल साहब ने मर्यादित ढंग से, केवल अपना हाथ मेरी पीठ के ऊपरी कोने पर थपथपाकर शाबाशी दी। जाते-जाते कहा, "यार, एक जगह, जहां 'निष्क्रमण' शब्द का प्रयोग किया है, उसे 'महानिष्क्रमण' कर दो तो उसके 'कोनोटेशंस' बदल जाएंगे...अर्थ की रेंज बड़ी दूर तक चली जाएगी।"

मैंने कहा, "फिर महाभिनिष्क्रमण क्यों न कर दूं?"

उन्होंने कहा, थोड़ा मजाक में, "कम से कम महा तो करो, ताकि इन चैतन्य महाप्रभु के हाथ ऊपर करके नाचने को थोड़ा संबल मिल जाए।"

असल में शिवदत्तजी किंचित् लहराए-से बिज्जी के सामने उन्हीं की कुर्सी पर बैठकर मेरी डायरी की तारीफ में दोनों हाथ उठाकर नर्तन-सा कर रहे थे तो मैंने देवल साहब, जो बिज्जी के बाएं बाजू एक अन्य बड़ी टेबल पर बैठे थे, को कहा था, "इन श्रीमान से कहिए, दोनों हाथ उठाने मात्र से कोई चैतन्य महाप्रभु नहीं हो जाता।"

बहरहाल, कल का दिन बड़ा 'एनर्जिक' था और बिज्जी बड़े प्रसन्न रहे। उन्होंने कुछ देर देवल साहब से एकदम धीमे सुर में बातें कीं। शायद कोई 'भोळावण' दी हो। यह 'भोळावण' राजस्थानी का एक असाधारण बहुआयामी शब्द है, इस पर चर्चा शायद दिल्ली से आने के बाद।

22 फरवरी, 2013

मशक्कत

पूरे एक सप्ताह बाद बोरूंदा लौटा हूं। पहले दिल्ली गया, फिर वहां से बीकानेर-घर। जाते समय बिज्जी ने हिदायत दी थी, "कहीं भी रहना, डायरी लिखने में

नागा मत करना।''

कहां रख पाया उनकी बात! दिल्ली में पहले दिन साहित्य अकादेमी में 'अफ़साना और ग़ज़ल' शीर्षक सिंपोजियम में राजस्थानी कहानी पर एक मौलिक मंतव्य रखा। शाम को होटल में देवल साहब और रामेश्वर गोदारा के साथ शराब पी; थोड़ी बहस की। देवल साहब को 'कीचड़' शीर्षक कहानी सुनाई। अगले दिन ग़ज़ल पर परचे सुने। ग़ज़ल-पाठ के सत्र में मेरा दिल्लीवासी बेटा सुकांत गाड़ी लेकर लेने आ गया तो उसके साथ चला गया। फिर वर्ष 2012 के साहित्य अकादेमी पुरस्कारों का समारोह, अकादेमी अध्यक्ष का चुनाव, आदि। डायरी लिखने की ओर ध्यान ही न गया। दिन-भर थककर चूर होना और शाम को शराब पीकर, भोजनोपरांत सो जाना।

आज आते ही बिज्जी के कमरे में गया, तो धक्का-सा लगा। उनका वजन और गिरा लगता है; मुंह जरा पतला-पतला लगा। गाल की हड्डी त्वचा पर हावी नजर आई। चिमनारामजी ने मेरा नाम लेकर बिज्जी को सोते से जगाना चाहा। मुझे पास बुलाया। मैंने पुकारा। आंखें खोलीं। मेरी आमद उन्होंने दर्ज की, ऐसा उनके चेहरे पर आई चहक की एक नितांत झीनी परत से लगा। लेकिन वह उनके बोलने की कोशिश में की गई मशक्कत में कहीं बिला गई। फिर उन्होंने न बोल पाने की बेबसी में अपनी नाक पर अपनी तर्जनी ठकठकाई। मैं समझ गया, वे मेरी नाक की बीमारी के बारे में पूछ रहे हैं। असल में उन्होंने एक दिन मुझे लक्ष्मणदानजी (महेंद्र बाबू के एक प्रमुख कर्मचारी) के मार्फत फोन करवाकर पूछा था कि दो दिन का कहकर गए थे, आ क्यों नहीं रहे? मैंने उन्हें बताया था कि बेटे ने मेरी साइनस की बीमारी के इलाज के लिए दिल्ली के सर गंगाराम हॉस्पिटल के एक बड़े डॉक्टर से मंगलवार का अपॉइंटमेंट ले लिया है। वह काम करके लौटूंगा। मैंने जोर से, बिज्जी के कान के पास बोलकर बताया, ''ठीक है, डॉक्टर ने डेढ़ महीने की दवाई दी है, साथ लेकर आया हूं।''

वे फिर सो गए। पता चला, इधर बहुत कम पानी पीते हैं और बहुत कम ही खाना खाते हैं। स्थिति चिंताजनक है। शायद अब उठे हों, जाकर देखता हूं।

23 फरवरी, 2013

चेतन

आज सुबह नाश्ते के वक्त बिज्जी के कमरे में गया था। द्वार बंद था। मैंने धकेला तो खुल गया। चिमनारामजी आज नहीं आए। रात को अंधड़ और बारिश ने तांडव मचाया था। चिमनारामजी जीरे की फसल की नीलगायों से रखवाली करने के

लिए खेत में सोते हैं। बिज्जी बिना नागा अपने चिमनिये से उसके जीरे का हाल पूछते हैं। यह बेमौसम बरसात जीरे की फसल को तबाह ही कर देगी। बिज्जी के लिए, बिज्जी के कमरे में मौसम नहीं बदलता। कई बार तो सुबह-शाम भी नहीं होते। खिड़कियां बंद, बत्तियां सारी जगर-मगर। उन्हें अंधेरा अच्छा नहीं लगता।

जब मैं नाश्ते के वक्त उनके कमरे में गया तो वे सदा की तरह पीठ के बल लेटे थे। उनका रूमाली हिजाब हटा हुआ था। आंखें खुलीं। उनके दोनों हाथ चेहरे के पास थे और एक अजीब उदास मंथर लय में उनकी अंगुलियां नर्तन-सा कर रही थीं। उन्होंने मेरी आमद दर्ज नहीं की। मैं उन्हें बिना पुकारे चला आया और नाश्ते के इंतज़ार से आजिज़ आकर थोड़ी-सी नमकीन फांकने के बाद दिल्ली के ईएनटी डॉक्टर का लिखा कैप्सूल निगल लिया। दत्तचित्त होकर काम करता रहा। कोई एक बजे परदा सरकाकर बिज्जी के दिवंगत हो चुके पुत्र और मेरे एक जमाने के अभिन्न मित्र सत्यदेवजी का छोटा बेटा निर्मल आया। कहा, ''खाना अरोग लें सा...।''

मैं गया तो बिज्जी अपने तख्ते पर बैठे थे। निर्मल ने चिलमची उनके मुंह के आगे कर रखी थी और स्टील का एक गिलास बिज्जी के हाथ में था। मुझे देखकर उन्होंने बड़े आयासपूर्वक धीरे से बोलकर कहा, ''आ भई मालू!''

मैंने निर्मल से पूछा कि क्या पानी पी रहे हैं? उसने बताया, ''नहीं, दूध में सेब का गूदा मिलाकर तैयार किया गया 'जूस' पिया है। अब कुल्ला करवा रहा हूं।''

मतलब खाना नहीं खाया। आजकल खा भी नहीं रहे। इस काम से निवृत्त होकर उन्होंने मेरी तरफ देखा और कुछ कहने की कोशिश में एक जुंबिश उनके चेहरे की मांसपेशियों में नजर आई।

मैं पास गया तो उदास, पस्त स्वर में पूछा, ''डायरी में नागा तो नहीं की? लिखी है न?''

मैंने गर्दन से झूठी हां भरी और सामने सोफे पर आ बैठा। मेरा खाना आ गया। एक छोटे स्टूल पर रखकर खाने लगा कि वे बुदबुदाए, ''चेतन...चेतन स्वामी को बुला मालू!''

मैंने खाते-खाते जोर से कहा, ''हां-सा, अभी फोन करूंगा।''

उन्होंने दो-तीन बार यह एक ही एक बात दोहराई, फिर अचानक पूछा, ''आठ राजकुमारों का क्या हाल है, सुनाएगा?''

मैंने कहा, ''शाम को।''

आज जमकर काम किया। थक गया हूं। जी करता है, सुनाने के काम से आज मुक्त रहूं।

पुनश्च :

आज बोरूंदा में एक अभूतपूर्व ढंग से मेरा जी दुखा। मां, मुझे शक्ति दे कि अपने उस पीड़क की व्यक्तिवाचक संज्ञा को कभी अपनी जबान पर न लाऊं। मुझे जोश मलीहाबादी का यह शे'र कोई खेल या उर्दू शायरी, खासकर ग़ज़ल, के हुनर मात्र के लिहाज से थोड़े ही पसंद है :

कोई हद है इस एहतराम-ए-आदमीयत की
बदी करता है दुश्मन और हम शरमाए जाते हैं

दिल्ली में साहित्य अकादेमी के उत्तर क्षेत्रीय मंडल द्वारा आहूत दो दिनों के सिंपोजियम 'अफ़साना और ग़ज़ल' में मैं राजस्थानी कहानी की बुलंदी की वकालत के लिए एक परचा पढ़ने गया था। पहले दिन अफ़साना, दूसरे दिन ग़ज़ल। तो दूसरे दिन दिल्ली के ही एक साहिब जनाब मौलाबख्श ने, जो बातों से लगा कि गोपीचंद नारंग साहब के शागिर्दे-रवां हैं, ग़ज़ल पर एक तज़किरा पेश किया। दीगर बातों के अलावा एक बात उन्होंने बड़ी गहरी कही कि ग़ज़ल आदमीयत को भुलाए जाने के खिलाफ एक कलात्मक हथियार है। उन्होंने कहा कि रूमान और विद्रोह, ये दो चीजें हमेशा से आदमीयत की शिनाख्त रही हैं। उन्होंने बड़े खूबसूरत अशआर अपनी बात की गवाही में पेश किए, लेकिन जोश साहब का यह शे'र उनमें नहीं था।

बहरहाल, मेरे लिए तो 'चंद हसीनों के खतूत' की तर्ज पर मेरे 'बाद मरने' के निकलने वाले 'सामां' में जो सामान है, उसमें जोश साहब का यह शे'र भी शामिल है। लेकिन तकलीफ की बात यह थी कि शाम पड़े कोई 6.30 बजे महेंद्र बाबू मेरे कमरे के बाहर विस्तृत खुले में बैठकर जब लोगों के साथ गपशप कर रहे थे, मैं भी चला गया। चाय आ गई थी, उसे वहीं ले गया। चाय खत्म की, तो मुझे रजनीगंधा-तुलसी की तलब लगी। मैंने सहज भाव से महेंद्र बाबू के पीछे बैठे एक घरेलू कारिंदे को कहा कि वह मेरे कमरे में जाकर मेरी मेज़ की दराज से रजनीगंधा-तुलसी ले आए। वह गया, इस काम के लिहाज से थोड़ी ज्यादा देर लगाई और मुझे मेरा सामान लाकर दे दिया। मैं थोड़ी देर गपशप के बाद अपने कमरे में गया और दराज में अपने रजनीगंधा-तुलसी रखे, तो देखा कि मेरा पर्स भी उसी दराज में पड़ा था। पर्स में 160 रुपए और चंद सिक्के थे। मेरी स्मृति में कुछ खटका हुआ। मैं घर, बीकानेर से 560 रुपए लेकर चला था। मेरे पास छह पान के टुकड़े थे। मैंने रास्ते में एक पानी की बोतल और नमकीन के सिवा कुछ न खरीदा। इन्हीं हजरत ने कल शाम मुझसे 100 रुपए उधार लिये थे। इस घिनौने संशय को दूर करने के लिए मैंने कागज के एक पुरजे पर यह सारा खर्च लिखा। 40 रुपए बीकानेर में टैक्सी के, 144 रुपए बीकानेर से मेड़ता के, 25 मेड़ता से बोरूंदा के। सारा जोड़ 334 रुपए। लमशम 340 रुपए, फिर

भी पर्स में सिर्फ 160 रुपए! ख़ुदा जाने कहां गलती है! 45 रुपए नागौर में बिस्किट, नमकीन और पानी की बोतल के, 25 रुपए बोरूंदा पहुंचने के बाद रजनीगंधा मंगाने के और 100 रुपए इन हजरत को नगद उधार देने को जोड़कर भी कम से कम मेरे बटुवे में दो सौ के नोट तो होने ही थे। पर न थे। भगवान जाने, सच क्या है! पर मेरा दिल इस दुख से दुख रहा है कि मेरे सौ रुपए चुराए गए हैं। मुझे रुपयों के नुकसान ने जीवन में कभी परेशान नहीं किया, पर जिस मनुष्य को पिछले चार महीनों से प्रेम ही प्रेम, उसके तमाम साधारणत्व के स्वीकार के साथ, करता रहा हूं, उस पर संदेह करने का यह विवश क्षण बड़ा पीड़क है। न सच, न झूठ, पर एक संदेह।

24 फरवरी, 2013

महाराजा मालदेव

आज बिज्जी दिन में ही मचलकर बैठ गए—डायरी और अनुवाद सुनूंगा। सुनाया। सवेरे चिमनारामजी रोजाना की वनिस्पत थोड़ी देर से आए थे। मुझे दिखाई पड़े तो मैंने कहा, "चलिए, जी'सा का हाल-चाल जानते हैं।"

दोनों गए, वे सो रहे थे। वही, पीठ के बल। चिमनारामजी पास बैठकर उनका कंधा सहलाने लगे। उन्होंने थोड़ी-सी आंखें खोलीं। चिमनारामजी ने जोर से कहा, "मालजी आए हैं।"

सहलाने से वे कुछ हड़बड़ाए लगे। बोलने की कोशिश में सिर्फ हवा उनके मुंह से निकलती रही। तभी अचानक उन्होंने एक वाक्य ऊंची आवाज में बोला, "पीड़ ई कोनी, सोरफ ई कोनी।" हिंदी में लिखूं, तो, 'पीड़ा भी नहीं, आराम भी नहीं।' फिर उनसे बोला न गया। उदास आंखें एक नितांत उदास गति में टिमटिमाती रहीं।

मैं अपने कमरे में लौट आया। 1.30 बजे तक काम करता रहा। फिर खाना खाने गया। चिमनारामजी बिज्जी की खाट या तख्त के सामने वाली दीवार से सटे सोफे पर बैठे 'अनुसिरजण' नामक राजस्थानी पत्रिका के पृष्ठ उलट-पलट रहे थे। एक पृष्ठ पर मेरी फोटो उन्हें नजर आ गई। चहककर बोले, "अच्छा, मालचंद तिवाड़ी!"

असल में साहित्य अकादेमी, दिल्ली के लिए चंद्रप्रकाशजी देवल के कहने पर मैंने 'यूनेस्को' के एक डिक्लेरेशन का राजस्थानी में अनुवाद किया था, वही छपा था। साथ अनुवादक का फोटो भी।

मेरा खाना आ गया। मैं खाने लगा। इस बीच चिमनारामजी ने बिज्जी को उठाकर तख्त पर बिठा दिया था। वे किंचित् स्थिर हुए तो कुछ बोले। मुझे सुनाई

नहीं पड़ा। उन्हें 'कांगसिया-सिनान' करा रहे चिमनारामजी से मैंने पूछा, "क्या कह रहे हैं ?"

वे हंसे। कहा, "आपकी थाली में आज कटोरियां ज्यादा हैं, उसी के बारे में पूछ रहे हैं कि मालू की थाली में क्या-क्या है ?"

हां, याद आया। सुबह गया था तो न बोल पाने की बेबसी में उन्होंने अपना बायां हाथ मेरी तरफ पसारा था। मैं समझा न था।

चिमनारामजी ने कहा, "सिर नीचा करो, आशीष देना चाहते हैं।"

फिर देर तक वे अपने नि:शक्त बाएं हाथ से मेरा सिर सहलाते रहे थे। दोपहर में थोड़ा मजाक भी किया। मुझे कहा, "महाराजा मालदेव! कैसे हैं आप ?"

पुराने दिन होते तो कहता, 'मैं बिना भारमली की कलाई पकड़े मालदेव बनने को तैयार नहीं।'

यह वही 'रूठी रानी' वाला राजा मालदेव है जो सुहाग रात को ही अपनी भटियाणी रानी के साथ दहेज में आई अत्यंत रूपवती दासी भारमली की कलाई पकड़ लेता है।

बिज्जी को डायरी के कुछ पृष्ठ और 'पहला राजकुमार' बेहद ऊंची आवाज में पढ़कर सुना आया और अनुवाद-कर्म में लीन हो गया। तभी कुछ देर में निर्मल आया, "जी'सा एक मिनट के लिए वापिस बुला रहे हैं।"

गया तो लेट चुके थे। पास जाकर पूछा, "हां-सा, कंई कैवो ?"

बोलने की कोशिश में सिर्फ एक वाक्य उनके मुंह से निकला, "मालू, अपनी दिनचर्या को थोड़ा मोड़ दे...।" फिर बस, हवा ही हवा। फिर एक वाक्य, "जो कहने बुलाया, अब कह नहीं पाऊंगा।" थोड़ी देर बाद फिर अटकते-अटकते कहा, "इंपोर्टेंट बात थी। मैं भूलूंगा नहीं। तुम फिर पूछना।"

मैंने कहा, "हां-सा...जब आप तख्त पर बैठेंगे तब जरूर पूछूंगा।"

क्या कहना चाहते हैं अपनी बेबसी के पार उतरकर ?

25 फरवरी, 2013

नान्तं न मध्यं

"कांई मालू, तीजा राजकंवर नै नावड़ लियौ ?" बिज्जी ने आज पूछा था।

आज वे अपेक्षाकृत स्वस्थ लगे। कुर्सी पर बैठे, अपने हाथ से दातुन किया। वॉकर से चलकर निपटने भी ख़ुद ही गए। फिर थोड़ा खाना भी खाया—दही और खिचड़ी। ये सब लंच के समय की बातें हैं जब मैं उनके कमरे में था।

कुर्सी पर बैठे-बैठे ही मुझसे पूछा, ''अनुवाद और डायरी अभी सुनाएगा या शाम को?''

चिमनारामजी उनके करीब थे; मैंने उनसे कहा कि बताएं, शाम को सुनाऊंगा, अभी मेरे काम का हरजा होगा।

आज बड़ी आसानी से मान गए। खाना खाने के बाद मैं उनके करीब जाकर बैठा और पूछा, ''कल आप क्या कहना चाह रहे थे? मुझे बुलाया था न आपने?''

तीन-चार बार की कोशिश में वे अपने वाक्यों को तरतीब दे पाए। कहा, ''डायरी लिखने के कुछ पॉइंट...पर अब जो कहना चाहता हूं, कह नहीं पाऊंगा। अभी जबान नहीं खुली।''

आज मैंने दूसरे राजकुमार से उत्तीर्ण होकर तीसरे राजकुमार के देश-काल में पदार्पण किया। क्या सुंदर आरंभ है! मेरे अनुवाद में ही देखिए : 'तपस्वी के यहां से बिछड़ते ही तीसरे वाले राजकुमार के साथ एक ऐसी अनोखी बात बनी कि सुनने पर एकाएक किसी को भी विश्वास न हो। वह रास्ते चलता सोचता जा रहा था कि अकेला होने से ही कोई निर्बल नहीं हो जाता, आकाश में सूरज कौन-से दो हैं! सारी दुनिया को उजास पूरता है। फिर चांद कौन-से दो हैं! सारी दुनिया में उजियारा छितराता है। तारे अनगिनत और बेहिसाब हैं, पर अपने से आगे उनके उजाले की पैठ नहीं।'

फिर इस तीसरे राजकुमार को पहले एक बहेलिया मिलता है और उसके बाद मछुआरा। राजकुमार और मछुआरे की बातचीत और संवाद जबरदस्त हैं। पाठक को लगता है, जब राजकुमार बोलता है तो वह राजकुमार के साथ है और जब मछुआरा बोलता है तो वह मछुआरे के साथ है। बड़ी दिलचस्प मूल्य-मीमांसा, जो आठवीं जमात के किसी बालक को भी हृदयंगम हो जाए। अब यह कौन समझे कि बिज्जी ही मछुआरे हैं और बिज्जी ही राजकुमार! अपनी कहानियों के नायक-खलनायक ही नहीं, स्त्री, पुरुष, शेर, सियार, लोमड़ी, गीदड़, हंस, राजव्यास, कुटनियां, दूतियां, खरगोश, गिलहरी, राजा, द्वारपाल, ज्योतिष और विदूषक—सब के सब बिज्जी ही तो हैं—सर्वव्यापक, सर्वात्मा, सृजनहार उनके। गीता का श्लोक है न :

अनेकबाहूदरवक्त्रनेत्रं पश्यामि त्वां सर्वतोऽनन्तरूपम्।
नान्तं न मध्यं न पुनस्तवादिं पश्यामि विश्वेश्वर विश्वरूप॥

हे विश्वरूप! आपको मैं अनेक हाथों, पैरों, मुखों, नेत्रों वाला सब ओर से अनन्त रूपों वाला देख रहा हूं। मैं आपके न आदि को, न मध्य को और न अन्त को ही देख रहा हूं। बिज्जी नामक सर्जनास्वरूप शक्तिमत्ता को नमन!

बिज्जी ने कहा था कि शाम को अनुवाद और डायरी सुनाना। शाम हुई।

कोई साढ़े सात बजे निर्मल चाय का एक खाली प्याला लेकर बिज्जी का एक सेंटीमीटर वाला पेग लेने आया। दिया। सोचा, अनुवाद सुनने की बात भूल गए लगते हैं। मैं भी यही माला जपता हूं। दिन में 12 से 15 हस्तलिखित पृष्ठों के औसत से अनुवाद करता हूं। शाम तक निचुड़ जाता हूं। पर बिज्जी कहते हैं, तो सुनाना पड़ता है। कल चेतन (डॉ. चेतन स्वामी, साहित्य अकादेमी पुरस्कार से समादृत राजस्थानी कथाकार और मेरे प्राचीनतम मित्रों में से एक) को यह सूरते-हाल बताया था—फोन पर। उसने कहा, "तू मालचंद नहीं, बिज्जी की ऑक्सीजन है। कभी इनकार मत करना। उनकी डोर थामे रखना, जब तक बन पड़े।"

वही कर रहा हूं। अभी-अभी उनके कमरे के उढ़के पल्ले में झांककर आया हूं। सुरेश (एक अन्य सेवक) बैठा था उनके पास। मैंने पल्ले में मुंह डालकर इशारे से पूछा उससे, "खाना खा लिया?" उसने गर्दन से हां भरी। मैं पल्ला वापिस उढ़काकर लौट आया।

जब लौट रहा था तो नैना (मेरे मित्र बिज्जी—पुत्र स्व. सत्यदेवजी के छोटे बेटे सरल की नन्ही पुत्री) की किलकार सुनाई दी। इस ढलती उम्र में ये दो ही तो व्यसन मेरे साथ हैं—रोजाना शाम को थोड़ी-सी शराब और बच्चों की सोहबत। बड़ा मन किया कि नैना को गोद में उठाऊं। पहले वह मेरे पुकारने पर रोने लगती थी, पर अब नहीं। अब कभी-कभी मुस्करा भी देती है।

आज सुबह वह मेरे कमरे के सामने, जो असल मकान का पीछे का हिस्सा है, रेत में नंगे पांव चल रही थी। उसके कदमों की दिशा मेरे कमरे के पिछवाड़े की गौशाला के द्वार की तरफ थी। वह इस घर का घुंघरू है, पायल है। जब कभी उसकी रुनक-झुनक मेरे कानों में पड़ती है, मैं बड़ा आह्लादित होता हूं।

मुझे मेरे तमाम बीकानेरी बालमित्र याद आते हैं—दीवा, अभी, चारुल, बाबू भूणिया, कन्नू...! बीकानेर में रोजाना बिला नागा उन्हें शाम को अपने इर्द-गिर्द बटोरता हूं। टॉफी, खाटा, मिश्री, भुजिये वगैरह-वगैरह कितना सामान सदा तैयार रखता हूं। पर यहां क्या करूं? यहां तो केवल एक नैना महारानी हैं, सो भी रूठी-रूठी रहती हैं। अबकी करीब होगी तो उसके छोटे-छोटे चरणों पर हाथ धरकर सिर से लगा लूंगा। वह विजयदान देथा उर्फ बिज्जी की प्रपौत्री है। सेनापति के शब्दों में—बानी महारानी! और हां, इन्हीं शब्दों में—बानी महारानी की उदारता ना बरनी जाई! नैना की बड़ी-बड़ी झरोखों जैसी आंखें मेरे चित्त पर खुल रही हैं—उन्हीं में यह संसार, इसके बीहड़ रास्ते, मेरे लिए सुकर और सुगम्य हो जाएं। प्रणाम, मेरी नैना मां!

26 फरवरी, 2013

जीरा

आज चित्त थोड़ा उद्विग्न है। अकारण नहीं, कारण है। एक ऊहा, एक अपोह। अंग्रेजी मुहावरे में जिसे 'हेमलेटियन सिचुएशन' कहते हैं—टू बी ऑर नॉट टू बी। हिंदी में—करूं, या न करूं? संसार से निकलना कितना मुश्किल है! संसार कहां-कहां से आकर लिथड़ता है! अपन ने कुछ और ही सोच रखा है, बकौल ग़ालिब :

कोई दिन गर ज़िंदगानी और है,
हमने अपने जी में ठानी और है।

आज बिज्जी काफी स्वस्थ थे। लंच में बुलवाया। गया तो तहमद, इन्नर सब बदले हुए। सुबह भी गया था। चिमनारामजी बिज्जी की टांगों पर हलके-हलके खुजली कर रहे थे। बिज्जी लेटे-लेटे आशीषें दे रहे थे, "चिमनिया, आज तो आनंद कर दिया। तेरे खेत में मनचाहा जीरा हो! तेरी सारी मुरादें पूरी हों!" वगैरह।

बिज्जी के एक सगोत्र बंधु राजेंद्रजी आए हुए थे। महेंद्र बाबू भी थे। हमने चाय पी। फिर मैं चला आया। दोपहर में उनके कमरे में लंच किया। सदा की भांति उन्होंने पूछा निर्मल से, "मालू की थाली में क्या-क्या है?"

उसने गिनवाया, "सांगरी की सब्जी, दाल और चार फुलके।"

बिज्जी ने पूछा, "दही नहीं?"

मैंने निर्मल से कहा, "कह दे, जुकाम है, खा नहीं रहे।"

तो पूछा, "पहले से मना करवाया या आया ही नहीं?"

मैंने निर्मल से कहा, "चल, थोड़ा सा झोळिया (पतला किया हुआ दही) ले आ।"

खाने के बाद बिज्जी ने बैठाए रखा। बातें कीं। कोमलजी की विनोद-वृत्ति के तीन किस्से बड़ी मशक्कत से बोल-बोलकर सुनाए। पहला—"एक राजस्थानी कवि थे नाथूराम मेहरिया। कोमलजी ने एक शाम ड्रिंक लेते-लेते उन्हें जोर से पुकारा—'नात्थ्या, ओ नात्थ्या!' बिज्जी ने कहा—'कोमल, यह क्या कर रहा है? इतने बुजुर्ग व्यक्ति को कोई ऐसे बुलाता है!' कोमलजी ने जवाब दिया—'राजस्थानी में मेहरियाजी को आवाज लगा रहा हूं, और क्या?' "

आज अन्यमनस्क हूं। लिखने का मन नहीं। कोमलजी विषयक शेष दो किस्से और 'काला जल' उपन्यास से प्रसिद्ध हिंदी लेखक गुलशेर ख़ान शानी के बारे में ख़ुद बिज्जी का एक किस्सा फिर कभी। शायद कल।

27 फरवरी, 2013

कविता में बोलूंगा

पौने एक बजे निर्मल आया। कहा, ''जी'सा बुला रहे हैं।''

काम बीच में छोड़कर गया। वे अपने बिस्तर से पैर नीचे लटकाए बैठे थे। मैंने पुकारकर पांव छुए।

उन्होंने कहा, ''आइए!'' फिर हाथ आगे बढ़ा दिया—दाहिना।

मैंने उनका मुलायम-सा हाथ अपने हाथ में लिया तो जाना, वह कुछ गरम भी है। तत्क्षण मुझे केदारनाथ सिंह जी की एक बड़ी मुलायम और मानीखेज कविता याद आई :

उसका हाथ
अपने हाथ में लेते हुए
मैंने सोचा
दुनिया को
हाथ की तरह सुंदर
और गरम
होना चाहिए।

पर केदारजी ने पता नहीं किसका पाणि-ग्रहण करके यह कविता लिखी होगी और भाषा की चतुराई से उस व्यक्तिवाचक संज्ञा को 'उसका' सर्वनाम के आड़ कर दिया होगा! सर्वनाम तो परमात्मा का हुआ, उसमें सब संज्ञाएं समाहित।

बहरहाल, बिज्जी ने थोड़े अभिनय के साथ तनकर कहा, ''आज मैं कविता में बोलूंगा : मालचंद / बकवास बंद / मालचंद तिवाड़ी / चले जाओ खाड़ी।'' फिर निर्मल के पीछे पड़ गए, ''मालू का खाना ले आ!''

असल में निर्मल ने उनको यह कहकर जगाया था कि जी'सा, एक बज गया है।

वे मुझे रोज कहते हैं, ''खाना जल्दी खाया कर!''

बहरहाल, मैं खाना खाने को राजी हो गया, भूख जबकि कुछ कम ही थी।

सोफे के आगे नई-नकोर छोटी टेबल रखी थी। कल जब मैं लंच करने गया तो बिज्जी ने घुसते ही पूछा था, ''उद्घाटन-भाषण लिखकर लाया है?''

मैं कुछ समझा नहीं।

उन्होंने कहा, ''अखबार में खबर आ गई है और तुझे पता ही नहीं? देख, नई टेबल आई है। उद्घाटन कर।''

खाना आया और मैं खाने लगा तो मेरे पास बैठे महेंद्र बाबू से कहा बिज्जी ने, ''नई टेबल का उद्घाटन मालचंद से कल करवा लिया था, ठीक किया?''

महेंद्र बाबू हंसे। ये उनके टेंपरामेंट से किंचित् भिन्न बातें हैं, फिर भी उन्होंने हंसकर एंज्वाय किया।

उसके बाद बिज्जी वॉकर के सहारे चलकर टॉयलेट में गए; फ्रेश होकर आए। कहा, "दही-खिचड़ी खाऊंगा।" अलबत्ता उन्होंने यह भी पूछा कि तरकारी क्या बनी है। है न हौसले वाली बात!

28 फ़रवरी, 2013

किससे कहूं?

'फुलवाड़ी' के तीसरे भाग के उपन्यास 'आठ राजकुमार' के पांचवें राजकुमार तक आ पहुंचा हूं—हिंदी अनुवाद करते-करते। दो दिन पहले एक बार मुंह से बोलकर कहते ही महेंद्र बाबू ने 10 हजार रुपए मेरे बेटे निर्मल के एक दोस्त के खाते में पीएनबी में डलवा दिये। हाथोंहाथ पहुंच गए। बेटे को अपने डीसीए कोर्स की फीस भरनी थी। घर पर भी जरूरत थी। मुझे बड़ी राहत मिली। वरना किसी न किसी मित्र से उधार लेना पड़ता और अंततः उन्हें सुकांत (मेरा छोटा बेटा) ही चुकाता।

कभी-कभी धन की चिंता मुझे थका देती है। उम्र के 56वें वर्ष की दहलीज पर खड़ा मैं धन की नजर से ख़ुद को जांचने-परखने लगूं तो अपना वजूद मुझे एक बड़े-से सिफ़र जैसा दिखाई देता है। अच्छा है, मुझे ऐसा ही होना था। ऐसे में ग़ालिब न होते तो मेरा क्या बनता? कह जो गए मेरे जैसे तमाम लोगों के लिए; पकड़ा गए लाठी : दर्द *मिन्नतकशे-दवा न हुआ। मैं न अच्छा हुआ बुरा न हुआ।*

मुझे दुनिया की कसौटी पर अच्छा न होना था। मैं अच्छा भाई साबित हुआ, अच्छा दोस्त साबित हुआ, अच्छा लेखक साबित हुआ, अच्छा सलाहकार साबित हुआ, अच्छा रहबर साबित हुआ।

मुझे रास्ता पूछने आया कोई शख़्स फ़िराक़ साहब के इस शे'र से मुझे उपालंभ नहीं दे सकता बेशक चाहे वह मेरा दुश्मन ही क्यों न हो कि *तू इधर-उधर की न बात कर, ये बता कि क़ाफ़िला क्यों लुटा। मुझे रहजनों से गिला नहीं, तेरी रहबरी का सवाल है।*

रहजन या रहबर—एक शिशु, एक नवजात शिशु की शक्ल में जन्म लेने वाले इन्सान की यही होती है किस्मत की चाबी। मुझसे ताला न खुला, मुझे रहबर भी मिले, रहजन भी। फिर भी बाज लोग मुझे प्यार करते हैं। यह उनका इन्सानी पहलू है, मेरा नहीं।

बहरहाल, जाने दें। आज बिज्जी ने बड़ा सताया। अनुवाद कर-करके निचुड़

जाता हूं, तिस पर सुनाने का यह सिलसिला। सुनाना शुरू करते ही एक बार, दूसरी बार, तीसरी बार, चौथी बार और पांचवीं बार तक कहते हैं, ''बेटा, थोड़ा और जोर से। सुर को दबा मत, खुलकर आने दे।''

बिज्जी नहीं सुनते, पूरा घर मेरी चीखें सुनता है। किससे कहूं? चेतन तो कहकर निवृत्त हुआ, 'तू मालचंद नहीं, बिज्जी की ऑक्सीजन है।' अच्छा, भाई!

1 मार्च, 2013

इतना ही सामान शेष है

आज बजट आया। बजट पर सबसे अच्छी टिप्पणी मुझे अमिताभ बच्चन की लगी। कहा, ''मुझसे बजट पर टिप्पणी मांगी जा रही है। मैं अपने घर के बजट के बारे में कुछ नहीं जानता, देश के बजट के बारे में क्या कह सकता हूं!''

अच्छा है, कवियों-कथाकारों आदि से बजट पर टिप्पणी नहीं मांगी जाती। अलबत्ता नंदकिशोर आचार्य सरीखे कविजन दे सकते हैं। सोचता हूं, कोई बिज्जी से टिप्पणी मांगे तो क्या कहेंगे? शायद कहें—यह शब्द बड़ा कर्ण-कटु है—ब-ज-ट। इसका कोई समानार्थी शब्द भारतीय भाषाओं में खोजा जाए। शायद सुझा दें कि राजस्थानी 'लेखौ' रख लें। ठीक ही तो है; बरस भर रौ लेखौ।

आज बिज्जी के संग अत्यल्प मुलाकात रही; बल्कि रही ही नहीं। सुबह चिमनारामजी मेरे कमरे में आकर बैठे थे। कहा, ''जी'सा ने भेजा है। मालू से कहना—सुणनी चावूं।''

मैं परेशान हुआ। मैं उन्हें सुनाना चाहता हूं, अगर वे ठीक से सुन पाते हों। सो भी शाम को। दिन में मैं फटाफट काम खींचना चाहता हूं। मुझे मेरे बालमित्र दीवा, बाबू भूणिया, चारुलता, कनू और अभी याद आते हैं। मेरी शामें उनके बिना बेनूर होती हैं। आज दीवा से सुबह फोन पर बात की थी। वह मनमौजी, पूरी बात ही नहीं करती। उसकी मम्मी उसे प्रॉम्प्ट करती है और वह बोलती जाती है, ''दादा, आप कैसे हैं?''

मैं कहता हूं, ''मैं ठीक हूं, तू कैसी है?''

कहती है, ''मैं ठीक हूं।''

फिर उसकी मौज हो तो एकाध बात अपनी तरफ से कह देती है या बिना कहे ही फोन मेरी पत्नी चंदा को पकड़ाकर दौड़ जाती है। आज कहा, ''दादा, आप आएंगे तो मैं आपको एक बात बताऊंगी।''

मैंने कहा, ''अभी फोन पर बता दे।''

तो बोली, ''क्यों?''

अब इसका क्या जवाब? और यहां यह नैना महारानी है, सो नमस्ते का भी

जवाब नहीं देती। किसको बताऊं कि बस, अब दुनिया में मेरा मन लगे रहने के लिए इतना ही सामान शेष है—लिखना-पढ़ना, शाम को थोड़ी-सी शराब और सयानेपन की चपेट में आने से शेष ये प्यारे-प्यारे बच्चे। है न डिप्रेशन से बचने का एक अचूक नुस्खा! पर आजमाना जरा मुश्किल।

2 मार्च, 2013

अतिरेकी

अखबार में राशिफल पढ़े बिना नहीं रहा जाता। आज लिखा था—प्रतियोगिता में सफलता मिलेगी। शाम होते-होते बेटे निर्मल का घर से फोन आया कि वह हमारे लेब्राडोर रेट्राइवर नस्ल के लाड़ले कुत्ते रोनी को बीकानेर पशुचिकित्सा विश्वविद्यालय के एक डॉग-शो में लेकर गया था। वहां हमारा रोनी अपनी श्वान-प्रजाति की श्रेणी में प्रथम स्थान के लिए चुना गया। सही निकला न राशिफल!

बहरहाल, आज पांचवें राजकुमार को ठिकाने लगाकर छठे राजकुमार के गिरेबान तक आ पहुंचा हूं। 'चौथा राजकुमार' में किंचित् बीभत्स रस का परिपाक है, किंचित् क्या, भरपूर। राक्षस अपनी आत्मग्लानि में इतना अतिरेक करता है कि बालकों के मांस को कच्चे नारियल की गिरी से भी मुलायम और सुस्वाद बताता है। उसे स्त्रियों की कोख की थैलियां और स्तन खाना इसलिए पसंद है क्योंकि 'कोख में जीवन संचरित होता है और स्तन जीवन का पोषण करते हैं।' पर यहां तक तो ठीक, पांचवें राजकुमार वाला राक्षस तो और भी आगे। वह बीभत्स से आगे निकलकर जुगुप्सा के क्षेत्र में चला जाता है।

आज दिन में बुलावा आया तो बिज्जी के कक्ष में लंच करने गया। मेरी आवाज सुनते ही बोले, "ईद के चांद हो गए हो भइया!"

सिर्फ एक दिन उनसे मुलाकात न हुई कि यह हुआ। किसी दिन चिमनारामजी भी एक दिन की छुट्टी मनाकर आए थे। बिज्जी के कमरे में जाते झिझक रहे थे। मुझसे कहा, "एक दिन नहीं आया, अब मेरे वाभा कहेंगे—चिमनिया पूरे एक महीने से लौटा है।"

ऐसे ही हैं बिज्जी। बालकों से अतिरेकी। मानो कोई बच्चा बादलों में हाथी-घोड़े देखता हो!

आज मैंने कहा, "देवल साहब शांति-निकेतन में हैं, गुरुदेव टैगोर की स्वप्नभूमि पर। मुझे फोन किया था। कहा—अपने एक पुराने सहपाठी से मिलने आया हूं। बोरूंदा के विजयदान देथा या मालचंद तिवाड़ी से अब भला क्या बात करूं..." मैंने आगे कहा, "वे आपकी शैली में मजाक कर रहे थे।"

बिज्जी थोड़ा हंसे, खुश हुए, फिर कहा, "मैं गया हुआ हूं शांति-निकेतन,

तीन दिन रहा।" फिर बताया, "शांति-निकेतन में पहले-पहल तीन विदेशियों ने छात्रों के रूप में प्रवेश लिया था। उनमें से एक जापानी था।"

जब मैं उनसे थोड़ा अलग, सोफे पर बैठकर मेरे द्वारा दो दिन पहले उद्घाटित टेबल पर थाली रखकर खाना खा रहा था, तो वे अकस्मात् बोले, "मालू, हजारीप्रसाद द्विवेदी की एक किताब है—शांति-निकेतन पर।" फिर रुककर कहा, "ठीका-ठीक...सिर्फ ठीका-ठीक! कोई खास दम नहीं।"

3 मार्च, 2013

तू ही बिज्जी बन जा

कल लक्ष्मणजी ने फोन करके बताया कि 'इंडिया टुडे' की कोई महिला पत्रकार बिज्जी पर स्टोरी करने सुबह ग्यारह बजे पहुंचेगी। महेंद्र बाबू बड़े सवेरे जरूरी काम से अपनी गाड़ी में जोधपुर चले जाएंगे; कहा है, सब-कुछ मालजी को ही संभालना है। मैंने कहा, "निश्चिंत रहें, सब हो जाएगा।"

मैंने बिज्जी को बताया, तो उन्होंने कहा, " 'इंडिया टुडे' तो जबरदस्त निकला करता था। मैं नियमित पढ़ता था। बड़ा छापा था। अब पता नहीं कैसा है!"

मैंने कहा, "अब भी बड़ा है।"

मैं थोड़ा आशंकित था; बड़ी पत्रिका से पत्रकार, सो भी लड़की!

सुबह चिमनारामजी आए तो उन्हें 11 बजे तक बिज्जी को तैयार करने की हिदायत दी। हज्जाम तुलसाराम को फोन किया गया। बिज्जी की हजामत बनी। बिज्जी फ्रेश हुए। कुल्ला-दातुन किया। कांगसिया-सिनान हुआ। इस्तरी किया कुर्ता, बाड़मेरी बास्केट, सिर पर खरगोश की खाल की टोपी जो चार-पांच बरस पहले मेरे ही हाथ मैकलाडगंज (हि.प्र.) से खरीदकर उनके एक मुरीद संजीव भनोत ने भेजी थी। मामला टनाटन। बालसुलभ कौतुक भी, थोड़ी बेचैनी।

अचानक मुझसे कहा, "मालू, जो लोग आ रहे हैं, वे मुझसे मिले हैं कभी?"

मैंने कहा, "शायद ही।"

वे बोले, "तो ऐसा कर, तू ही बिज्जी बन जा और इंटरव्यू दे दे। मेरी जान बचे।"

चिमनारामजी सामने सोफे पर पालथी मारे बैठे थे—उनींदे से। रात को खेत में नीलगायें खदेड़ते-खदेड़ते नींद पूरी नहीं होती। बिज्जी ने कहा, "चिमनिया, वे यहां रहें तब तक मेरे पैर मत दबाना। बड़ा बुरा लगेगा।"

चिमनारामजी जोर से हंसे, फिर कहा, "मेरे हाथ इस काम के लिए खुजला नहीं रहे हैं।"

यों ही चुहल करते-करते करीब 12 बजे लक्ष्मणजी उनको लेकर आ पहुंचे। मनीषा पांडेय, विजय महर्षि और एक फोटोग्राफर नौजवान। मनीषा बड़ी प्यारी लड़की थी। बिज्जी कुर्सी पर बैठे थे। वह ऐन बाजू कागज-कलम लेकर बैठ गई। उसने कुछ पूछा तो बिज्जी ने अटकते-फुसफुसाते शब्दों में कहा, ''तुम्हारे होंठ हिलते दिखाई दे रहे हैं, पर आवाज नहीं सुनाई पड़ रही।''

फिर मैं दुभाषिए की भूमिका में आया। मनीषा ने मुझसे कहा, ''इनसे पूछो, कोई अधूरी इच्छा? कोई किताब जो अब भी लिखना चाहते हों?''

मैंने ऊंचे सुर में और राजस्थानी में यह सवाल बिज्जी के लिए दोहराया।

वे कुछ न बोले।

फिर मनीषा ने मुझसे कहा, ''इनको मेरा नाम लेकर कहो कि आपको पढ़कर लड़कियां अपनी आजादी को पहचानती हैं, हासिल करती हैं।''

सुनकर बिज्जी हंसे। कहा, ''मैं तो लिखता हूं, लड़कियां जैसा चाहें वैसा महसूस करें।''

फिर तो मनीषा घर की लड़की हो गई। बातें, फोटो, बातें, किस्से, चिमनारामजी का भी फोटो। उनसे भी सवाल। मनीषा ने पूछा, ''पत्नी?''

मैंने बताया, ''पांच साल पहले चल बसीं।''

कहा, ''पूछो, याद आती है?''

बिज्जी ने इस सवाल का क्या जवाब दिया, कल बताऊंगा।

5 मार्च, 2013

डायरी के पन्ने नहीं सुनाएगा?

आज बीकानेर जाना चाहता था। मां ने जाने न दिया। कहा, ''ठहर बेटा, तेरा काम है, तू नहीं करेगा, तो कौन करेगा?''

आज बिज्जी के पास डेढ़ बजे गया था। कल वे मुझे जीवन में पहली बार थोड़े निष्ठुर लगे। मैं उनका निविड़ अकेलापन समझता हूं। मैंने उन्हीं की कहानियां पढ़-पढ़कर अपनी संवेदना अर्जित की है। छठे राजकुमार में ठगों का सरदार राजकुमार से कहता तो है, 'मनुष्य की समझ तो समझाने से बनती है।' उनकी कहानियों ने मुझे खूब समझाया है और अब तो और भी करीब से, एकदम अपने निकट परिपाार्श्व से समझा रही हैं। किंतु मेरे शरीर की एक जैविक सीमा है, हद है। मैं 10 बजे अपनी टेबल पर बैठता हूं और दिन भर राजस्थानी और हिंदी शब्दों, वाक्य-संरचनाओं, मुहावरों, अर्थ-व्यंजनाओं के झगड़े एक फुटबॉल रेफरी की तरह सुलझाते रहता हूं। जो फुटबॉल के खेल को जानते हैं, वे भली प्रकार जानते हैं कि उस खेल का रेफरी होना क्या होता है! कभी इस खिलाड़ी को ब्लू

कार्ड, तो कभी उस खिलाड़ी को येलो कार्ड और कभी-कभी तो किसी को यह तक कहना—चल, मैदान से बाहर रेड कार्ड।

बहरहाल, आज उनके कमरे में जा प्रणाम कर सोफे पर बैठा तो उन्होंने हाथ के इशारे से पास बुलाया। सिर पर हाथ फेरा। आशीषें दीं। पीठ भी थपथपाई। पर कल? कल शाम को सात बजे अपनी टेबल से उठकर कागज समेट ही रहा था कि सरल, निर्मल का बड़ा भाई, आया। कहा, "जी'सा तैयार हैं, आपको सुनाने के लिए बुला रहे हैं।"

सच कहता हूं, सिर पर हथौड़े का-सा प्रहार हुआ, लेकिन फिर भी अपना पुनीत कर्तव्य समझकर छठे राजकुमार के सारे अनूदित पन्ने लेकर सुनाने गया—जोर से, और जोर से।

आखिरी पन्ने की पंक्ति खत्म करते-करते मेरी रुलाई फूट पड़ी। मैंने लगभग गिड़गिड़ाते हुए उनसे प्रार्थना की, "जी'सा, मैं दिन भर काम करके निचुड़ जाता हूं। मैं जल्दी-से-जल्दी आठ राजकुमार खत्म करके एक बार घर जाना चाहता हूं, आप मुझे सुनाने के काम से माफी बख्शाएं।"

वे दो पल मेरी आंखों में टुकुर-टुकुर देखते रहे, फिर अचानक बोले, "डायरी के पन्ने नहीं सुनाएगा?"

मैं अपने कमरे में जाकर खूब रोया।

6 मार्च, 2013

न दैन्यम् न पलायनम्

ऐसा कैसे हो सकता है? गुलजार ने कि साहिर ने किसी एक फिल्मी गीत में लिखा है—*मैं और मेरी तन्हाई अक्सर बातें करते हैं!* ऐसा ही तो हो रहा है; अकेले इस हॉलनुमा कमरे में लिखता रहता हूं, लिखता रहता हूं और बीच में कुर्सी पर बैठे-बैठे ही एकाध अंगड़ाई लेकर ख़ुद को ही ललकार लिया करता हूं—नहीं मालचंद, न दैन्यम् न पलायनम्। सुबह 9.30 और 10 के बीच, काम शुरू करने से पहले, चंदा, अपने बेटों की मां को फोन करता हूं और उसका 'साम्हेळा' (शुभंकर भेंट) लेकर पेन खोल लेता हूं। लेकिन उससे भी बहुत पहले छह, साढ़े छह या पौने सात बजे आंख खुलते ही फोन के वाल-पेपर पर उसकी सीधी-सादी छवि निहारकर गीता सप्तशती की एक पंक्ति गुनगुनाता हूं—*या देवी सर्वभूतेषु भार्या रूपेण संस्थिता। नमस्तस्यै नमस्तस्यै नमस्तस्यै नमोनमः॥* फिर दरवाजा खोलकर आवाज लगाता हूं, "नींबारामजी, अखबार!" लेकिन तब तक मुझे अपने लड़कपन का प्रिय फिल्मी गीत याद आ जाता है—*चांद-सी महबूबा हो मेरी, कब ऐसा मैंने सोचा था...!*

कल से ही मन भारी है; अलबत्ता रात को चेतन से फोन पर हुई बातचीत में उसको एक सूफी कहानी सुनाकर खूब हंसाया और ख़ुद भी हंसा। मसखरों के दुख बड़े गझिन, गंभीर और अक्सर लाइलाज होते हैं। गांधीजी भी कम मसखरे न थे और हमारे बिज्जी भी मसखरेपन की एक आलातरीन शख्सियत हैं—अपनी 'फुलवाड़ियों' में भी और अपनी इस निढाल, पस्त जीवन-संध्या में भी। कल ही की तो बात है, दोपहर में खाना खाकर लौटने से पहले मैंने उनसे कहा, "म्हैं जाऊं-सा!" (मतलब—आदरणीय, मैं जा रहा हूं।)

तो पूरी गंभीरता से कहा, "सावळ जाजै...!" (मतलब—ठीक से, संभलकर जाना!)

मानो मैं उनके कमरे के पिछवाड़े के अपने कमरे में न जाकर मिस्र की राजधानी काहिरा जा रहा होऊं! मैं कई बार ख़ुद अपने लिए और उनके लिए जगजीत सिंह की गाई यह ग़ज़ल गुनगुनाया करता हूं :

तुम इतना जो मुस्कुरा रहे हो, क्या ग़म है जिसको...।

7 मार्च, 2013

अब क्या कहूं!

मां, यहां बोरूंदा के अपने अनुवाद-कक्ष में सुबह-शाम रोजाना दो अगरबत्तियां तेरी प्रसन्नता के लिए जलाते-जलाते मैं कितने पैकेट खाली कर चुका, कितनी माचिस की डिबियाएं खाली कर चुका। एक तीली एक अगरबत्ती की ही बंधी बांध ले मां और जैसे पैकेट और डिबिया से अगरबत्तियां और तीलियां खत्म करती है, वैसे ही मेरे पापों का, त्रुटियों का, अपराधों का, भूलों का मार्जन कर डाल मां! आज सवेरे जगी-जगी-सी नींद में तूने यह कैसा सूत्र दिया; कौन कह रहा था—दीवार में से ईंट गिर सकती है, ईंट में से दीवार नहीं! पर अगर किसी होशमंद दीवार से पूछो कि तू कहां रहती है, तो वह कहेगी, मैं ईंट में ही रहती हूं। यह क्या उलटबांसी सरीखा रूपक है! और यहां बोरूंदा में ऐसा क्यों लगता है कि हर अगला दिन पिछले दिन की कार्बन या जेरोक्स कॉपी है? मेरी यह अचूक दिनचर्या तूने अपने किस बुगचे में छिपा रखी थी! सुबह उठना, उठते ही बिजली की केतली में पानी गरम रखना, निपटना, फिर नेती करना, भस्त्रिका, कपालभाती, अनुलोम-विलोम, भ्रामरी आदि प्राणायामों के बाद थोड़ी देर ध्यान और आखिर में उद्गीथ!...तीन लंबे-लंबे ओम्। फिर नहाना, नाश्ता करना, अधिकतम 10 बजे तक अनुवाद शुरू करना और अपने कमरे के पीछे की किसी मस्जिद से पांचों वक्तों की नमाज की अजानें सुनना...पर सबसे घबराहट पैदा करनेवाला क्षण शाम को 6.30 और 7 बजे के बीच आता है। इस समय मुझे

बिज्जी के कमरे से उनकी आवाजें सुनाई पड़ने लगती हैं—निर्मल... निर्मल...निर्मल...!

निर्मल आएगा। उनको सोए से उठाकर बिठाएगा। फिर वे खाट से उठकर कुर्सी पर बैठेंगे और सामने एक प्लास्टिक की खाली कुर्सी रखकर मुझे बुलवाएंगे। अब उनको अपने ही 50 वर्ष पहले लिखे राजकुमारों का हिंदी अनुवाद सुनना है...जिस पिच पर वे सुनते हैं, उस पिच पर मेरी आवाज आस-पास के सारे मकानों और रास्तों पर सुनाई देती है...आज मैं पंद्रह पृष्ठ 'पांचवां राजकुमार' के लेकर गया पर बार-बार पंक्तियां दोहरा-दोहराकर पढ़ते-पढ़ते चौथे पेज पर ही ढेर हो गया।

बिज्जी ने कहा, "कमाल अनुवाद किया है, मगर सुनाया बहुत कम।"

अब क्या कहूं! मां, कोई रास्ता निकाल! ऐसे तो हर शाम मैं पिंजरे में बंद चूहे जैसा महसूस करने लगा। पर मां, तेरे प्रांगण में तो चूहे ही सबसे ज्यादा आजाद प्राणी होते हैं...मुक्त कर, मां! अपने मंदिर में बुला! (संदर्भ : राजस्थान के बीकानेर जिले में देशनोक कस्बे का विश्वविख्यात 'करणी माता मंदिर' जिसमें असंख्य चूहे निर्बाध विचरण करते हैं।)

8 मार्च, 2013

नींबोजी का सिलोका

आज महिला दिवस है—अंतरराष्ट्रीय महिला दिवस! मेरे जैसे परमहंस-मार्गी के लिए यों समझिए कि मां-दिवस! आज शाम को काम थोड़ा जल्दी खत्म हो गया। बिज्जी शायद सो रहे थे; बुलावा न आया। मैंने सोचा, याकूब भाई के पास चला जाए। याकूब भाई कैलाशजी देथा, बिज्जी-पुत्र, के बाल-सखा हैं। कैलाशजी और उन्होंने सिगरेट पीना शायद एक साथ ही शुरू किया होगा—लड़कपन में छुप-छुपकर। दोनों आज भी धूम्रमार्ग के चरमपंथी हैं। अलबत्ता कैलाशजी के नहीं, पर याकूब भाई के होंठ काफी संवला गए हैं। याकूब भाई बड़ी आथेरिटेरियन तबीयत के आदमी हैं। अपनी छोटी-छोटी मालूमात को बड़े धीरज के साथ मीठी-सी राजस्थानी में अधिकारपूर्वक बताते हैं तो बड़ा अच्छा लगता है।

मैं पहुंचा तो अपनी हड्डियां जोड़ने की अन-ऑथोराइज्ड क्लीनिक के काउंटर पर बैठे थे। उनके बाप-दादा पीढ़ियों से 'जर्राह' रहे हैं, हड्डियां दुरुस्त करना भी उनका खानदानी हुनर रहा है। वे 10-12 क्लास पढ़े हैं, इसलिए नई शब्दावली का इस्तेमाल करते हैं। मैं शर्मिंदा हूं कि मैंने भूलवश उनके क्लीनिक को दुकान कहा और पूछा, "कितने बजे मंगल करते हैं?"

उन्होंने कहा, ''मैं बस-स्टैंड मार्केट में सबसे पहले जाने वाला आदमी हूं। सुबह आठ बजे आता हूं और अंधेरा पड़ते ही दीया-बाती करके घर चला जाता हूं।''

वे विरोधाभासी किस्म के शुद्धतावादी हैं। खूब सिगरेट पीते हैं। एकमात्र फज़्र की नमाज रोजाना पढ़ते हैं और बोरूंदा के मद्यमय माहौल से सख्त नफरत करते हैं। बने-ठने रहते हैं। वयस्क बच्चों के पिता हैं, लेकिन चार महीने में उन्होंने मुझे अपने चार बाल भी सफेद नहीं दिखाए। शायद बरौनियां तक रंगते हैं।

बहरहाल, मैंने कॉफी पीते हुए पूछा, ''यहां किसी सूफी बुजुर्ग की दरगाह है?''

उन्होंने बताया कि है। बुजुर्ग का नाम भी बताया, पर कल दोबारा पूछना होगा। पर सबसे मजेदार बात उन्होंने यह बताई कि नई दिल्ली नामक शहर सबसे पहले यहीं, बोरूंदा से पांच किलोमीटर दूर, खवासपुरा में बसना शुरू हुआ था। वह कैसे, शायद कल बताऊं!

याकूब भाई का नई दिल्ली वाला किस्सा एकबारगी बरतरफ। आज शाम को जब मैं काम खत्म करके याकूब भाई के पास जाने के लिए निकल रहा था, तो नींबारामजी, महेंद्र बाबू के खास मुंहलगे घरेलू भृत्य और अफीम के व्यसनी, एक लंबा-सा टिफिन लेकर आए। टिफिन मेरे कमरे की एक ताक पर रखकर बोले, ''इतनी जल्दी रोटी भाती नहीं है। टिफिन ले आया। अब जब भूख लगेगी, खा लूंगा।''

मैं इस लिफाफे का मजमून भांप गया। खाने से पहले जनाब कुछ पीना चाहते हैं। कल रात को मेरा खाना लाने से पहले ऊक-चूक हो रहे थे तो मैंने कहा था, ''नींबोजी, अमल जोरदार ऊग गया लगता है।''

कुछ नहीं बोले। मेरा खाना लाए। सब्जी के स्वाद की भी चर्चा की। पर सुबह कहा, ''साहब, आप रात को ठीक कह रहे थे। मैं एक ढोलकी लाया था। क्या करूं साहब, थक जाता हूं।''

वे राजस्थान की देशी मदिरा की 180 एम.एल. की छोटी बोतल को 'ढोलकी' कहते हैं। कई बार तीसरे दिन मेरी बोतल (पव्वे) की शराब कम हो जाती है, तो मुझे उन्हें सौ रुपए के साथ कागज पर लिखकर देना पड़ता है— एक मैक्डोवेल रम का क्वार्टर। मैंने एक बार भी उनसे शेष बचने वाले 30 रुपए वापिस नहीं लिये।

एक बार उन्होंने अपनी 'ढोलकी' के लिए बड़ी अच्छी उपमा इस्तेमाल की। कहा, ''साहब, इस अमरीकन कोठी में मजा आ जाता है।''

मैं नहीं जानता, वे अमरीका के इतिहास और उसके समकालीन राष्ट्रपति

बराक ओबामा या फिर व्हाइट हाउस के बारे में जानते हैं या नहीं! बहरहाल, मेरे दिये रम के एक तगड़े-से पेग का भोग लगाने के बाद वे अपनी इजाजतशुदगी की सीमा लांघकर जमीन पर बैठने की बजाय मेरे कमरे में रखी प्लास्टिक की कुर्सी पर जम गए और सुरूर में आते कहा, "साहब, आप लिखें तो मैं भी आपको एक सिलोका सुनाऊं?"

और बस, मेरे फोन का रिकॉर्डर, मेरी कलम और मैंने जो कुछ हासिल किया, उसका लिखित रूप यह है :

चार कुआ आठ बावड़ी
म्हैं पांणी सींचू रे अेकण डावड़ी
म्हारै हथेळ्यां में हथफूल
अंगूठां में आरतियां
बिना बतळायां जावसी, मन में धोखा पावसी
चांदा थारै चांदणै
सूती म्हैं पिलंग ढळाय
इण मारग बेवै बांमण-बाणिया
इण मारग बेवै औ जुग नै सेंसार
जब जागूं जब मरूं
म्हैं मरी अेकली कटारियां खाय
कटारियां फळ-फूल ऊजळा
खांडै तीखी धार
बांधणवाळा बत्तीस सौ
के छोडण वाळौ अेक छेल
आं घरां रौ कांई छोडौ
छोडौ जोधाणा सरूखा सैर
जोधाणा जस राज रा
हथेळियां हलकै
अंगूठा अटकै
बांधिया बार छोडो थे झटकै।

शाम को हस्बेमामूल चेतन से फोन पर बात हुई तो उसने बताया कि राजस्थान के लोक-साहित्य में ऐसी शब्द-गूढ़ार्थ पहेलियों की परंपरा रही है जो व्यक्तिवाचक संज्ञाओं के नाम से चलती है। उसने दो-एक उदाहरण भी बताए। कहा, शायद इन पाठों को राजस्थानी के मूर्धन्य विद्वानों—मूलचंद 'प्राणेश' और डॉ. मनोहर शर्मा—ने अपने नामों के साथ संपादित रूप में छपवाया भी है।

9 मार्च, 2013

तीस बरस तक तीन बजे

याकूब भाई के किस्से को फिर मुल्तवी कर रहा हूं। बिज्जी याद आ रहे हैं। कल से खामोश हैं। बस, एक बार 5 बजे के लगभग निर्मल आया था। कहा, "जी'सा पूछ रहे हैं, मालू कहां चल रहा है?"

मैंने कहा, "कह दे, 'आठवां राजकुमार' खत्म होने वाला है।"

फिर कोई खबर नहीं। उनके कमरे की बत्ती भी गुल। मतलब सो रहे हैं। सुबह भी लंच के बाद नहीं उठे।

चिमनारामजी खाने का पूछने आए तो पूछा मैंने, "जी'सा उठे क्या?"

कहा, "नहीं, मैं कई बार हिलाकर जगाने की कोशिश कर चुका।"

इस पर मैंने कहा कि खाना फिर यहीं ला दीजिए।

वे मेरे कमरे में ही खाना ले आए। खाया। चिमनारामजी बरतन लेकर चले गए। मैं काम पर बैठ गया। मतलब आज अब रात या शाम के 8 बजकर 5 मिनट हो गए हैं, वे नहीं उठे। चिंता हो रही है। मैंने तीस सालों का हवाला देकर डायरी के एक पृष्ठ पर उनके लिए 'निष्ठुर' शब्द का प्रयोग किया था। उससे वे आहत तो नहीं? उनकी जिद पर वह पृष्ठ उन्हें पढ़कर सुनाया तो देर तक असहज बने रहे। फिर अचानक, अपनी 'फुलवाड़ी' के किसी संवाद की तरह ही, अटकते-अटकते कहा उन्होंने, "मालू, निष्ठुर तो मैं बनना चाहूं तो भी नहीं बन सकता!" और चुप। फिर मैंने उन्हें समझाना चाहा, तो बोले, "बेटा, मैं तो काम से थकना क्या होता है, जानता ही नहीं। उम्र के तीस बरस तो ऐसे रहे होंगे जब मैं रात को 3 बजे लिखने बैठ गया। सुबह होते-होते 10-15 कॉपी के पृष्ठ लिख लिये। फिर दिन उगते ही उन्हें लेकर प्रेस चला गया। 15 से 20 कंपोजिटर थे; मेरे और उनके बीच होड़ मची रहती। मैं लिखता रहता, वे कंपोज करते रहते।"

मैंने कहा, "आपके पुरुषार्थ को पहुंचना मेरे वश की बात नहीं है। आपने सात्त्विक जीवन जिया। सात्त्विक भोजन किया। भोजन के और भावनाओं के विष से आप सदा दूर रहे। और मुझे देखिए, दिन भर तम्बाकू चबाता हूं। रात को सालों से रोजाना शराब पीता हूं। आप जैसी स्टेमिना कहां से लाऊं?"

वे कुछ देर चुप रहे, फिर बोले, "और बेटा, अकेलापन तो मैंने जिंदगी में कभी महसूस ही नहीं किया। आज, इस हालत में भी नहीं करता।"

वे मेरे उस वाक्य को छू रहे थे जिसमें मैंने लिखा था कि मैं आपके निविड़ अकेलेपन को समझता हूं। तब मैंने कहा, "मेरी कितनी भूलें तो आपने माफ की हैं, इस एक और को नहीं करेंगे?"

वे खामोश।

मैंने कहा, "आपने पेड़ का ही नहीं, पत्ती-पत्ती का दुख जाना है, महसूस

किया है, पूरी कायनात, स्त्री-पुरुष, जीव-जंतु और यहां तक कि निर्जीव वस्तुओं तक के दुखों की खबर आपने अपनी कथाओं में ली है। अकेलापन न सही, कोई दुख है आपको?''

बोले नहीं।

मैंने कहा, ''नंदकिशोरजी (आचार्य) ने गांधीजी पर एक किताब लिखी है—'सभ्यता का विकल्प'। ऐसी एक किताब, आपका आशीर्वाद बना रहा, तो मैं आपकी कहानियों पर लिखूंगा।''

उनका दायां हाथ उठा। कुछ ऊपर गया। मैंने सिर झुकाया। उन्होंने अपना अशक्त हाथ मेरे सिर पर रख दिया। कहा, ''आशीर्वाद तो है न!''

उसके बाद कल दिन में गया तो मुझे कुर्सी पर अपने करीब बैठने के लिए बुलाया जरूर, पर कुछ विनोद न किया। गंभीर बातें कीं। पूछा, ''साहित्य अकादेमी के अध्यक्ष का चुनाव हो गया?''

पुनश्च :

डायरी लिख ही रहा था कि बिज्जी का बुलावा आ गया। वे लुंगी की जगह पतला तौलिया लपेटे अपने 'पाट' पर बैठे थे। राजस्थानी में 'पाट' शब्द का अर्थ होता है—तख्त। इसी से शब्द बनता है—पाटवी—अर्थात् तख्तनशीन, राज्य का उत्तराधिकारी। बहरहाल, बिज्जी के सामने जाकर उनकी उस रिवॉल्विंग-चेयर पर, जहां बैठकर उन्होंने मेरी आंखों देखते 'राजस्थानी-हिंदी कहावत कोश' के आठ भाग रचे थे, आसीन होकर मैंने उनके पांव छुए और पूछा, ''आज तो आपने खूब नींद ली?''

बोले, ''तूने मुझे निश्चिंत जो कर रखा है।''

फिर मैंने उनको बताया कि 'आठवां राजकुमार' आज पूरा कर 'गृहस्थी का आश्रम' शुरू करके आया हूं, तो पूछा, ''कैसा लगा?''

मैंने कहा, ''ठीक है, पर 'छठा राजकुमार' बेजोड़ है। वैसी कसावट, वैसी सांदर्भिक पकड़, वैसा जीव-जगत् का वर्णन और कुल मिलाकर वैसी सभ्यता-समीक्षा और किसी राजकुमार में नहीं मिलती।''

उनके चेहरे पर थोड़ी निराशा झलकी, फिर पूछा, ''चौथा, पांचवां सब पूरे तो कर लिये?''

मैंने कहा, ''आप निर्मल से पूछ लीजिए...!''

कहने लगे, ''मुझे तुझसे ही पूछना है।''

मैंने उनकी तसल्ली के लिए कहा, ''आप इजाजत दें तो सारे हाथ के लिखे पृष्ठ एक बार आपको दिखाऊं?''

कुछ पल सोचकर बोले, ''अच्छा, ले आ!''

निर्मल लाया। मैंने अपने हाथों से चश्मा उनकी आंखों पर रखा। कहा, ''यह देखिए, शीर्षक लिख दिया है—गृहस्थी का आश्रम।''

इस बीच निर्मल ने कहा, ''दादा, पहले जूस पी लीजिए, खराब हो जाएगा।''

उसके द्वारा सामने की गई गिलास को अपने बाएं हाथ से परे धकेलते बोले, ''मालू के लिए ला! दो...दो...।''

मैंने निर्मल से कहा, ''बेटा, मैं एक ड्रिंक लेकर आया हूं। ऐसा कर, मेरे लिए पापड़ ले आ।''

तब तक उन्होंने व्यवस्था दे दी, ''आधा-आधा—मेरा और मालू का आधा-आधा।''

मैंने हथियार डाले। कुछ देर बातें कीं। अचानक वे बोले, ''जा, अब तू जा!''

और मैं चला आया।

इससे पहले शाम को करीब साढ़े छह बजे मैं 'आठवें राजकुमार' की लगभग समाप्ति पर था, राजस्थानी के युवा लेखक दूलाराम सारण का फोन आया। पूछा, ''कियां भाईजी, कोई काम में तो कोनी लागेड़ा!''

ये शेखावाटी वाले ऐसे ही बोलते हैं—लागेड़ा, भागेड़ा, जागेड़ा आदि। पर मैंने कहा, ''कोई नहीं, 'आठवां राजकुमार' मेरे हाथों खत्म होने ही वाला था। तुम्हारा फोन आ गया। समझो, उसकी उम्र 10-15 मिनट बढ़ गई!''

वह संदर्भ से वाकिफ था, फोन पर ठठाकर हंसा। मुझे आनंद आ गया। मैं किसी को हंसा दूं, इससे बढ़कर अपने से कोई अच्छी उम्मीद रखता भी नहीं। आमीन!

10 मार्च, 2013

यह उलूक

'समय चूल से खिसक गया है।'—यह है 'पक्षधर' (संपादक : विनोद तिवारी, जुलाई, 2012) में प्रकाशित याक देरीदा के हिंदी अनुवाद (रामकीर्ति शुक्ल, मंजरी तिवारी) का पहला वाक्य, जिसे ख़ुद देरीदा ने बिना संदर्भ के कहीं से उद्धृत किया है, इन्वर्टेड कॉमाओं में।

दरीदा ने 'मार्क्सवाद का प्रेत : निवारण के उपाय'—इस व्याख्यान में गजब का बौद्धिक जौहर दिखाया है। ये देरिदादि, फूकोयामादि और अपनी हिंदी में इरफान हबीब-सुधीश पचोर्‌यादि (पता नहीं यहां मेरा 'यण संधि' का प्रयोग व्याकरण-सम्मत है कि नहीं) असल में इनसानी अक्ल के जिमखाने हैं, व्यायामशालाएं हैं, कसरतगाहें हैं। इनको पढ़ने से अक्ल इतनी रौशन होती है

कि कई बार ईश्वरीय इलहाम की तरह यह तक पता लग जाता है कि ग्रीक दार्शनिक प्लेटो ने जो कहा था—लिपि के आविष्कार के साथ ही मनुष्य की स्मृति का लोप आरंभ हो जाएगा—वह शताब्दियों पूर्व इन्हीं सज्जनों के प्रादुर्भाव की संभावनाओं को भांपकर ही कहा था।

इधर अपने बचपन के गुरु स्वामी रामसुखदासजी हमें कहकर गए कि ईश्वर-प्राप्ति के लिए मनुष्य को सरल बनने का अभ्यास सदा बनाए रखना चाहिए।

महाराजजी ने एक सभा में पूछा था, जिसे 8 साल की उम्र में मां के साथ एक कथा-प्रसंग में जाकर सुनने वाला यह उसका बेटा अपनी उम्र की 56वीं दहलीज पर आज भी याद रखे हुए है कि बताओ, भगवान का सबसे करीबी, सबसे प्यारा दोस्त कौन है ?

कोई नहीं बोला तो ख़ुद महाराजजी ने ही बताया था—उसका नाम है अर्जुन।

अर्जुन का क्या अर्थ हुआ ? जिसमें आर्जव का गुण हो। आर्जव माने ? सरलता, अकृत्रिमता। उन्होंने तो नहीं कहा, पर मैं कहता हूं, आजकल इन दोनों शब्दों को मूर्खता और मूढ़ता का पर्यायवाची माना जाता है। हमारे तलवारबाज कवि दिनकरजी नहीं कह गए :

क्षमा शोभती उस भुजंग को, जिसके दांत गरल हो।
उसका क्या जो दंतहीन, विषहीन विनीत सरल हो॥

ठीक कह रहे हैं दिनकरजी। रामसुखदासजी ने नहीं कहा, मैं कह रहा हूं, लाचारी की सरलता से बचें; सचमुच उसमें शोभा नहीं, वैसी शोभा, जैसी अर्जुन के इन शब्दों में है :

कार्पण्यदोषोपहतस्वभावः पृच्छामि त्वां धर्मसम्मूढ़चेताः।
यच्छ्रेयः स्यान्निश्चितं ब्रूहि तन्मे शिष्यस्तेऽहं शाधि मां त्वां प्रपन्नम्॥

11 मार्च, 2013

यकीन ही नहीं होता

कल इस समय बड़ा खुश हो रहा था। बेटे (सुकांत) को फोन किया। कहा, ''वाह बेटा, बड़ी आशीषें निकल रही हैं तुम्हारे लिए! बरसों बाद एक-एक सिप में खुशबू महसूस करते हुए 'रम' का ड्रिंक ले रहा हूं। साथ में नमकीन में पड़े एक-एक अजवायन के दाने का नोटिस भी मेरी नाक और जीभ ले रहे हैं। तुम्हारी भागदौड़ सफल हुई। मेरी पुरानी 'साइनस' की बीमारी तो समझो गई !''

असल में बोरूंदा के एक चिकित्सक और बिज्जी के परिजन डॉ. भीमदानजी ने दिल्ली के सर गंगाराम हॉस्पिटल के ई.एन.टी. के एंडोस्कोपिक

सर्जन श्री देवेंद्र राय से इलाज कराने की सलाह दी थी। पिछले महीने दिल्ली जाना हुआ, तो सुकांत ने सघन प्रयास कर मुझे उक्त डॉक्टर को दिखा ही दिया। सिटी-स्कैन आदि हुए और पूरा एक दिन और बेटे की गांठ से पूरे 10,000 रुपए खर्च होने पर मुझे डेढ़ महीने लगातार खाने, नाक में डालने आदि की दवाइयां मिल गईं। मैं 22 फरवरी को बोरूंदा आया। 23 फरवरी को दवाइयों का सेवन शुरू किया और कल बेटे को रिपोर्ट किया। लेकिन आज जाने क्या हुआ, नाक वैसा का वैसा ठस। न गंध, न स्वाद। थोड़ा उदास हो गया।

वैसे भी आज का दिन मंसूबे को धता बताकर गुजर गया। सोचा था, 'गृहस्थी का आश्रम'—तीसरे भाग का अंतिम अध्याय आज खत्म कर कल सुर्ख-रू हो बीकानेर जाऊंगा। इतना उबाऊ, आवृत्तिमूलक पाठ कि यकीन ही नहीं होता कि इसी पाठ की जमीन पर बिज्जी का परवर्ती लेखक खड़ा हो सका।

बहरहाल, यह कोठा तो भरना ही पड़ेगा। आज 5 बजने में 10 मिनट रहते उकताकर काम छोड़ दिया। 'कथादेश' का फरवरी अंक पढ़ता रहा। रघुनंदन त्रिवेदी की कोई पुरानी, छपने से बची हुई औसत कहानी पढ़ी। जयशंकर की कहानी 'अगस्त और अतीत' अच्छी लगी। उदास कहानी, उदास भाषा-शिल्प में। पर सबसे बड़ी उपलब्धि रही इस वर्ष 2012 के नोबेल पुरस्कार विजेता मो यान (चीनी कथाकार) के पुरस्कार-ग्रहण भाषण के हिंदी अनुवाद को पढ़ना। मो यान की सलाह के साथ पृष्ठांत करता हूं : लेखक के लिए बोलने का सबसे अच्छा तरीका है—लिखना।

12 मार्च, 2013

शून्य, बेहद दुखद शून्य

अच्छी खबर इतनी कि आज 7 बजकर 3 मिनट पर 'फुलवाड़ी' के 255 पृष्ठीय तीसरे भाग का अनुवाद संपूर्ण किया। मगर उसके बाद ? रवींद्रनाथ टैगोर की एक कविता याद आई—'पुरानो भृत्य', पर मैं तो गुरुदेव टैगोर के उस उदात्त महामानव पुराने भृत्य जैसा नहीं! मैं तो रोटी की गंध से खिंचकर पिंजड़े में आ फंसे चूहे जैसा हूं। उफ्फ!

13 मार्च, 2013

गांव वापिस कब आएगा?

आज पौने चार बजे बीकानेर, अपने घर पहुंचा। कल 7.03 पर तीसरे भाग के आखिरी पन्ने का अनुवाद कर खुश हो रहा था कि बिज्जी के बड़े पुत्र प्रेमसा

के जामाता, जो बोरूंदा आए हुए थे, ने पूछा, "क्यों तिवाड़ी सर! वॉक पर चलें?"

मैंने कहा, "जरूर चलते हैं।"

पर कल वादा किया था कि बीकानेर जाने से पहले कुछ पन्ने सुनाकर जाऊंगा, सो पिछवाड़े की खिड़की से झांककर देखा तो बिज्जी अपनी घुमंतू कुर्सी पर बैठे मेरा इंतज़ार कर रहे थे। उनके घुटनों से सटी हुई प्लास्टिक की एक खाली कुर्सी रखी हुई थी जो मेरे लिए थी।

सुबह साढ़े नौ बजे लिखने की टेबल पर बैठा शख़्स 20 मिनट भोजन में समय गंवाने के अलावा दिन भर अनुवाद करता रहा और दम भरने के लिए बाहर जाने को निकला तो सुनाने का यह यातनादायी बुलावा! फिर भी जंवाईसा को परिस्थिति बतलाने के बाद तीसरे भाग के अंतिम अध्याय 'गृहस्थी का आश्रम' के हाथ से लिखे करीब तीस पृष्ठ लेकर उन्हें सुनाने गया।

जोर से, और जोर से करते-करते बीस पन्ने सुनाकर निचुड़ गया। जंवाईसा सुन रहे थे। उनको भी दया आने लगी। किसी तरह पांच मिनट की अनुमति लेकर अपने कमरे में आया और मनुष्य शरीर के प्रति अत्यंत निर्मम किस्म का एक लार्ज पेग गले में उंडेलकर फिर भागा। फिर सुनाने लगा।

दसेक पन्ने लगभग चीख-चीखकर और सुनाए कि महेंद्र बाबू आ पहुंचे। अपने पिता को गले पर हाथ रखकर इशारों से समझाया कि ऐसे तो मालजी का गला खत्म हो जाएगा। किसको कहूं कि इस भारतीय कथा-साहित्य की जीवित विभूति ने अपने बेटे को क्या जवाब दिया? कहा, "जब यह सभाओं में दो-दो घंटे भाषण झाड़ता है, तब तो इसको कुछ नहीं होता!"

और आज उनके पोते के फोन नंबरों से तीन मिस कॉल आए हुए थे। चौथे को मैंने उठाया, तो ख़ुद बोले, "मालचंद, मैं बिज्जी बोल रहा हूं बेटा, गांव वापिस कब आएगा?"

2 जून, 2013

झूठ चबेना

13 मार्च, 2013 को सवेरे निकला था सो आज बोरूंदा पहुंच पाया—सवेरे 11 बजे। महेंद्र बाबू अपनी जमींदाराना दिनचर्या के अनुरूप कोठीनुमा घर के खुले छायादार परिसर में दो कुर्सियों और एक छोटी टेबल पर चाय-अखबार-पानी का असबाब संजोए सामंतोचित 'सुप्रभात' कर रहे थे। पहुंचते ही हाथ मिलाकर अभिवादन किया और मुझे पोलिप और मैग्जिलरी साइनोसाइटस की अपनी बीमारी के लिए डॉक्टरों के चक्कर में न पड़ने की अपनी अत्यंत दुराग्रही और घोर अवैज्ञानिक सलाहों से लाद दिया।

दुनिया ऐसे सलाहकारों से भरी पड़ी है जो सलाह तो स्वयं के अनुकूल देते हैं पर मुद्रा दूसरे के अनुकूल होती है। उनकी अनुकूलता यह है कि मैं 'फुलवाड़ियों' का शीघ्रातिशीघ्र अनुवाद करूं और उनके मानसिक नक्शे से रुख्सत हो लूं...!

यकीन नहीं होता, गोस्वामी तुलसीदास 'मानस' में हमारे आज के ज्ञान चतुर्वेदी की भाषा में भी कुछ लिख गए हैं, पर यह सच है। शायद बालकांड में ही तो चौपाई है :

झूठ ही लेना, झूठ ही देना। झूठ ही भोजन, झूठ चबेना॥

20 जुलाई, 2013

पेंटिंग

मानो एक हिमालय मुट्ठी-भर शेष रह गया है; हां, अप्रतिम भारतीय राजस्थानी कथाकार विजयदान देथा उर्फ बिज्जी को 'मेडी-फोम' नामक हवा के बिस्तर पर पीठ में 'बेड-सोर' लिये हड्डियों के एक पिंजर की शक्ल में सोए देखकर ऐसा ही लगता है। आज मैं 'फुलवाड़ी' के सातवें भाग की भूमिका 'कीं दोरौ ई बिसवास व्हैला' अर्थात् 'किंचित् मुश्किल से ही विश्वास होगा' का अनुवाद कर रहा था, तो दिल्ली से छोटे बेटे सुकांत का फोन आया। उसने दूसरी बातों के अलावा पूछा, "दादा कैसे हैं?"

मैंने जवाब में बिज्जी का हाल बताया और अपने अनुवाद का यह अंश पढ़कर सुनाया, "रुपए देते समय पुष्पू ज्यादा कुछ नहीं बोला, मगर रुपए लौटाते समय उसने मेरे खूब लत्ते लिये कि न तो वह बनिया है, न महाजन, जो सूदखोरी करे। परस्पर की मित्रता से बड़ा कोई रिश्ता नहीं है। उसका तो आनंद ही निराला है। अगर मित्रता में ऐसा हिसाब-किताब रखा जाता है तो वह मित्रता के बहाने दुश्मनी है, जिससे मित्रता की मर्यादा घटती है। तू इस भ्रम में होगा कि मैंने तुझे रुपए उधार दिये, मुझे ऐसा भोला मत समझना। तेरे ही लिखे हुए शब्द याद दिलाना जरूरी है कि यदि एंगेल्स कार्ल मार्क्स को वक्त मुताबिक अनगिनत रुपए न सौंपता तो कार्ल मार्क्स का नाम ही कौन लेता? अगर छोटा भाई थियो पहल करके वॉनगोग की मदद न करता, तो उस नीमपागल अघोरी को कौन जानता? मार्क्स की रचनाओं और वॉनगोग के चित्रों का मोल आज बीस खरब डॉलरों से भी नहीं चुकाया जा सकता। मैंने तो फकत तेरे सृजन की, तेरे शब्दों की, तेरे कलाकार की लज्जा रखी। अब कभी दोबारा ऐसी पगली बात मत करना। मेरे कहे का विश्वास न हो तो यह सामने बैठी अरुणा डार्लिंग से पूछ ले। और सचमुच अरुणाजी ने मुस्कुराते हुए इकरार किया। कहानियां तो खूब लिखता हूं, और

भी लिखूंगा। पर उस वक्त मेरे होंठों से एक शब्द भी न निकला। मौन की अनबोली वाणी को जिह्वा के जूठे बोल, सपने में भी नहीं छू सकते।'' और यह अंश, ''कार्ल मार्क्स का एक मंत्र मेरी रग-रग में समाया हुआ है कि लेखक को लिखने के लिए जिंदा रहना जरूरी है, सचमुच जरूरी है, पर जीवित रहने के लिए शब्दों को सपने में भी इस्तेमाल न करे! यही कलम की मर्यादा है। एक लेखक के लिए चुनिंदा किताबों के शब्द ही देवता हैं। कार्ल मार्क्स के इस मंत्र को मैं सपने में भी नहीं बिसराता। मरने के बाद का मुझे भी पता नहीं। तब भी एक बात अक्षरश: सच है कि यदि अगला जनम मुझे मनुष्य के चोले में मिला तो मैं लिखने के सिवाय दूसरा कोई काम करना नहीं चाहता। सचमुच मनुष्य के लिए फकत जिंदा रहने के सिवाय कोई-न-कोई उद्देश्य होना चाहिए जिसकी खातिर उसकी जिंदगी निमित्त बने। भले ही वह शब्दों के मामले में हो, भले ही समाज या देश-भक्ति के मामले में और भले ही खेल-कूद के सिलसिले में। उद्देश्य के गली-गलियारे अनेक हैं।'' और एक वाक्य यह भी, ''उसके मुकाबले तो ढोर-डंगरों की योनि अच्छी!''

मैंने सुकांत से कहा कि ऐसे बिज्जी को लिखने-पढ़ने से लाचार, बिस्तर पर निश्चेष्ट पड़े-पड़े यातना झेलते और दिन गिनते देखकर दिल भर आता है। मैंने बिज्जी से पूछा था, ''ये पीठ पर घाव कब हुए? मैं बीकानेर गया तब तो नहीं थे!''

उन्होंने उपालंभ के भाव से कहा, ''बात चलने पर ही पता लगना था। यह कोई पेंटिंग तो है नहीं जो तुझे दिखाता!''

पुनश्च :

दरअसल आज बिज्जी से कई बातें हुई थीं। सबको लिखने का मन था। आज अपेक्षाकृत उनका स्वर भी ठीक था। बेशक ज्यादातर बातें लेटे-लेटे ही कीं, पर सुनने-सुनाने का सूत्र छूटते-थमते पकड़े रहा जा सकता था। सुबह से याद करूं, तो मैं करीब पौने पांच बजे उठ गया था। जल्दी नहा-धोकर तैयार हो गया। अपने काम करने का सिलसिला बिठाया। सबसे खूबसूरत बात यह कि बिज्जी के लिखने की टेबल जो उनके कमरे से उठा दी गई है, वह मेरे कमरे में रख दी गई है। मैंने अपनी पुरानी दुतरफा चार दराजों वाली बड़ी-सी लकड़ी की टेबल को खारिज किया और बिज्जी की 3 गुणा 5 की छोटी 'गोदरेज' टेबल को अपने लिखने के लिए जचाया-संवारा। तब तक साढ़े नौ बज गए। निर्मल आया। कहा, ''आप नाश्ता कर लें।''

मैं बिज्जी के कमरे में गया। नाश्ता उसी टेबल पर रखा था, जिसका मैंने कभी मजे-मजे में उद्घाटन किया था, लेकिन पहले मैं उनके सिरहाने बैठा।

उन्होंने फुस–फुस की स्वर–ध्वनि में, जिसे सुनने के लिए मैं इन महीनों में अपने कानों को काफी प्रशिक्षित कर चुका हूं, कहा, "परिवार में वह जंग मचा है कि मत पूछ। तू भी कहीं दुश्मनों से मिल तो नहीं गया?"

मैंने कहा, "मैं तो आपके दोस्तों को जानता हूं, मुझे तो पता भी नहीं कि आपके कोई दुश्मन भी हैं!"

वे विद्रूप–सी हंसी हंसे, जैसी कोई बेहिसाब धोखे खाया हुआ इंसान ही हंस सकता है। बहरहाल, मैंने सायास इन बातों को टाला और पूछा, "आपकी तबीयत कैसी है?"

कहने लगे, "जब से अन्न छोड़ा है, बहुत आराम है।"

तभी निर्मल कटे हुए आम की दो तश्तरियां लेकर आ गया। एक बड़ी उनके लिए, एक छोटी मेरे लिए। यह घर की स्त्रियों का संज्ञान बोल रहा था कि आज जी'सा को फल काटकर खिलाने हैं, तो आसानी का रास्ता यही है कि एक कटोरी मालचंदजी के लिए पहले से भेज दी जाए, वरना वे जिद करेंगे कि मालू के लिए लाओ!

आम खाने के लिए उनको बिठाया गया। मैंने उनको बहलाने के लिए उनके हवादार बिस्तर की तारीफें कीं। उनको पता था या नहीं था, पर उन्होंने मुझसे कहा, "यह बिस्तर कौन लाया?"

मुझे उनके कनिष्ठ पुत्र महेंद्र बाबू पहले ही बतला चुके थे कि 'बेड–सोर' की समस्या सामने आने लगी है और इससे बचने के लिए जो कुछ हो चुका है, उसकी मरहम–पट्टी करने एक कंपाउंडर रोजाना आता है।

जब वे आम खा रहे थे, तो लगभग 'घुटरुन चलित रेनु तनु–मंडित/मुख दधि लेप किये' की तर्ज पर नैना महारानी दरवाजे पर नमूदार हुई। उसके मुंह और हाथ आम की ओझल–सी पीली और चिपचिपी झाइं दे रहे थे। कल शाम मैं बिज्जी से मिलने गया, तो नैना महारानी ने मुझे जरा घास नहीं डाली थी, लेकिन आज अचानक दोस्ती का हाथ बढ़ा दिया। मेरे 'नैना–नैना' पुकारने पर हंसी भी और निर्भीक–सी आकर बिज्जी के सामने रखी घूमने वाली कुर्सी पर बैठने का आग्रह इशारों से करने लगी।

अढ़ाई–तीन साल की नैना के उठने और बैठने के दौरान ही मुझे ज्ञात हुआ कि महारानीजी ने कोई अधोवस्त्र धारण नहीं कर रखा है।

मुझे सहसा यशपाल की 'फूलो' याद आई—'फूलो का कुरता'। हिंदी साहित्य के किसी उल्लू के पट्ठे कहानीकार को सात साल की पहाड़िन लड़की का यह अफसाना मालूम नहीं तो उसका कोई हक नहीं बनता कि वह अगली पीढ़ियों को अपने अनुभव की कोई कहानी सुनाए। मैंने नैना महारानी के हाथ छुए, पैर छुए, वह खुश हुई, हंसी। अपने हाथ, अपने पैर बार–बार छूने के लिए

आगे बढ़ाए, इससे बढ़कर आज के दिन की क्या उपलब्धि हो सकती है!

बिज्जी ने आज पूछा था, "डायरी लिख रहा है या नहीं?"

कल लिखने बैठा ही था कि महेंद्र बाबू मेरे कमरे में आ धमके। नहीं लिखी। फिर भी मैंने झूठ बोला। कहा, "बीकानेर में तो नहीं लिखी, मगर यहां आते ही शुरू कर दी। कल भी लिखी थी और आज तो आपसे इतनी बातें हुई हैं कि दो पन्ने लिखने पड़ेंगे।"

आज की सारी बातें चाहे दर्ज न हो पाई हों, पर मेरे हृदय को इस बात से विश्रांति मिल रही है कि मैंने उनके साथ किया अपना वादा पूरा किया। शुभरात्रि!

21 जुलाई, 2013

विनोबाजी की टेक

चिमनारामजी आज भी नहीं आए। उनके बिना सुबह सूनी-सूनी लगती है। एक वही तो हैं जो सहज होकर बातचीत करते हैं। उनकी अनुपस्थिति को लेकर दो बातें मेरे सामने आई हैं : एक—उनको 'निकाळा' (टाइफाइड) निकला है, दो—उनकी पोती की 20 जुलाई को शादी थी। मेरे लिए इन दोनों बातों में सिवाय इसके फर्क ही क्या है कि पहली के बारे में मैं सोच सकता हूं कि चिमनारामजी को टाइफाइड न हुआ हो और अगर हुआ हो, तो उन्हें शीघ्र स्वास्थ्य-लाभ हो, जबकि दूसरी के बारे में मैं नहीं सोच सकता कि उनकी पोती की शादी न हुई हो और अगर हो गई हो तो...!

ऐसा ही है यह जगत्। इसके बारे में सोच-सोचकर हलकान होना भी जरूरी।

सुबह पूजा-पाठ के साथ ही विनोबा भावे के 'गीता-प्रवचन' भी पढ़ रहा हूं। इतना विशिष्ट कोटि का हिंदी गद्य है कि उसमें मराठी माटी की सोंधी-सी सुगंध भी शामिल है। बिज्जी का लेटे-लेटे बोला गया अब 25-30 प्रतिशत ही पल्ले पड़ता है। फिर भी उन्हें मेरे साथ बातें करने में जीवन-रस मिलता है, यह तय है। मैं उनके सिरहाने के पास बैठ उनके कान के पास झुककर उनसे बातें करता हूं। कल उन्होंने पूछा था, "कोई किताब पढ़ी?"

मैंने इसी विनोबाजी की किताब का जिक्र कर दिया। कहा, "मराठी से अनुवाद है।"

उन्होंने तुरंत पूछा, "किसने किया है?"

मैं उन्हें कैसे कन्विंस करूं कि इतना सुंदर अनुवाद करने वाले अनुवादक ने अपना नाम भी नहीं दिया। यह सर्व सेवा संघ प्रकाशन से छपी है। लेखक के स्थान पर भी लिखा है—विनोबा। पढ़कर ही लगता है, जैसे किसी नौकर-चाकर का नाम है। परमात्मा का नौकर। मोहन राकेश ने कहानी लिखी थी—

'परमात्मा का कुत्ता'। कबीर ने भी लिखा :

कबीर कुतिया राम का, मुतिया मेरा नाम।
गले राम की जेवड़ी, जित खेंचे तित जाम॥

मिलिए—परमात्मा का नौकर लेखक, परमात्मा का नौकर अनुवादक। अनुवादक तो लेखक से भी बड़ा। ऐसा कैसे होता है, ख़ुद विनोबा के शब्दों में ही पढ़िए (या सुनिए, प्रवचन जो ठहरा!) : 'यह तो सभी जानते हैं कि गीता श्रीकृष्ण ने कही है। इस महान सिखावन को सुनने वाला भक्त अर्जुन इस सिखावन से इतना समरस हो गया कि उसे भी 'कृष्ण' संज्ञा मिल गई। भगवान और भक्त का यह हृदगत प्रकट करते हुए व्यासदेव इतने एकरस हो गए कि लोग उन्हें भी कृष्ण नाम से जानने लग गए। कहने वाला कृष्ण, सुनने वाला कृष्ण, रचने वाला कृष्ण—इस तरह इन तीनों में मानो अद्वैत उत्पन्न हो गया, मानो तीनों को समाधि लग गई। गीता के अध्येता में ऐसी एकाग्रता चाहिए।'

यह तो हुए विनोबा और उनके अनुवादक। परसों यह अध्याय पढ़ा था, कल अध्यात्म को चर्मरोग के स्तर पर बरतने वाले हमारे एक कचौरी-प्रेमी मित्र का बीकानेर से फोन आया। कहा, ''पेट खराब है, थोड़ा कोलेस्ट्रोल भी ज्यादा है, बीकानेर में हूं और प्रसिद्ध कचौरी की दुकान से थोड़े फासले पर लाचार बैठा हूं। कचौरी नहीं खा सकता।''

मैंने विनोबाजी की टेक लेकर कहा, ''तू तो जा...कचौरी को चटखते, उसमें चाट और दही मिलते देखेगा तो तुझे अद्वैत सिद्ध हो जाएगा। तू, तू न रहेगा वरन् कचौरी ही हो जाएगा।''

पता नहीं, वह गया या नहीं! लोग सांसारिक प्रीत भी पूरी कहां पालते हैं! यार, तेरा कचौरी के साथ भी एक पुराना, लोलुप ही सही, रिश्ता तो है; रक्तचाप के कारण उससे डरकर भागता क्यों है?

बिज्जी के साथ और भी कई बातें हुई थीं। मैं आज छठे भाग की भूमिका 'ठाकुर की मेहरबानियां' शीर्षक से अनुवाद करने बैठा ही था कि निर्मल आया। कहा, ''जी'सा बुला रहे हैं।''

गया। वे लेटे ही थे। उनका कांधा छूकर प्रणाम किया, ''प्रणाम करूं-सा, मालचंद!''

वे देर तक कुछ न बोल पाए। फिर देर तक जो बोलते रहे, उसे मैं पूरे आयासपूर्वक झुक-झुककर सुनने की चेष्टा करता रहा, लेकिन हवा की फुस-फुस के सिवाय कानों को कुछ पल्ले नहीं पड़ा। फिर देर बाद सूत्र पकड़ में आया।

उन्होंने बुदबुदाया तो मैंने सुना, "अरेबियन नाइट्स।"

मैंने गर्दन भी हिलाई और मुंह से भी कहा, "हां-सा, पढ़ी है।" फिर थोड़ा ठहरकर उनकी दिलचस्पी बढ़ाने के लिहाज से कहा, "उसकी एक कहानी पर नंदकिशोरजी (आचार्य) ने एक नाटक लिखा है—'जूते'। वह एक हास्य नाटक है।" (वैसे नंदकिशोर आचार्य के लेखन में हास्य का अन्वेषण ही एक खोजपरक प्रस्तावना है!)

वे कुछ समझे हों, ऐसा नहीं लगा, तो मैंने उस कहानी का सार बताने का प्रयास किया, "एक कहानी है न, जिसमें एक आदमी अपने पुराने जूतों से मुक्ति पाना चाहता है, मगर वे जूते बार-बार उसके पास लौटते रहते हैं। याद आई ?"

उन्होंने इनकार में गर्दन हिलाई और एकदम-से, बहुत स्पष्ट आवाज में एक सर्वथा अप्रत्याशित सवाल पूछ डाला, "नंदू (नंदकिशोरजी) के भाई कितने हैं ?"

मैं इस सवाल से इतना भौचक्का रह गया कि एकबारगी कुछ जवाब देते ही न बना। फिर जो जवाब दिया, उसमें आपराधिक-सी गलती थी। मैंने कहा, "दो भाई। उनका एक छोटा भाई था, उसकी मृत्यु हो गई। सन् 2001 में।"

यह कहते हुए एक मंजर मेरी आंखों के सामने घूम गया। उस सुबह नंदकिशोरजी का एक पुत्र बीकानेर में सोनगिरी कुआं स्थित मेरे घर बड़े सवेरे आया था और कहा था, "भा (नंदकिशोरजी) अबार रौ अबार बुलावै!" (बड़े भाई अभी का अभी बुला रहे हैं!)

मैं पांच मिनट में ही उनके घर पहुंचा था। घर से पहले, चौक में ही जीप खड़ी थी। मेरे बैठते ही चल पड़ी। रास्ते-भर सन्नाटा। कोई न बोला। मैं डरा-सा चुपचाप बैठा रहा। श्रीडूंगरगढ़ तक का 70 कि.मी. का फासला योजनों लंबा हो गया था। और पहुंचे, तो पता चला—भीषण दुर्घटना। उनके तीन परिवारजन काल-कवलित हो गए और बीस दिन बाद घायल सगा अनुज 'नू' भी जाता रहा।

फिर मैंने संभलकर बिज्जी से कहा, "वे तीन भाई हैं। एक जो गुजर गया, उसका नाम 'नू' था। एक छोटा है, उसका नाम पप्पू है।"

वे कुछ न बोले।

तभी नैना बिज्जी के कमरे के द्वार पर प्रकट हुई। पीठ-छाती पर एक पतला-सा झुग्गा डाले और शेष काया विवस्त्र...मैंने उसे लोचभरी आवाज में प्यार से पुकारकर अनुमति-सी मांगी, "नैना!" वह मुस्कुराई तो मेरी हिम्मत बढ़ी और मैंने आगे बढ़कर उसके छोटे-छोटे चरण छू लिये, "नैना मां...मेरा कल्याण कर न!"

22 जुलाई, 2013

आज मैं डायरी न लिखता

चेतन, डॉ. चेतन स्वामी, से फोन पर वार्ता न होती तो शायद आज मैं डायरी न लिखता। आज मन विषण्ण है; कारण तो सांसारिक ही है, पर है तो सही। आज मेरे पुत्र निर्मल (यलप) का तैंतीसवां जन्मदिन है। उसको सवेरे फोन कर आशीर्वाद दिया था। उसके स्वर में कैसी उदासी, कैसी पस्त-हिम्मती और पराजय-भावना गूंज रही थी, उसे उसके पिता के अलावा किसके कान सुन सकते हैं?

33 साल का युवक, अविवाहित, बेरोजगार, दिशाहारा! पिछले एक वर्ष से वह अपने फ्रस्ट्रेशन के चलते की गई कतिपय नागाओं को छोड़कर सिर्फ पापा-मम्मी का मन रखने के लिए नित्य सवेरे मंदिर जाकर शिवलिंग पर केशर-मिश्रित दूध से अभिषेक करता है। उसकी शामें बहुत कुसंगत में गुजरती हैं, बहुत बुरी। अंग्रेजी की एक कहावत का मर्म मैं आज तक उसे संप्रेषित नहीं कर सका कि *Man is known by company he keeps.* लेखक अगर लोक-शिक्षक भी होता है, तो मैं कैसा शिक्षक हूं कि एक मामूली-सी व्यावहारिक समझदारी की बात अपने बच्चों तक को नहीं समझा सका!

वह दिल का बेहद नरम है। एकदम परदुखकातर, उदार और अपना सर्वस्व दांव पर लगाकर भी दूसरे का उपकार करनेवाला। लेकिन अपने 'आत्म' का जैसे उसे ज्ञान ही नहीं। वह अपने 'अहंकार' को ही, जो पता नहीं किस कुसंग और कुशिक्षा ने उसमें बद्धमूल किया, अपना स्वरूप समझता है। वह कितना प्यारा है, इतनी-सी बात वह ख़ुद महसूस कर ले, तो मेरे मन की सारी पीड़ा दूर हो जाए।

बहरहाल, आज मैंने उससे संक्षिप्त-सी बात फोन पर की। उसे स्वस्थ-चित्त, सक्रिय और सहज पाकर प्रसन्न हुआ। उसकी मां को हिदायत दी, "चंदा, आज इसका जन्मदिन है, तुझसे जैसे-कैसे भी बन पड़े, आज इसको खुश रखना।" मेरा इशारा यही था कि घर में न हो तो कहीं से उधार मांगकर भी इसकी हर इच्छा प्रियतापूर्वक पूरी करना। उसने मुझे आश्वस्त किया, हां भरी। वह प्रिया से प्रणम्य होती जा रही है, वन्दनीय, प्रात:स्मरणीय आदि।

चेतन को मैंने बताया कि विजयदानजी ने आज तुझे खूब याद किया। मुझसे डायरी के दो-तीन पृष्ठ भी सुने। कहा—बहुत आकर्षक है!

चेतन ने कहा, "इसे भी डायरी में लिख देना।"

मैंने इनकार किया तो उसने और जिद की और मुझसे हां भरवाकर ही माना। सो मैंने लिख दिया।

आज आठवें भाग का अनुवाद कर रहा था कि उनका बुलावा आया। गया।

ढेरों बातें कीं, पर जो मैं सुन-समझ पाया, उसमें एक जरूरी बात तो यह थी कि जयशंकर प्रसाद में दैवी प्रतिभा थी और प्रेमचंद में असाधारण पुरुषार्थ। उन्होंने अपने दिमाग पर जोर दे-देकर प्रसाद के एक नाटक का नाम याद करना चाहा।

मैंने प्रसाद के प्रसिद्ध नाटकों के नाम गिनवाए—स्कंदगुप्त, चंद्रगुप्त, ध्रुवस्वामिनी...।

वे ना में गर्दन हिलाते रहे। मुझसे कहा, ''वह नाटक तूने पढ़ा होता तो तुझे जरूर याद होता। अब जरूर पढ़ना।''

28 जुलाई, 2013

ईश्वरीय अनुभूति की मद्धिम-सी झंकृति

यह किसी को कितनी अजीब बात लग सकती है कि अपने कमरे के पिछवाड़े की किसी मस्जिद से आने वाली पांच अजानों में चार रोजाना सुनता हूं और चारों ही बार मुझे स्व. कुंदनलाल सहगल के गाये गीतों की स्मृति हो आती है। इसमें अजीब बात कुछ भी नहीं है। इस्लामी इतिहास बताता है कि इस्लाम में संगीत की मुमानियत रही है, लेकिन अजान के सुरों की करुण पुकार, उसका अंत:करण को बींधता-सा आर्त स्वर कोई क्यों नहीं सुनता?

मेरे जीवन के स्मरणीय सौभाग्य-क्षणों में मैं उस वक्त को भी शामिल करता हूं जब मैंने बीकानेर के टाउन-हॉल जैसे निहायत समझौते वाले मंच पर फिल्म अभिनेता टॉम आल्टर के निर्देशन में स्व. कुंदनलाल के जीवन पर आधारित नाटक को मंचित होते देखा था।

उस नाटक में सहगल के बाल्यकाल की एक घटना बयान होती है कि गाना गाने के शौक के कारण पटवारी बाप के हाथों निर्मम पिटाई खाने वाले बच्चे को मां गाना छुड़वाने के लिए एक फकीर के पास लेकर जाती है। वह फकीर बच्चे को पास बुलाकर उसके कान में एक मंत्र-सा फूंकते हैं और कहते हैं, 'जा, इसमें डूब जा!'

मां सोचती है, बच्चे का इलाज हुआ। असल में बच्चा वहां से और भी लाइलाज होकर लौटा और दुनिया की यादों में के. एल. सहगल नामक गायक के रूप में अमर हो गया।

नाटक बताता है कि फकीर ने बच्चे के कान में जो मंत्र फूंका, वह और कुछ नहीं, इसी पांचों वक्त दी जाने वाली अजान के बोल थे। अत: मेरे लिए इसमें कुछ भी अजीब नहीं कि जब-जब भी अजान का स्वर सुनता हूं, मुझे सहगल के गाये गीत याद आते हैं और ईश्वरीय अनुभूति की एक मद्धिम-सी झंकृति मेरे मन में परिव्याप्त हो जाती है।

आज नैना महारानी ने मुझ पर बड़ी कृपा की। कैलाशजी ने जोधपुर से बस में बैठकर बोरूंदा के लिए चल पड़ने की जानकारी फोन पर दी, तो मैंने नींबोजी को बुलाकर कहा कि उनके लिए मेरे कमरे में ही खाट और बिस्तर की व्यवस्था करें।

वे जब मेरे कमरे से लौट रहे थे तो बाहर से उनका बोला एक वाक्य मुझे सुनाई पड़ा, "नैना बाईसा, कांई लेय पधारया हो ? घर में पधारो परा।" मैं झटके के साथ अपनी कुर्सी से खड़ा हुआ और परसों लकी पान पैलेस से पान के साथ लाई टॉफियों में से एक उठाकर बाहर को लपका। नींबोजी नैना से अनुनय-विनय कर अपनी सदावंत फुर्ती से गायब हो गए। मैंने देखा, नैना बाईसा खुले छिलके के साथ आधा खाया केला हाथ में पकड़े बाहर घूम रही हैं। मैंने प्यार से पुकारकर टॉफी दिखाई तो आज उन्होंने बेझिझक अपना केले वाला हाथ बढ़ाकर केला मुझे पकड़ा दिया और उसी हाथ में टॉफी थमकर वापिस मुड़ गईं। मैंने आवाज दी तो रुकीं और मेरे कहने पर केले को बाएं हाथ में थामकर चल निकलीं।

कमरे में आकर मुझे पछतावा हुआ—मैं उनके चरण छूना तो भूल ही गया। मुझे छोटी बच्चियों के पांव छूते देखकर लोग जाने क्या सोचते होंगे! उन्हें क्या बताऊं कि जैसे-जैसे मैं बुढ़ापे की ओर बढ़ रहा हूं, मुझे अपनी मां बच्चों की तरह याद आने लगी है। नन्ही-नन्ही बालिकाओं के चरणों में उसी के चरणों का स्पर्श ढूंढ़ने अक्सर विवश-सा झुक पड़ता हूं।

24 जुलाई, 2013

इसीलिए तो पंडितजी के पास आया हूं

आज बिज्जी के पास जाना ही नहीं हुआ। उन्होंने बुलाया नहीं, मैं गया नहीं। हमसे आया न गया, तुमसे बुलाया न गया। आज कैलाशजी, मेरे परम मित्र और बिज्जी के ज्येष्ठ पुत्र, यहां हैं, मेरे साथ। वे कुछ कविताएं फेयर करने के सिलसिले में यहां हैं। वे दिन-भर उठते-बैठते, सोचते-बतियाते अपनी कविताओं के पन्नों में यहां-वहां कलम चलाते रहे। पता नहीं लग रहा—वे अनफेयर को फेयर कर रहे हैं या फेयर को अनफेयर ? अलबत्ता उन्होंने दो-तीन कविताएं सुनाई भी थीं; बल्कि दो अच्छी, एक बेहद खराब।

मैंने उनसे तत्काल प्रार्थना कर दी, "इसे संग्रह में न लीजिएगा, यह रुग्ण कविता है, मोर्बिड...।"

वे मान गए, "इसीलिए तो पंडितजी के पास आया हूं।"

मुहावरा तो चने के झाड़ पर चढ़ाने का है, पर वे यह कह-कहकर कि इससे

तेरा अहंकार और ज्यादा बढ़ जाएगा, मुझे अक्सर खजूर के पेड़ पर चढ़ाते रहते हैं। हां, वही खजूर, रहीम वाला— *बड़ा हुआ तो क्या हुआ, जैसे पेड़ खजूर। पंथी को छाया नहीं, फल लागे अति दूर॥*

वे थोड़ी चिंता तो करें, बड़े हैं, कि मैं पृथ्वी से इतना ऊपर चला गया तो वापिस कैसे आऊंगा! वे मुझे विजयदान देथा की कहानियों के उस राजा-खवास जितना चालाक समझते हैं, जो बकौल विजयदान देथा, 'नींद में भी चालाकियां और अटकलें सोच लेता था।'

बहरहाल, आज मुद्दत बाद देवल साहब (डॉ. चंद्रप्रकाश देवल) का फोन आया। बड़ा अच्छा लगा उनसे बात कर। शे'र याद आया— *दिल को सुकून रूह को आराम आ गया। मौत आ गई कि दोस्त का पैग़ाम आ गया।*

उर्दू वालों को प्रौद्योगिकी के अमल का सबसे बाद में पता चलता है, क्योंकि ये भारत की *Academy of Letters* साहित्य अकादेमी की भारतीय भाषाओं की सूची में अंग्रेजी वर्णमाला के अकारादि क्रम में बिल्कुल अंत में बैठे रहते हैं। पता नहीं, फोन पर कोई मिसरा उन्होंने लिखा है या नहीं? अलबत्ता ग़ालिब का एक शे'र जरूर है, जिसमें वे अपने प्रेम की तकदीर की तुलना नंबरों वाले ताले से करते हैं, जिसकी किस्मत में नंबरों के मिलते ही जुदा हो जाना (बदा) होता है। अच्छा है, ग़ालिब के जमाने में साहित्य की अकादमियां नहीं होती थीं। बिना हुए भी उस जालिम ने तो उनको 'दफ्तर' कह-कहकर उनका खूब मजाक उड़ाया है। आमीन!

25 जुलाई, 2013

म्हनै तो लाय लगावणी आवै

दिन में बुलावा आया बिज्जी का। मैं और कैलाशजी गए। खूब बातें हुईं। उन्होंने बताया कि मरुधर मृदुल ऐतिहासिक रूप से उनके पहले मित्र थे। इसी बरस मरुधरजी संसार से चले गए। तब इनकी शारीरिक स्थिति अपेक्षाकृत ठीक थी। इन्होंने शोक जतलाने उनके घर जाने की जिद की, तो महेंद्र बाबू ने इनके जाने की सारी व्यवस्था की और ख़ुद भी साथ चले। इनकी सार-संभाल के लिए गाड़ी में चिमनारामजी का होना अपरिहार्य था। मैं यहां बोरूंदा में ही था। फिर मैं क्यों न जाता?

मरुधरजी के घर के आगे पहले इन्हें गाड़ी से उतारकर एक कुर्सी पर बिठाया गया और तब छह आदमियों द्वारा कुर्सी समेत उठाकर मरुधरजी के घर की बैठक में पहुंचाया गया। सब इनसे आकर मिले—स्व. मरुधरजी की पत्नी, उनके बेटे-बेटियां, परिजन। ये मरुधरजी की पत्नी गुलाबजी को छोड़कर सबके एक ही

संबोधन के पात्र थे—बिज्जी काकोसा।

प्रसंगवश याद आया, जब मैं साहित्य अकादेमी, नई दिल्ली में राजस्थानी भाषा का संयोजक था तब मैंने मरुधरजी को प्रख्यात वकील की हैसियत से साहित्य अकादेमी के एक विशिष्ट प्रोग्राम 'मेन एंड बुक्स' में अपनी पसंद की राजस्थानी किताबों पर बोलने के लिए अजमेर बुलाया था। अजमेर में कार्यक्रम की सारी बागडोर देवल साहब ने संभाली थी। उनके और मेरे आग्रह पर ये बोरूंदा से अपनी गाड़ी में बैठकर अजमेर आए थे। अजमेर के सूचना-केंद्र में आयोजित कार्यक्रम के वक्त प्रख्यात वकील और बिहारी पुरस्कार से समादृत श्री मरुधर मृदुल, अपने 'ऐतिहासिक रूप से पहले मित्र' को पहनाने हेतु ये एक बड़ी-सी गुलाब के फूलों की माला लेकर आए थे। पहले तो मजा तब हुआ जब देवल साहब ने यह एनाउंसमेंट किया कि कार्यक्रम का शुभारंभ श्री विजयदान देथा अपने हाथों से दीप प्रज्वलित करके करेंगे। उन्होंने अपनी जगह पर खड़े होकर बड़ी विनम्रता से यह कहा कि 'म्हनै तो लाय लगावणी आवै,' अर्थात् मुझे तो आग लगानी आती है, तो सभाकक्ष ठहाकों से गूंज गया। फिर दीप जलाने के बाद अब तक सबसे छिपाकर रखी गुलाब के फूलों की बड़ी-सी माला निकाली और मरुधरजी को अपने हाथों से पहना दी। इसके बाद श्रोताओं की ओर मुखातिब होकर कहा, ''मरुधर और गुलाब का बड़ा पुराना मेल है, इसलिए मैं यह गुलाबों की माला लेकर आया हूं। गुलाब मरुधर की पत्नी का नाम है।''

सभाकक्ष एक बार फिर हर्षित हो गया।

अगले दिन कार्यक्रम की रिपोर्ट के साथ अखबारों में एक बॉक्स-न्यूज इनके बारे में अलग से छपी, जिसका शीर्षक था—'म्हनै तो लाय लगावणी आवै'।

26 जुलाई, 2013

दोनों भाषाएं समृद्ध हो जाएंगी

शारीरिक प्रमाद अथवा निठल्लेपन के सर्वथा अहिंसक दुर्व्यसन को 'क्रिमिनल' उत्कर्ष तक कैसे मांजा और निखारा जा सकता है, इसके लिए अगर किसी विशेषज्ञ की सेवाएं आपको चाहिए तो मैं एक नाम सुझा सकता हूं, लेकिन सुझाऊंगा नहीं। मैं सिर्फ इतना बताऊंगा कि विजयदान देथा अर्थात् बिज्जी अपने जराग्रस्त जीर्ण-शीर्ण अस्तित्व से आज भी एक ही संदेश देते हैं और वह है—थकना मना है। मैंने उन्हें *Revital* खाते कभी नहीं देखा जिसके दूरदर्शनी विज्ञापन की यह 'पंच लाइन' है।

आज दिन में डेढ़ बजे निर्मल ने मेरे कमरे में आकर उनका बुलावा पहुंचाया, तो मैं और कैलाशजी अपना-अपना काम छोड़कर उनके कमरे में चले गए। वे

अभी लेटे ही थे। हस्बेमामूल सीधे, पीठ के बल। हम दोनों ने अपनी आमद दर्ज की।

उन्होंने बताया, पंद्रह-सोलह आवाजें लगा चुके। गला थक गया। अजीब-सा मामला है; वे जोर से तो फिर भी आसानी से बोल लेते हैं, पर धीमे, बातचीत के स्वर में बोलने में उन्हें काफी आजमाइश हो जाती है।

कैलाशजी उनके सामने कुर्सी पर और मैं उनके सिरहाने के पास बैठ गया तो मैंने देखा, उनके होंठों पर एक जबरदस्त जुंबिश है और वे कुछ कहना चाहते हैं। दोनों होंठ करीब आते हैं, पर मुंह से स्वर नहीं, हवा भर निकल जाती है। मैं उनके होंठों को जुड़ते, अलग होते देखकर समझ गया कि उनके वाक्य का पहला अक्षर निश्चित ही देवनागरी लिपि के प-वर्ग का है। मैंने अंदाजन, जोर से 'प' अक्षर से शुरू होने वाले लेखकों के नाम लेने शुरू किए, 'प्रेमचंद, प्रसाद, पंत...' कि सहसा उनका पूरा वाक्य प्रकट हो गया, "प्रभाकर श्रोत्रिय ज्ञानपीठ के निदेशक थे, एक बार उनका फोन आया...।" फिर वे बोलते गए।

असल में 'फुलवाड़ी' का 14वां भाग राजस्थान के प्रेमाख्यानों पर आधारित 7 कहानियों की निर्मित्ति है। प्रभाकर श्रोत्रियजी ने राजस्थान के प्रेमाख्यानों को लिखने के लिए उन्हें ज्ञानपीठ की फेलोशिप ऑफर की थी। उन्होंने उसे इस शर्त के साथ स्वीकार किया कि प्रतिज्ञानुसार पहले वे सारे आख्यान राजस्थानी में लिखेंगे और तब उनका हिंदी में अनुवाद कर उसे ज्ञानपीठ को देंगे। वे यह प्रसंग पिछले बरसों में कई बार सुना चुके। ऐसा लगता है, पूरा प्रकरण वे श्रोत्रियजी के एक संवाद से पहली बार मिली खुशी को बार-बार महसूस करने के लिए ही सुनाया करते हैं। कहते हैं, "जब मैंने ऐसी शर्त रखी तो श्रोत्रियजी ने फोन पर कहा, 'बिज्जी, यह तो और भी अच्छा है, आपकी कलम के जौहर से दोनों भाषाएं समृद्ध हो जाएंगी।' "

आज ही एक क्षण ऐसा आया जब वे बैठे थे और हम दोनों—मेरे और कैलाशजी—के साथ मन से बतिया रहे थे। मैं उनके नंगे बदन के दोनों ओर लटकती बांहों को चकित भाव से देख रहा था जिनके ऊपरी हिस्से में बगलों से नीचे पूरी त्वचा सलवटों का गुच्छा-सी लग रही थी। मैंने उनके दाएं हाथ को देखा। उनकी कलाई की हड्डी पर त्वचा की झिल्ली अब भी है, पर मांस का लवलेस भी नहीं बचा। उनके छोटे-छोटे हाथों के नाखून कुछ बढ़े हुए से लगे। नाई आएगा, उन्हें संवार देगा। अंगुलियां अकड़ी-सी लगती हैं, पर उनमें लोच है, इसका पता तब चलता है जब वे कई बार नीचे झुककर अपने पैर की पिंडली खुजलाते हैं। मैं चकित भाव से देख रहा था कि यही वह कर्मठ हाथ है जिसने 'फुलवाड़ियों' समेत अपूर्व कथाएं अनथक गति से लिखी हैं!

हमारा खाना आ गया। वे अब खाना (दही में घुली थोड़ी-सी खिचड़ी)

खाकर लेट चुके थे। वही, सीधे, पीठ के बल। हम खाना खाने सोफे पर बैठ गए। सामने की छोटी टेबल पर हमारा खाना रखा था। मैं अपने कमरे से हाथ धोकर चला था। कैलाशजी हाथ तो अपने हठीलेपन से धोएं बेशक, फिलहाल हस्त-प्रक्षालन करने गए हुए थे।

सहसा स्पष्ट शब्दों में लेटे-लेटे ही उन्होंने मेरा नाम लिया, ''मालू!'' क्षण भर रुके और मुझे सं.फे पर ही सुनाई पड़ जाए, ऐसे स्वर में कहना चाहा, ''शिवाजी और भूषण...।''

भूषण का नाम लेते ही हवा की फफ-फफ शुरू हो गई। हमने खाना खाया। वे शांत भाव से अपने हाथ हिलाते-डुलाते रहे। मैं हाथ धोकर उनके सिरहाने जा बैठा, तो फिर बोले, ''शिवाजी और भूषण...।''

फिर भारी दुतरफा प्रयत्न से हमारे बीच जो कहना-सुनना हुआ, उसका सार तत्त्व यह है कि एक बार छत्रपति शिवाजी और भूषण—कवि भूषण—अपने-अपने घोड़ों पर चलते हुए एक-दूसरे को आमने-सामने मिल गए। वहीं राह में खड़े-खड़े ही भूषण ने शिवाजी को 52 सवय्ये सुना डाले। इस पर प्रसन्न होकर शिवाजी ने भी 52 लाख रुपए भूषण को दे डाले। हर सवय्ये पर एक लाख। हिंदी साहित्य के इतिहास में यही 52 सवय्ये कालांतर में 'शिवा-बावनी' नाम से मशहूर हुए। इसे जस-तस पूरा सुनाकर वे हंसे। वे हंसते हैं, खुश होते हैं—इस ऐहिक-दैहिक परिस्थिति में भी, इसी को जिजीविषा अथवा पुरुषार्थ कहते हैं।

आज ही एक बार उन्होंने नाम लेकर कहा था, ''कैलाश, लगता है कि मरने में अब भी पांच-सात बरस लग जाएंगे।'' कहकर वे तो हंस दिये, पर हमारी हंसी उनकी हंसी का साथ देने में रुआंसी-सी हो गई थी। आमीन!

27 जुलाई 2013

इंटेलीजेंट उत्तर

आज बिज्जी के चित्त-मन और अपेक्षाकृत रूप से देह में भी बड़ी रौनक नजर आई। वैसे कल शाम को भी उन्होंने मुद्दत बाद, अपने हाथ में गिलास पकड़कर, अपना एक सेंटीमीटर शराब की मात्रा वाला परमौषधीय पेग लिया था और उसके बाद निर्मल ने उन्हें 'कंकेड़े' की सब्जी के साथ घी-चुपड़ी एक रोटी लभगग पूरी खिलाई थी। वे चबा-चबाकर, पुरलुत्फ अंदाज में, उसे खा रहे थे तो मुझे पुराने दिन याद आ रहे थे।

सन् 1987 ई. में श्रीडूंगरगढ़ के धोरों में 'परिणति' फिल्म (प्रकाश झा) की शूटिंग हुई थी। फिल्म उनकी कहानी पर आधारित थी, इसलिए वे किस्तों

में, कई बार, श्रीडूंगरगढ़ स्थित मेरे किराए के मकान में आकर मेरे साथ रहा करते थे। तब भी, इतने ही आदर, इतनी ही आंतरिक प्रेरणा से, मैं और मेरी युवा पत्नी, और हां, उस वक्त मां भी तो मौजूद थी, अपने इस सौभाग्य से अभिभूत होकर उनको खाना खिलाया करते थे कि वे हमारे यहां ठहरे हुए हैं। आज उन्होंने अचानक, लेटे-लेटे पूछा था, "'परिणति' किस वर्ष में बनी थी?"

मैंने वक्त बताकर उनसे कहा था, "जब आप वहां आया करते थे, तो सर्दियों में दो बार 'सेंधीणां' (राजस्थानी में गिज़ा के लिए प्रयुक्त) बनाकर लाए थे—एक बार हल्दी और एक बार अदरक, कच्ची वाली, घी में जमी हुई।"

उन्होंने कहा, "यह तो मैं हमेशा हर साल खाया करता था।"

जब मैं और कैलाशजी उनसे दूर सोफे पर बैठकर खाना खाने लगे, तो उन्होंने मुझे आवाज लगाई, "मालू, 'भादवे भूत नै आसोजां पूत' (भाद्रपद में भूत और आसोज माह में पुत्र) कहावत का क्या अर्थ होता है?"

मैंने खाते-खाते ही क्षमा प्रार्थना की, ऊंचे स्वर में, कि वे सुन लें, "मेरे अनुवाद में यह कहावत अभी तक कहीं आई नहीं है, मैं इसका अर्थ नहीं जानता।"

उन्होंने तुरंत अगले विद्यार्थी, कैलाशजी को खड़ा किया, "कैलाश, तू बता!"

उन्होंने भी कहा, "सुणी कोनी सा...।"

हम खाते रहे, उनका एक जुमला और आया, "अनुवाद पर कार्यक्रम करना चाहता हूं। आज तो दुविधा में पड़ गया कि मालचंद को बुलाऊं या नहीं।"

हमने बिना कुछ बोले खाना खत्म किया। कैलाशजी बाहर हाथ धोने चले गए, मैं उनके कमरे के संलग्न टॉयलेट में घुसा। जब वाश-बेसिन पर हाथ धो रहा था, उन्होंने पुकारा, "मालू!"

उनके पास, सामने, कुर्सी पर बैठे निर्मल ने उन्हें अत्यंत मीठे स्वर में जवाब दिया, "हाथ धोवै, अबार आवै सा।" (हाथ धो रहे हैं, अभी आ रहे हैं, जी।)

मैं सदा की भांति सिरहाने बैठ गया। उन्होंने आंखों की पुतलियों को बाएं तिरछा करके मुझे देखा और कहा, "मैं तुझसे एक राय लेना चाहता हूं। यहां बोरूंदा में, अनुवाद पर एक कार्यक्रम कर रहा हूं, तुझे बुलाऊं या नहीं? अपनी स्पष्ट राय देना।"

मैं उनका पुराना शागिर्द ठहरा; उनकी शरारती युक्ति समझ गया। मैंने जवाब दिया, "हरगिज नहीं। मैं अभी अपनी जगह से एक इंच भी हिलना नहीं चाहता, क्योंकि मैं 'फुलवाड़ियों' का हिंदी अनुवाद कर रहा हूं।"

उनके अशक्त, निढाल मुख पर मानो कोई फूल-सा खिला। वे हंसे। कहा, "इंटेलीजेंट...बहुत इंटेलीजेंट जवाब दिया...मजा आ गया।"

मैंने उन्हें खुश करने की गरज से कहा, "ऐसे जवाब देना मैंने आपसे ही तो सीखा है।"

उन्होंने फिर हंसकर कहा, "झूठी बात। मुझसे तुमने कुछ नहीं सीखा। तुम तो पोतड़ों में ही बिगड़ चुके, तब मेरे पास पहुंचे।"

और वे देर तक लेटे-लेटे मुस्कुराते रहे। आमीन!

पुनश्च : *रात्रि 9:15 बजे*

"मेरे मित्र मालचंद, तू एक देह नामक गरीब पिंजरे का मैनेजर है। तू अपनी सामर्थ्य, अपनी क्षमता, अपने पुरुषार्थ को ललकार और कम-से-कम चिड़ियाघर का मैनेजर तो बन। और हां, मैं तो यह भी सपना देखता हूं कि कम-से-कम एक दिन तू समूचे जंगल का मैनेजर बन जाए। बोल, बनना चाहे, तो कुछ उपाय करूं?"

"मित्र, एक मनुष्यरूपी जीवात्मा होने के बल पर तू ऐसा कर सकता है। ललकार न, अपने को!"

[इन पंक्तियों की पृष्ठभूमि के लिए मैं विनोबा भावे द्वारा, सन् 1932 में ब्रिटिश सरकार द्वारा उन्हें धुलिया-महाराष्ट्र की जेल में रखे जाने के दौरान, दिये गए प्रवचनों की किताब 'गीता प्रवचन' का आभारी हूं।]

28 जुलाई, 2013

खुलूस-ओ-मुहब्बत

आज अंतत: याकूब भाई की क्लीनिक में बैठकर सोने के काम वाली हस्तलिखित पवित्र कुरान के दर्शन कर ही लिये। बकौल याकूब भाई, यह प्रति बादशाह औरंगजेब के हाथ की लिखी हुई है। हिंदुस्तान के इतिहास से वाकिफ हर शख्स यह बात जानता है कि हिंदुस्तान में एक बादशाह ऐसा भी हुआ है जो अपनी रोजी-रोटी कमाने के लिए हाथ से लिखकर कुरान की प्रतियां तैयार किया करता था। बड़े आकार की इस अरबी हस्तलिखित किताब को छूते ही मैं पवित्रता की भावना से अभिभूत-सा हुआ और मैंने इसे सिर से लगाकर खोला।

याकूब भाई के साथ उनका इंजीनियरिंग पास नौजवान बेटा सुहैल भी था। मैंने उससे पूछा, "बेटा, उर्दू सीखी?"

उसने कहा, "अरबी आती है न!"

मैंने कहा, "तो थोड़ी-सी पढ़कर सुना सकता है?"

उसने अटकते-अटकते पढ़कर सुनाई।

मैंने उससे पूछा, "तुम्हारे यहां कोई मदरसा है ?"

उसने कहा, "जी, मदरसा भी है, मस्जिद भी और दरगाह भी।"

असल में मुझे अपने पास की तीन चीजें दिखाने के लिए याकूब भाई तब से उत्कंठित थे, जब मैं 'फुलवाड़ी' के अनुवाद के सिलसिले में पहली बार बोरूंदा आया और कैलाशजी के साथ बस-स्टैंड पर घूमते हुए, लकी पान भंडार पर, उनके बाल्यसखा याकूब भाई से मेरी मुलाकात हो गई थी। इसके बाद कई बार शाम को मैं उनके पास चला गया और उनकी 'हड्डीजोड़' क्लीनिक में उनकी कुर्सी के पास पड़ी लाल रंग की प्लास्टिक की स्टूल पर, ठीक उनके किसी रोगी की तरह बैठकर, उनसे गप्पें लगा लुत्फ-अंगेज हो लिया। वहीं, बोरूंदा और याकूब भाई, दोनों के कुछ भेद मुझ पर खुले। बहरहाल, शेष दो चीजें थीं—एक, हाथी दांत की तीन पंखियां और दो—आजादी से पहले के राजपूताना क्रिकेट क्लब के कप्तान श्रीयुत अज़ीम खां के हाथ से बरती हुई पांच क्रिकेट की गेंदें।

लाल रंग की 'मेड इन इंग्लैंड' गेंद को मैं जब अपने हाथों में उलट-पलट रहा था, याकूब भाई ने कहा, "अज़ीम खां साहब के बारे में आप कुछ जानना चाहें तो इंटरनेट पर सब-कुछ मिल जाएगा।" कुछ देर बाद उन्होंने यह भी बताया कि अज़ीम खां साहब, जो राजपूताना क्रिकेट क्लब के कप्तान थे और जिनके पुरखों को जयपुर राजपरिवार सिर्फ शेर पालने के लिए अफगानिस्तान से लेकर आया था, की बेटी उनकी लड़की की सास है। वे चहकते-से बोले, "आप कभी देखें उनको तो आपको लगेगा, वे हिंदुस्तान की हैं ही नहीं। लगता है, जैसे किसी बाहरी मुल्क की हैं! गोरी-चिट्टी, लंबा कद और दीनी तालीम के मामले में तो वे अच्छे-अच्छे मौलवियों तक को पीछे बैठा देती हैं।"

उठते वक्त मैंने सुहैल से कहा, "तुम अरबी पढ़ तो लेते हो, लेकिन लगता है, कुरान की तिलावत बराबर नहीं करते।"

वह शर्मिंदा-सा बोला, "जी, आज छह महीने बाद... ।"

मैंने कहा, "अटक-अटककर नहीं, प्रैक्टिस के बाद इसको अपनी लैंग्वेज की रिद्म में सही तलफ्फुज के साथ पढ़ोगे, तभी इसकी रूह की रोशनी तुम पर खुलने लगेगी।" चलते-चलते मैंने कहा, "और हां, तुम्हारे लिए आसान होगा, उर्दू भी सीखो और हिंदुस्तान-पाकिस्तान के उर्दू अदब से दोस्ती करो... अच्छा लगेगा।" याकूब भाई का बेटा मेरी बातों से बड़ा खुश नजर आया।

मैं और कैलाशजी चलने लगे, तो याकूब भाई ने अपनी डॉक्टरी की कुर्सी से उठकर बड़े खुलूस-ओ-मुहब्बत के साथ हमसे हाथ मिलाया। सुहैल ने भी और क्लीनिक में मौजूद उसके चचा जान ने भी।

29 जुलाई, 2013

वेद व्यास

आज श्रावण मास का प्रथम सोमवार है। सुबह अखबार से पता चला। कैलाशजी को कहा कि बोरूंदा में कोई शिव-मंदिर हो, तो बताएं। आज महाकाल के दर्शन करना चाहता हूं।

उनकी नास्तिकता की ध्वजा को मानो फड़फड़ाने का स्वर्णिम अवसर मिला। कहने लगे, ''घर में शिवजी की तस्वीर लगी है, उससे काम नहीं चलेगा ? या तुम्हें लिंग ही चाहिए ?''

मैंने उनके नास्तिक चोंचलों पर ध्यान दिये बिना उन्हें बताया कि एक हिंदू विश्वास के अनुसार भगवान शिव श्रावण मास में पृथ्वी पर रहते हैं। पार्वती तब अन्नपूर्णा हो जाती हैं और शिव, शंकर बनकर उस अन्नपूर्णा के द्वार पर याचकता करते हैं। उनकी दिलचस्पियां अलग हैं, इसलिए मैंने अपनी चादर समेट ली।

लेकिन तभी मुझे अपने मित्र-कवि कन्नड़ के एच.एस. शिवप्रकाश द्वारा कश्मीर के आदि पंडित अभिनव गुप्त पर लिखी गई एक बायोग्राफिकल कविता याद आई। उसमें एक जगह अभिनव गुप्त कहते हैं कि शंकर के उस भिक्षापात्र के किसी कण से मेरे समस्त सांसारिक अभाव दूर हो जाएं! मेरे घर की रसोई में इसी भिक्षा-क्षण की एक तस्वीर लगी है—छोटी-सी। एक तो यह कि यह अन्नपूर्णा की रसोई है। दूसरे यह कि मैं या मेरी पत्नी रोज इस अन्नपूर्णा और उस भिखारियों के आदि प्रपितामह शंकर से रोज की प्रार्थना के दौरान दो धूप-काठी घुमाकर यह प्रार्थना कर लेते हैं कि आपका आपसी झगड़ा आप जानें, पर हमारे घर में उस दाने का वैभव बनाए रखें जो उस भिखारी पति के भिक्षापात्र की किसी दीवार से चिपका है। कितना सुंदर भाव-व्यापार है! भारतीय मनीषा के इन वैभव के व्यापारियों से आपका परिचय हो, यही मनुष्य होने के नाते आपका कितना बड़ा अहोभाग्य हो जाता है!

बहरहाल, आज बिज्जी ने शाम ढले बुलाया। वे कुर्सी पर बैठे थे। वाह! अधोवस्त्र के नाम पर मात्र एक गमछा लपेटे, पोतड़े में प्रसन्न-मुख किसी शिशु की तरह। बताया, ''मैंने और कोमल ने मिलकर कभी जोधपुर से हिंदी में मासिक पत्रिका निकाली थी—'प्रेरणा'। उसमें कोमल एक कॉलम लिखता था। एक बार हजारीप्रसादजी द्विवेदी पर कुछ लिखा। कॉलम पढ़कर उन्होंने पत्र लिखा—'आपने जितना भला मुझे बताया है, उतना भला मैं नहीं हूं।' '' खूब बातें कीं। सूर के पद याद किए। बार-बार कहते रहे, ''जवाब नहीं-जवाब नहीं।'' फिर कहा, ''हिंदी जब अपने पैरों पर खड़ी होने की कोशिश कर रही थी, उससे बहुत पहले, उसकी कालजयी रचनाएं तो लिखी जा चुकी थीं।'' वासुदेवशरण अग्रवाल कृत 'पद्मावत' की टीका याद आई। कहा, ''मेरे प्रिय लेखक थे। प्रियतम!''

मैंने उन्हें याद दिलाया, "जब मैं पहली बार आया था तो महेंद्र बाबू के कार्यालय-कक्ष में मैंने सुंदरकांड का पाठ किया था, आपने भी तो सुना था।" उनको याद था। मैंने पूछा, "गीता के कुछ श्लोक सस्वर, बिना उच्चारण-दोष के, सुनना चाहें तो सुनाऊं?"

उन्होंने गर्दन हिलाकर हां भरी और मैंने पांच-सात श्लोक, अपने स्मृति-कोश से चुनकर उन्हें सुनाए।

कहने लगे, "कोई ईश्वर को माने, न माने, पर इस छंद-पाठ का आनंद तो अपनी जगह है ही।"

मैंने हां भरकर कहा, "ये वेद व्यास के शब्द हैं।"

उन्होंने अपने सदाबहार शरारती अंदाज में पूछा, "जयपुर वाले वेद व्यास के?"

जयपुर में एक वेद व्यास रहते हैं, जो कभी आकाशवाणी में राजस्थानी भाषा में समाचार पढ़ा करते थे—अबै आप वेद व्यास सूं विगतवार खबरां सुणौ!

30 जुलाई, 2013

खूब...खूब!

वाक्-सुख लेना और देना तो अपना काम ही ठहरा, लेकिन जब से कैलाश कबीर यहां हैं, हम दोनों रोजाना मुंह-अंधेरे अंग्रेजी वाले *Walk* का वॉक-सुख लेने निकल पड़ते हैं। कैलाशजी *Non issues* पर *Issues* की तरह बहस करने के प्राचीन पारंगत पुरुष-प्रवीण हैं। मैं पिछले पूरे एक सप्ताह से उनके साथ असहमति-अभ्यास कर रहा हूं और बौद्धिक-सहिष्णुता के मामले में एक-से-एक कठिन परीक्षाओं में डालकर वे मुझे नित्य शांत रहने का पाठ पक्का करवा रहे हैं, इसके लिए मैं उनका सदैव ऋणी रहूंगा।

आज बोरूंदा में प्रख्यात कथाकार श्रीयुत विजयदान देथा के विफल नेतृत्व में बरसों पहले बतर्ज सोवियत संघ, हुए एक सामूहिक खेती के प्रयोग 'विजय कृषि फार्म' की चर्चा हमारे वॉक-सत्र में चल पड़ी। इस प्रयोग का निर्णायक निपटारा तो खैर श्री देथा के पुत्रों द्वारा उनके इस पेटे लिये लाखों के बैंक ऋण को चुकाने के साथ हुआ, पर इस चर्चा में कुछ पुरानी पीड़ादायक पारिवारिक स्मृतियों से भी गुजरना पड़ा और सहसा कैलाशजी में मस्तिष्कीय एसिडिटी के लक्षण प्रकट होने लगे। अपने लक्षण भांपकर ख़ुद उन्होंने ही कहा कि यार, इस चर्चा को यहीं विराम देते हैं, कुछ और बात करते हैं।

मैंने कहा, "आपकी अनुमति हो, तो मैं सोवियत संघ के आरंभिक स्वर्ण-युग में होने वाली सामूहिक कृषि पर एक पुरातन लतीफा आपकी सेवा में पेश करूं?"

उन्होंने मुगलिया अंदाज में कहा, "इजाज़त है।"

मैंने लतीफा पेश कियाा, "शीत-युद्ध के दिनों की बात है। एक अमेरिकी राजनयिक सोवियत संघ के आधिकारिक दौरे पर आया। सोवियत सरकार के आला अफसर उसे अपना एक सामूहिक कृषि फार्म दिखलाने ले गए। सोवियत अधिकारी ने कार में बैठने के बाद दुभाषिए के माध्यम से बताया—हमारे देश में कई-एक तो इतने बड़े सामूहिक कृषि फार्म हैं कि आप सुबह अगर कार में सवार होकर उनको देखने निकलें, तो रात होने तक भी उसे पूरा देखकर लौट नहीं सकते। अमेरिकी राजनयिक ने भी, जाहिर है, दुभाषिए के माध्यम से ही कहा—जी, हमारे यहां भी एक वक्त था, जब हम भी ऐसी ही खटारा कारों पर निर्भर किया करते थे।"

फिर कैलाशजी ने भी एक लतीफा सुनाया, "व्यक्तिगत स्वतंत्रता के अमेरिकी लोकतंत्रीय गरूर में भरकर एक राजनयिक ने सोवियत राजनयिक से कहा कि हमारे नागरिकों को इस बात की पूरी छूट है कि वे चाहें तो अमेरिकी राष्ट्रपति को भी गाली दे सकते हैं। सोवियत राजनयिक ने जवाब में कहा—हमारे नागरिकों को भी इस बात की पूरी छूट है कि वे भी चाहें तो अमेरिका के राष्ट्रपति को जी-भरकर गालियां दे सकते हैं।"

खैर, यह तो हुई वॉक-वार्ता, अब आज का बिज्जी-वृत्तांत! आज नाश्ता उन्हीं के कक्ष में जाकर किया था। सौभाग्य से आज वे बड़ी जल्दी उठकर अपने 'पाट' पर बैठ गए थे। हम जब कमरे में प्रविष्ट हुए तो टाइफाइड से निजात पाकर लौटे चिमनारामजी उनकी पीठ पर अंगुलियों के सिरों से खुजली कर रहे थे। मैंने चिमनारामजी से पूछा, "कांगसिया-सिनान करवा दिया?"

कहने लगे, "पीठ पर घाव है, बैंडेज लगी है। बस, डरते-डरते अंगुलियों से ही सहला रहा हूं।"

बहरहाल, नाश्ते के इंतजार में मैं उनके एकदम करीब सामने कुर्सी पर बैठ गया। उन्होंने कहा, "मालू, आजकल कोई तुझे सुदास नाम से बुलाता है?"

मैंने कुछ बरस पहले उन्हें एक पोस्टकार्ड लिखा था कि मैंने अपना नाम थोड़ा-सा बदलकर 'मालचंद तिवाड़ी' की जगह 'मालचंद सुदास' रख लिया है। उन्होंने फोन करके मुझे मेरी इस बेवकूफी पर बुरी तरह डांटा था और कहा था कि अब तक तुम्हारा काफी नाम हो चुका, उसको इस 'सुदास' के बट्टे-खाते में क्यों डाल रहे हो? खैर।

मैंने बताया, "जी, कोई नहीं कहता।" फिर मैंने खुलासा किया, "बेचारे सुदास ने तो राजस्थानी में मात्र एक दोहा कहा और आपकी डांट खाकर भाग गया।"

उन्होंने कहा, "वह दोहा सुना।"

मैंने सुनाया, "*दाय पड़्यां दूसर जपौ, मां करणी रौ नांम। काम आवसी करियोड़ौ, ओ ही बस अेक कांम।*"

वे खुश हुए। कहा, "मात्राएं तो पूरी हैं, और दोहे क्यों नहीं लिखे?"

मैंने कहा, "वयण-सगाई अलंकार का निर्वाह भी पूरा है।"

थोड़ी देर बाद बोले, "क्या कारण है कि हिंदी-राजस्थानी का दोहा छंद उर्दू में कोई करिश्मा नहीं कर पाया? और उर्दू में शे'र, वाह, क्या कमाल की चीज है!" फिर उन्होंने एक शे'र सुनाया— *पामाल न कर जालिम, ठोकर से मज़ा ले / इस शहरे-ख़मोशां को मर-मर के बसाया है।* फिर तो उन्होंने बमशक्कत, पूरे चार शे'र सुनाए। ज़फ़र का— *दो आरज़ू में कट गए दो इंतज़ार में*। निदा फाज़ली का— *घर से मस्जिद है बहुत दूर चलो यों कर लें / किसी रोते हुए बच्चे को हंसाया जाए...*वगैरह।

मैंने भी एक गजल के मतले का शे'र पढ़ा— *लाई हयात आए कज़ा ले चली चले / अपनी ख़ुशी न आए न अपनी ख़ुशी चले*। मैंने उनसे पूछा, "ग़ालिब का अपना पसंदीदा एक शे'र आपको सुनाऊं?" और पूछने के साथ ही सुना भी डाला— *मय से गरज निसात किस रूह-सियाह को / एक गूना बेख़ुदी मुझे दिन-रात* चाहिए।

मेरे पीछे सोफे पर बैठे कैलाशजी ने तुरंत बड़े भाई होने का फायदा उठाया। कहा, "ये जो '*गूना बेख़ुदी*' चाहिए होती है न, तो इसको हासिल करने के शराब के अलावा भी कई तरीके हैं।"

मैंने मुंह घुमाकर कहा, "है न, नानक बता गए— *नाम खुमारी नानका, चढ़ी रहे दिन रैन...।*"

तब तक बिज्जी को कहां धैर्य? पूछने लगे, "क्या कहा?"

मैंने गुरु नानक की पंक्ति सुनाकर पूछा, "नाम तो परमात्मा का, लेकिन कोई सांसारिक नाम भी हो, तो भी वक्त अच्छा कट जाता है। आप रहे किसी नाम के नशे में?"

वे एक सच्ची-मुच्ची की बुजुर्ग मुस्कान होंठों पर लिये तत्काल बोले, "खूब...खूब!"

31 जुलाई, 2013

रोनी पर कुछ लिखते क्यों नहीं?

आज बिज्जी-पुत्र कैलाश कबीर अपने शहर जोधपुर लौट गए। अलस्सुबह मैं और कैलाशजी वॉक पर गए थे। उन्होंने पूछा, "कोई सपना आया?"

मैंने कहा, "हां, आपके फोन का एलार्म बज रहा था तब मैं सपना ही तो

देख रहा था। आपके इस कर्कश एलार्म ने मुझे पुलिस की गोली से बचा लिया।"

असल में सपने में मैं एक अधेड़ स्त्री की सहायता करते हुए एक होटल के बाहर चल रही अपराधियों और पुलिस के बीच की फायरिंग में जा फंसा था। मेरी पीठ गोलियों के निशाने पर थी और मुझे गोली लगने ही वाली थी कि कैलाशजी का कर्कश एलार्म पों-पों करके बज उठा। मैं जाग गया, सो बच गया। एलार्म के लिए यह स्त्रीलिंग प्रयोग ठीक है न! क्यों नहीं, स्त्री ही तो संसार का अंतिम एलार्म है। नहीं? शंकराचार्य ने जगत् की तुलना सपने से ही तो की है; संसार स्वप्नवत् है, माया, जागते ही खत्म! पर जागने का धोखा ही गले आ पड़े तो? लेखक होना और क्या है? ग़ालिब के एक शे'र का पहला मिसरा याद नहीं, पर दूसरे में कहते हैं— *हैं ख़्वाब में हनोज ख़्वाब के जागे हुए! इससे बड़ा दुःस्वप्न और क्या कि किसी को सोते हुए जागने का सपना आ जाए!*

प्रसिद्ध अंग्रेजी कार्टून सीरीज 'चिक-यंग-ब्लांडी' का एक एपीसोड मुझे याद है। उसमें एक आदमी एक रात नींद में सुबह जल्दी उठ जाने का सपना देखता है। जल्दी उठने का फायदा उठाते हुए वह सारे काम फटाफट निपटाता है। कपड़ों पर इस्तरी करता है, नाखून काट लेता है, दाढ़ी बना लेता है, वगैरह। लेकिन जब सचमुच जागता है, तब उसके कपड़े भी बिना इस्तरी पड़े हैं, नाखून भी बढ़े हुए हैं और दाढ़ी भी। है न खतरनाक मसला!

बहरहाल, सैर कै दौरान मैंने हमारे पीछे लगे एक कुत्ते को देखकर कहा, "आज मेरे एक सपने में मेरा प्यारा घरेलू कुत्ता रोनी भी आया था।" फिर मैंने उनको अपने रोनी बादशाह के कई किस्से सुनाए। सुनकर, जैसे कि कैलाशजी हैं परामर्श-प्रवीण, उन्होंने मुझे तुरंत परामर्श दे डाला कि यार, तुम अपने रोनी पर लिखते क्यों नहीं? और उन्होंने मुझे महान हिंदी कवयित्री महादेवी वर्मा के एक कुत्ते की पूरी दास्तान सुना डाली। फिर याद नहीं, किस मामले में उन्होंने कहा, "तुम ऐसा कर दो तो मैं पूरी जिंदगी तुम्हारा कर्जदार रहूंगा।"

मैंने पूछा, "अच्छा, इतनी पुरानी दोस्ती में अब तक मुझसे ऐसा कुछ करते बन ही नहीं पड़ा जिसके लिए आप जिंदगी भर मेरे कर्जदार रहें?" थोड़ा ठिठककर मैंने कहा, "बंदा तो आपके सुनाए एक लतीफे के लिए ही आपका जिंदगी भर कर्जदार रहेगा।"

"कौन सा?" उन्होंने पूछा और मैंने कभी उन्हीं के मुंह से सुना लतीफा उनको सुना डाला, "जब तक उनकी पत्नी जिंदा थीं, वे उनका दाहिना हाथ थीं। इधर उनकी पत्नी इस दुनिया में नहीं रहीं, अब उनका दाहिना हाथ ही उनकी पत्नी है।"

उन्होंने अपनी अनियंत्रित हंसी के अंतिम सिरे पर बुरी तरह हांफते हुए कहा, "तुम साले इस जमीन पर मौजूद सर्वाधिक लाइलाज कमीने हो।"

शुक्रिया कैलाशजी! कल मिलते हैं। मॉर्निंग-वॉक पर नहीं, इन्हीं पृष्ठों पर।

आज का दिन व्यर्थ

सख्त अफसोस की बात है कि अनुवाद के लिहाज से आज का दिन व्यर्थ चला गया। मैं जब डायरी लिख रहा हूं, मेरे कमरे के बाहर बिज्जी के आवास 'सबल-निकेतन' के विस्तृत परिसर में रोजा-इफ्तार की दावत चल रही है। दिन-भर रसोई बनती रही। मेरा कमरा रसोई के कच्चे सामान का गोदाम कल शाम को ही बन चुका था। आज दिन-भर मेरे कमरे में तरह-तरह के मसालों की गंध ने ऊधम मचाए रखी। उन बेचारों को दो किशोरियां छोटे-छोटे अंतरालों में दिन-भर मेरे ही कमरे में मिक्सी में डालकर पीसती रहीं। इस कमरे के फर्श पर, मेरे आगमन की पूरी अवधि में स्त्रीपाद का यह प्रथम प्रहार था। किशोरावस्था में हजारीप्रसादजी के निबंध से जाना था कि अशोक का पेड़ किसी षोडशी के पदाघात से ही पनपता है। इसकी व्याख्या आज चाहूं तो यह कर सकता हूं कि पुरुष का जीवन भी स्त्री के पैरों से ही आगे चलता है, वही उसे जंगल से निकालकर बगीचे में ले जा खड़ा करती है। नहीं?

कैलाशजी कल चले गए, सो मॉर्निंग-वॉक बंद हो ही गया। सवेरे 5.30 पर बिस्तर छोड़कर कमरे का द्वार खोला तो महेंद्र बाबू एक कच्छेनुमा हाफ-पैंट (बरमूडा!) पहने मेरे कमरे के बाजू से सीमा-द्वार तक के लंबे रास्ते पर वॉक कर रहे थे। कहा, "जल्दी नींद खुल गई, उसका लाभ उठा रहा हूं।"

मैंने भी, फ्रेश होने से पेश्तर, 10-12 चक्कर काटे। मगर उनके साथ नहीं। वे वॉक नहीं कर रहे थे, बल्कि ठुमक-ठुमककर चलने वाले किसी बालक की गति से दूरी भर तय कर रहे थे। मैंने अपनी गति से अपना काम किया।

फिर दिन निकलते ही एक बुद्धि से दरिद्र-सी पत्रकार लड़की आ गई। दरिद्रता का आलम यह कि उसने 'फुलवाड़ी' शब्द को भी नोट किया—लिखा! राजस्थान की तीन पीढ़ियां तो होंगी इस शब्द से परिचित; पर हमारे ये नौजवान पत्रकार नहीं। यही आलम है। मुझे याद आता है, बीकानेर में एक ऐसे ही नौजवान ने अपने डिस्पैच में इक़बाल के शे'र को ग़ालिब का कहकर उद्धृत कर दिया था। पता नहीं, उसने ऐसा करके अपने किन गुरुओं का नाम डुबोया!

बहरहाल, महेंद्र बाबू के परम मित्र हंसराज जी सोनी मेरे कमरे में आ चुके हैं। उन्हें 'माला' फेरनी है, अर्थात् अपना नियमित सांध्यकालीन मद्यपान का कार्यक्रम संपन्न करना है। वे दिन में आए थे। हमने एक-दूसरे को देखा भर था। मैं उस युवा पत्रकार बालिका की वात्सल्य-भाव से भरकर मदद कर रहा था; उनसे मुलाकात न कर सका। मुझे बताया गया, वे मेरा कमरा खुला देखकर परम हर्षित हुए थे, "वाह! मालूजी यहीं हैं, तो मैं शाम की माला आज यहीं फेर लूंगा।"

2 अगस्त, 2013

कई चीज़ों पर मेरी नज़र है

आज पत्नी और दोनों बेटों—निर्मल और सुकांत—के साथ फोन पर की गई घरेलू बातचीत के अलावा पूरे दिन मेरा कार्य केवल पांच-सात वाक्य बोलने से ही चल गया। कैलाशजी यहां थे तो सुबह-शाम भीषण और दिन-भर हल्का-फुल्का वार्तालाप हमारे बीच चलता ही रहता था। कल बल्कि खूब बातें हुईं। बिज्जी के परिवार के छोटूजी एक और सज्जन के साथ मेरे कमरे में शाम को 6 बजे ही आकर बैठ गए थे। वे रोजा-इफ्तार पार्टी में परिजन के नाते शामिल होने आए थे। वे मेरे 'गीतांजलि' के राजस्थानी अनुवाद की पुस्तक मुझसे बड़ी उत्कंठा के साथ मांगकर ले गए थे। वे डिंगल (प्राचीन राजस्थानी) की कुछ श्रेष्ठ कृतियों का नामोल्लेख करते ही रहते हैं। कहते हैं, उन्हें डिंगल-काव्य पढ़ने का बड़ा शौक है। बहरहाल, उनसे बातचीत चलती रही। उन्होंने नये और पुराने मध्यकालीन कवियों पर नितांत अबोध तुलनाएं प्रस्तुत कीं, तो मैंने अपना ज्ञान बघारने से परहेज कर उनके मनोरंजनार्थ एक पुराना और प्रसिद्ध दोहा उन्हें सुनाया :

सूर सूर तुलसी शशि उडगन केशवदास।
अब के कवि खद्योत सम जहं-तहं करत प्रकाश।

इसका सरलार्थ भी बताया कि सूरदास हिंदी कविता के सूर्य हैं, तुलसीदास चंद्रमा और केशव तारा सदृश हैं। आजकल के कवि जुगनू के समान हैं जो यहां-वहां अपने प्रकाश की टिमटिमाहट बिखेरते रहते हैं।

उन्होंने कहा कि साहब, हर कोई ऐसी बातें अपने निजी संस्कारों के आधार पर करता है। अपनी बात की गवाही में उन्होंने किसी राजस्थानी चारण कवि का एक दोहा सुनाया :

बादर रांध्या बाकळा, (अर) रांधी मोडै राब।
पहाड़खान परूसिया, सूळा और सराब॥

इस दोहे में डिंगल के तीन कवियों और उनकी कविताओं पर भोजन के आधार पर तुलनात्मक टिप्पणी की गई है। कहा है, बादर अर्थात् डिंगल कृति 'वीरमायण' के रचयिता बादरजी ढाढी ने इस कृति के रूप में उबाला हुआ अनाज सामने रखा, जबकि मोडजी आसिया ने अपने काव्य 'पाबूप्रकाश' के रूप में काव्य-अतिथियों को राब (राजस्थानी व्यंजन राबड़ी) का भोजन परोसा है। लेकिन पहाड़खान आढ़ा नामक डिंगल कवि ने 'गोगादे रूपक' शीर्षक काव्य प्रस्तुत कर काव्य-रसिकों को 'सूळा' (सींकों पर भुना हुआ गोश्त) और शराब पेश की है।

खैर, आज बिज्जी के कक्ष में सन्नाटा-सा छाया है। रात के 9 बजकर 20

मिनट हुए हैं। मैं अभी-अभी सबल-निकेतन के बाहरी परिसर में खुलने वाली उनके कमरे की खिड़की में झांककर आया हूं। वे सोए हैं—पीठ के बल। करवट तो जीवन में कभी ली ही नहीं। जिस कुर्सी पर वे बैठकर पिछले तीस-चालीस साल से लिखते रहे हैं,वह अब उनको बिस्तर से गिरने से बचाने की एक आड़ मात्र बन गई है। उनके 'पाट' और बाएं घुटने से सटी यह कुर्सी एकांत शयन में उन्हें धराशायी होने से बचाने के कर्तव्य पर सदा मुस्तैद रहती है। उनकी टेबल मेरे हिस्से आ चुकी। मैं आजकल उसी पर बैठकर दिन-भर लिखने-पढ़ने का काम करता हूं। ये टेबल-कुर्सी तो खैर, मेरे साथ बीकानेर चल ही नहीं सकतीं, लेकिन उनकी और-और कई चीज़ों पर मेरी नजर है, जिन्हें मैं मानो उत्तराधिकार में प्राप्त करना चाहता हूं। उनकी दो उद्धरणों की कॉपियां। एक में हैं रवींद्रनाथ टैगोर के तो दूसरी में हैं प्रेमचंद के उद्धरण—मोटी-मोटी कॉपियां, उनकी सुंदर लिखावट में। 19वीं-20वीं शताब्दी की इन दो श्रेष्ठ भारतीय साहित्यिक विभूतियों के लिखे हुए का सार-तत्त्व। मैंने कभी 'रूपायन संस्थान, बोरूंदा' के कार्यालय में इन दोनों नोट-बुक्स को देखा था। इनके अलावा पिछले कई दशकों से उनके कुरते की ऊपरी जेब की शोभा बना रहा *Pilot* (Made in China) नामक पेन। वह तो मैं हथिया भी लूं तो कोई नहीं पूछने वाला। उनका मेग्नीफाइंग ग्लास भी, जिसको वे अपनी गिरती नजर का सहारा बनाकर पिछले पांच-सात साल के दौरान किताबें पढ़ते रहे। और भी कई चीज़ें—मसलन, उनका वह ओवरकोट जिसे महेंद्र के लिए उनकी कोई परिचित देवी लेकर आई थीं और महेंद्र ने ख़ुद पहनने की बजाय शीत भयोन्मादी अपने पिता श्रीयुत विजयदान देथा को भेंटेतर भेंट में दे दिया। बिज्जी जोधपुर में साहित्य अकादेमी की ओर से रखी गई कश्मीरी-राजस्थानी अनुवाद की एक कार्यशाला में प्रो. मोहम्मद जमान आजुर्दा समेत दूसरे कश्मीरी मित्रों से मिलने बोरूंदा से चलकर आए थे तो यही 'ओवरकोट' पहने हुए थे। शरारतन कहूं तो इसे पहनकर ऊपर सिर पर फर की टोपी लगा लें तो वे दिवंगत पूर्व रूसी राष्ट्रपति ख़ुश्चेव के सांवले छोटे भाई लगते हैं। मुराद है, पर पता नहीं, उक्त वस्तुएं मिलेंगी या नहीं ? पर एक चीज़ है, जो लगता है, मैंने बिज्जी से प्राप्त कर ली है, वह है लिखने की क्रिया में समाधि-सुख। सच, कलम चलती है तभी लगता है, मैं भी चल रहा हूं, वरना तो मृत्यु के अनंत नभ में एक पतंग...जाने कब कट जाए!

पुनश्च :

ठीक ही है, कविता की तुलना अपनी पसंदीदा सेव्य वस्तुओं से की गई है। प्रसंगवश बताना ठीक रहेगा कि राजस्थानी के ख्यातिलब्ध कवि डॉ. चंद्रप्रकाश

देवल ने भी बिज्जी की शान में एक दोहा डिंगल की परंपरागत शैली में कहकर, जिसे उर्दू में कहते हैं—तब: आजमाई—की है। एक बार उन्होंने सुनाया तो मैंने उन्हीं की लिखावट में एक इस्तेमालशुदा डाक के लिफाफे पर इसे उतरवा लिया था। लिखा है :

जुगताहरौ सबळसुत नांमी, आगै हुयौ न होय अगाड़ी।
विध विध पुहुप लगाड़ै विजियौ, फूलां अत छाये फुलवाड़ी॥

'बातां री फुलवाड़ी' बिज्जी की राजस्थानी में 14 भागों में विरचित कथा-शृंखला का नाम है। इसी को हिंदी पाठकों तक अविकल अनुवाद में 'बातों की बगिया' शीर्षक से पहुंचाने के निमित्त से यहां प्राय: संन्यस्त-सा जीवन जी रहा हूं। कल 9वें भाग की आखिरी कहानी 'कांन्ह गुवाळ' का अनुवाद शुरू करूंगा। असल में बिज्जी स्वयं ज्यादातर भागों की चुनिंदा कहानियों के हिंदी अनुवाद कभी अपने संपादन में निकलने वाली 'लोक-संस्कृति' नामक पत्रिका में करके छाप चुके हैं। जिन कहानियों के उनके किए अनुवाद 'लोक-संस्कृति' के पुराने अंकों में उपलब्ध हैं, उन्हें ज्यों-का-त्यों लेते हुए हर भाग में अनुवाद से शेष रही कहानियों का अनुवाद कार्य ही मेरे जिम्मे है। प्राय: हर भाग में औसतन 7-8 कहानियों का अनुवाद मुझे करना पड़ा है। मेरे अनुवाद दुर्बल ही होंगे। बिज्जी का लोकजीवन और उसकी शब्दावली का ज्ञान अतुलनीय और बेजोड़ है, जबकि मुझे अपने सारे प्राचीनता-प्रेम और लोकाभिरुचि के बावजूद स्व. सीताराम लालस के राजस्थानी शब्दकोश की मदद बार-बार लेनी ही पड़ती है। फिर बिज्जी के राजस्थानी वाक्य-विन्यास को ज्यों-का-त्यों हिंदी में रूपांतरित किया ही नहीं जा सकता और हिंदी की पठनीयता के हिसाब से तोड़-फोड़ करें, तो उनकी निर्झरा कहन पीछे छूट जाती है। फिर भी, काम तो करना है। मां-मां करते किया करता हूं कबीर के इस पद की टेक लगाये :

सूने मंदिर दिया जला के आसन से मत डोल रे
तोहे पिया मिलेंगे...घूंघट के पट खोल रे...!

3 अगस्त, 2013

चिंता बिज्जी की और आनंद भी बिज्जी का

अड़तालीस घंटे हो गए मुझे बिज्जी से मुलाकात किए। कल पूरे दिन नहीं बुलाया। आज अभी तक नहीं। कल रात को सुरेश ने बताया था कि दिन में दस्त लगे। सिर्फ नारियल पानी पीकर वापिस सो गए। आज मैं दिन-भर 'कांन्ह गुवाळ' कहानी के अनुवाद के झूले में चिंता और आनंद के हिलोरों में झूलता रहा। चिंता

बिज्जी की और आनंद भी बिज्जी का। उनकी 'कांन्ह गुवाळ' को हिंदी में लिखने में इतना आनंद आता रहा कि कोई न पूछे। शाम को सुरेश यों ही मेरे कमरे में चला आया। बताया—बिज्जी जागे, पाट पर बैठे, थोड़ा खाना भी खाया, कोई चार बजे अपराह्न। चांस नहीं लगता कि आज मुझे बुलाएंगे।

मैं आज देर शाम तक काम करना चाहता था। छह बजे बारिश शुरू। मेरी टेबल के सामने खिड़की के परिदृश्य में बिज्जी के कमरे पर बूंदों का नर्तन। मानो बारिश सिर्फ उन्हीं के कमरे को भिगोने के लिए हो रही है! शेष धरा तो यों ही मुफ्त में ही भीग रही है।

बारिश आती है तो मुझे कविवर नागार्जुन याद आते हैं :

घन बरसा
धरती का हृदय धुला
घन बरसा
दादुर का कंठ खुला।

मैं अपने कमरे के द्वार पर बैठकर बरसाती बतास में गंध-मगन हो रहा था कि पिछवाड़े की गौशाला से आते नींबोजी ने पुकारा, "हौर मालचंदजी, मामला अच्छा?"

नींबोजी ऐसे ही मेरे हाल-चाल दिन भर पूछते रहते हैं। 50 की वय के नींबोजी इस घर के बहुमुखी प्रतिभा-संपन्न भृत्य हैं। मुख्य काम गायों की सार-संभाल, लेकिन हैसियत वही अनार वाली—एक अनार सौ बीमार। सदा फुर्ती पर सवार नींबोजी बड़े हंसमुख इंसान हैं।

मैंने पूछा, "तो नींबोजी, घर चले?"

उन्होंने बताया कि आज रात की पाली में बिज्जी के पास वही रहेंगे। सुरेश घर जाएगा।

सुरेश 27 साल का है। दो साल पहले शादी हुई। पत्नी जापे के बाद काफी बीमार रही। अभी-अभी छह महीने के बालक को लेकर पीहर से लौटी है। मैंने नींबोजी से कहा, "सुरेश जवान है, उसे बीच-बीच में घर रहने दिया कीजिए...।"

बोले, "आज ही साहब ने कहा था—सुरेश, अब दस दिन रात को नींबोजी रहेंगे...सुरेश कहने लगा—नहीं साहब, मैं रह लूंगा।"

असल में रात की पारी की अतिरिक्त कीमत है, पूरे डेढ़ सौ रोकड़े। फिर नींबोजी ने बताया कि वे यहां से घर जाने के बाद हाथ लग जाए तो रात-भर की चौकीदारी का जुगाड़ और कर लेते हैं। घर के आस-पास खूब फैक्टरियां हैं।

मैंने पूछा, "दिन-भर चक्करघिन्नी बने घूमते हैं, रात को फिर ड्यूटी करना

चाहते हैं, इतने पैसों का क्या करेंगे ?''

बोले, ''पैसे किसको खारे लगते हैं साहब!''

तब तक सुरेश आ गया। किंचित् स्थूलकाय। चौबीसों घंटे मुंह के गिलाफ में गुटखा भरे हुए मानो विधाता ने मुंह भरकर ही भेजा हो! उसके कानों में पैसों की चर्चा पड़ी तो मुझे बताने लगा, ''आप नींबोजी के हुलिए पर मत जाइए साहब, ये बहुत पैसे वाले हैं!''

मैंने नींबोजी को ऊपर से नीचे तक देखा तो मुझे हंसी आ गई। मैंने उनकी उपस्थिति में ही कहा, ''क्या काम का नींबोजी का पैसा? सुबह से रात तक भागते-भागते चैन नहीं। तीन मीटर लट्ठे की घुटनों तक की धोती पहनते हैं। जूते हर बार महेंद्र बाबू दिलवा देते हैं। खाना घर पर खाते नहीं। जर्दा-तंबाकू भी गांठ से खरीदकर नहीं खाते...।''

नींबोजी हंसते रहे। उनके 'खारा' शब्द पर मुझे याद आया, बिज्जी की कहानियों में अक्सर आता है, उसके मुंह में आक भर गया। आक को वे राजस्थानी में आकड़ा लिखते हैं। मैंने ज्ञान बढ़ाने के लिए नींबोजी से पूछा, ''आपके इलाके में आकड़े से बढ़कर कोई खारी चीज नहीं होती? एक तूंबा होता है न! वह नहीं होता?''

नींबोजी ने तूंबा शब्द ही नहीं सुना। पूछने लगे, ''तूंबा मतलब मतीरा?''

मैंने कहा, ''नहीं, तूंबा एक पीला गेंद जैसा फल, जिसे बकरी बड़े चाव से खाती है।''

नींबोजी को मानो सुनकर मजा आ गया। हंसते-हंसते कहने लगे, ''आपने जी'सा (बिज्जी) के मुंह से नहीं सुना, ऊंट छोडै आकड़ौ बकरी छोडै कांकरौ...।'' वे हंसते ही रहे।

उनके कहे को हिंदी में समझें तो—ऊंट एकमात्र वनस्पति खाने से परहेज करता है, वह है—आक। परंतु बकरी इसे भी नहीं छोड़ती। बकरी सिर्फ कंकर खाने से परहेज करती है। मैंने उन्हें सामिष-प्रेमी देवल साहब की बात बताई। वे कहते हैं—मांसाहार में हम नभचरों में हवाई-जहाज और चौपायों में चारपाई नहीं खाते, शेष सब स्वीकार्य!

सुरेश ने पूछा, ''हवाई-जहाज मतलब बतख?''

मुझे उसके भोलेपन पर बड़ा प्यार आया। सोचा, कट्टर यथार्थवादी लगता है। कट्टर यथार्थवादी ऐसे ही भोले होते हैं, सिंपल नहीं, सिंपल्टन।

आज दिन-भर काम किया। पुरस्कार-स्वरूप दिनांत भी अच्छा गुजरा। अब पूजा करूंगा। दो अगरबत्तियां, बस, इतना ही षोडषोपचार। इतने में भी, मेरा दिल कहता है, मां मुझ पर प्रसन्न है कि मेरी लेखनी दिन-भर अविराम चलती रहती है। आमीन!

4 अगस्त, 2013

मजा आया, तो पैसे दे !

किसी आधुनिक लेखक और विजयदान देथा के बीच बुनियादी और शायद इसीलिए एकमात्र अंतर यही है कि मेरे मित्र, जाति से राईका और पेशे से महेंद्र बाबू के भृत्य, श्री नींबोरामजी जो प्रवहमान वाणी मुख से उच्चरित कर सकते हैं, उसे उसके आभिप्रायिक आलोक के साथ कागज पर उतारने के सामर्थ्य वाले मौजूदा दौर के कदाचित् वे एकमात्र भारतीय लेखक हैं। मैं उनके सर्वहारा किस्म के चरित्रों की भाषा और संवाद पढ़ता हूं तो एकमात्र लेखक जो मुझे बारंबार याद आता है, वे हैं—फणीश्वरनाथ 'रेणु'। वे अपने नाम तक को अपने ही चरित्रों के मुंह से 'रिणुवा' कहलवाकर जो मजा लेते हैं, वह अब हिंदी में और खासकर, राजस्थानी में भी केवल बिज्जी के पाठों में ही शेष बचा है।

'फुलवाड़ी' की एक भूमिका (भाग-7) में उनके दोस्त ठाकुर बालसिंह राठौड़ का एक अद्‌भुत संवाद है, 'बिजिया ओटाळ, थारी ऑटो बॉयोग्राफी सारू म्हनै क्यूं मारे रे!' इसी संवाद को उन्होंने साहित्य अकादेमी, नई दिल्ली के खचाखच भरे सभागार में इसके मूल स्वरूप में भी पढ़कर सुनाया था। भूमिका में ही उन्होंने स्वीकार किया है कि 'ओटाळ' शब्द की जगह ठाकुर ने एक 'फाटी' (अश्लील) गाली दी थी। इस संवाद के असली स्वरूप का हिंदी अनुवाद करूं, तो कुछ ऐसे होगा, 'बिजिये भोसड़ी के, अपनी ऑटो बॉयोग्राफी के लिए मुझे शहीद क्यों बनाता है !'

बहरहाल, आज दोपहर सवा दो बजे तक खाना नहीं आया और मेरी अंतड़ियां भूख से कुलबुलाने लगी थीं। मैं चिमनारामजी की तलाश में बिज्जी के कमरे तक गया। वे पाट पर बैठे थे और निर्मल उनकी पीठ के घाव पर बैंडेज लगा रहा था। घर में खाने का संदेश भेजकर मैं उनके सम्मुख उनकी घूमने वाली कुर्सी पर बैठ गया। आज वे कुछ ज्यादा ही निढाल और पस्त नजर आए। निर्मल को उनका हाल पूछा, तो कहा, "अब बिलकुल ठीक हैं।"

उन्होंने अत्यंत आयासपूर्वक पूछा, "बीकानेर कब जाओगे?" मैंने कल सुबह का बताया तो गर्दन और मुंह के साझे प्रयत्न से कहा, "ठीक है।" फिर एक वाक्य बोला जिसका कोई अर्थ मुझ तक न पहुंचा। फिर एक साफ-सुथरा वाक्य, "ग्यारहवें भाग की पहली कहानी कौन-सी है?"

मैंने कहा, "उसको अभी शुरू नहीं किया पर कहानी मुझे याद है—'कै अर मत कै' अर्थात् 'कह और मत कह'।"

उन्होंने किंचित् खीजकर कहा, "ऊंह! चार लाइन की कहानी है।"

मैं चौंका, क्या स्मृति है! असल में दो दिन पहले उन्होंने हिदायत दी थी कि ग्यारहवां भाग शुरू करके बीकानेर जाऊं। इसलिए मैंने उठाकर देख लिया

था और पहली कहानी का शीर्षक याद रह गया। फिर मैंने उन्हें खुश करने की गरज से कहा, ''नौवें भाग की आखिरी कहानी 'कांन्ह गुवाळ' पूरी होने वाली है, मात्र तीन पृष्ठ बचे हैं। इसका अनुवाद करने में बड़ा मजा आ रहा है।''

वे तत्काल बोले, ''मजा आया?''

मैंने कहा, ''जी, बहुत!''

तुरंत थोड़ा-सा मुस्कुराकर बोले, ''तो पैसे दे!''

दरअसल वे मेरे शब्द-ज्ञान पर टिप्पणी कर रहे थे। 'मजा' शब्द को राजस्थानी में बहुत आदर नहीं दिया जाता। 'मजा' हमारे यहां 'कुत्सा-रस' का पर्याय है। साफ कहूं, तो *Sexual pleasure* का, जिसे खरीदकर लिया जाता है। यह है, शब्द का सूक्ष्म अवबोध, जो लगता है, अगली पीढ़ियों के लेखकों के पास बचा नहीं रहेगा। वे खोजेंगे, खोजना चाहेंगे, यकीकन उनके यहां मिलेगा! प्रणम्य बिज्जी को प्रणाम!

पुनश्च :

अभी-अभी उनका बुलावा आया है; कहला भेजा है, 'अनुवाद रा पाना लेयनै आयजै!' (अनुवाद के पन्ने साथ लेकर आना।)

20 सितंबर, 2013

आज बोरूंदा चला आया

5 अगस्त, 2013 का गया आज बोरूंदा लौटा हूं। मन डूबा हुआ है, पर तैर नहीं पा रहा। बिहारी ने क्यों कहा— *अन बूड़े बूड़ें तरें जे बूड़े सब अंग?* मेरा मन तो सर्वांग ही डूबा है। परसों रात से घर में चल रही आसुरी-लीला की स्मृति पीछा ही नहीं छोड़ रही। शाम को चंदा थकी-थकी लगी तो मैंने कहा, ''तुम बस आटा गूंध दो, फुलके 10-12 मैं सेंक दूंगा। मोटे ही सही, बेटे गरम खा लेंगे।'' वही किया।

अभी पांचेक रोटियां सिंकीं कि निर्मल (मेरे बड़े बेटे) ने पूछा, ''खाना बन गया क्या?'' मेरी और चंदा की संयुक्त 'हां' के उत्तर में उसने कहा, ''मैंने दवाई ले ली, खाना डाल दें।''

इससे बड़ा सुकून का दूसरा पल मैं अपनी मौजूदा जिंदगी में ढूंढ़ता ही नहीं। उसकी पसंद की आलू-गोभी की टमाटरी-अदरखी ग्रेवी वाली प्यारी-सी रसेदार सब्जी मैं पहले ही बना चुका था। दो करारे गरम टुक्कड़ घी में तरकर उसे परोसे तो मुझे अपनी इस शाम का मानो मोक्ष ही सुलभ हो गया। उसकी दिन-भर की नकारात्मक कटूक्तियों की वेदना से मानो पूरा घर सहसा बाहर निकल आया।

उसने दो फुलके चूर-चूरकर खाए तो मैं तृप्त हुआ। फिर ऊपर टंकी में पानी खत्म की खबर आई। मैं सोया तब तक निर्मल पानी ऊपर चढ़ाने की मशीन से जूझता रहा और अंततः पानी ऊपर चढ़ ही गया। पर सवेरे ?

सवेरे उसको सोते देखकर मेरी रूह कांप गई। उसकी पिंडली पर जलने का बड़ा-सा निशान था। घुटने के नीचे भी पिंडली पर भीषण खरोंच के निशान थे। पला चला, कुहनी भी घायल है। फिर वह दीवान से जमीन पर लुढ़क पड़ा। आसुरी मुद्रा में बेहोशी के खर्राटे लेता मिला। चंदा ने धीरे से बताया, ''रात को अढ़ाई बजे घर आया...।'' उफ्फ! फिर तो...खैर...इदन्नमम्-इदन्नमम् का महामंत्र जपा और शांत-भाव से नित्यकर्म करता रहा। अब मन नहीं। कल घर छोड़कर निकला, मगर सोनगिरी कुएं से सुकांत लौटा ले गया। पीयूष (पीयूष दइया) का बार-बार फोन आता रहा। सुकांत उसे बार-बार शांत करता रहा। आज बोरूंदा चला आया। अभी बिज्जी से नहीं मिला। शेष वार्ता कल...।

21 सितंबर, 2013

हे भगवान, यह स्मृति !

कल पीयूष को एसएमएस लिख भेजा कि मेरे हालात कैसे हैं। लिखा, मेरा मन निचुड़ा पड़ा है, उसमें किसी रस की रसाई न होगी। उसने किसी विदेशी कवि की पांच कविताएं अंग्रेजी अनुवाद में भेज रखी थीं। एक का अनुवाद करने जितना अवकाश और मन ही जुटा पाया। उसको कहता रहा, आज भेजता हूं, बस अभी भेजता हूं। एसएमएस के अंत में लिखा, मित्र, फ़िराक साहब याद आ रहे हैं : *सब मरहले हयात के तय करके ऐ फ़िराक / बैठा हुआ हूं मौत में तौखीर देखकर।*

कल शाम बिज्जी का बुलावा आया तो गया। वे सदा की भांति चित लेटे थे। सिरहाने जा बैठा। वे मुझसे बतियाने की लाख कोशिश करते रहे; मुंह से शब्द नहीं, हवा-भर निकलती रही। फिर भी वे मुझसे कसम लेने में कामयाब रहे कि इस दफा 'फुलवाड़ी' का काम पूरा किए बगैर बीकानेर नहीं जाऊंगा। उनको कैसे बताऊं कि किन प्रपीड़क परिस्थितियों से गुजर रहा हूं! खुशी पुत्रवधू के भेस में घर के द्वार पर खड़ी है, कैसे उसे हृदय से लगाकर, सिर पर आशीष का हाथ रखकर अपने घर के आंगन में ले आऊं! घर एक अकारण, अहैतुक रणभूमि बना हुआ है। सारा ज्ञान, सारी मेधा, सारी चेतना दांव पर है। रोज गीता पढ़ता हूं। रोज राहत मिलती है। मानो इसी मस्तूल को थामे संसार-सागर के वक्षस्थल पर डूबता-तिरता समय गुजार रहा हूं। रोज शिव के द्वादश ज्योतिर्लिंगों का नाम लेता हूं। प्रातः की एक प्रार्थना में शिव को 'संसार रोग हरम औषधं अद्वितीयम्' कहकर पुकारता हूं।

बहुत हुआ आत्म-विलाप। बिज्जी ने सवेरे नाश्ते के लिए बुलाया। चिमनारामजी बुलाने आए थे सवेरे। कहा, "मालचंद के साथ मेरा झगड़ा हो गया।" वे बिज्जी के मेरे मामले में कहे गए सारे वाक्यों को ज्यों-का-त्यों दोहराकर ऐसे ही मजे लेते हैं।

मैंने कहा, "नहीं तो! मैंने तो बस इतना कहा था कि बहुत दिनों पे आया हूं, एक पेग मेरे साथ ले लीजिए।"

निर्मल ने हंसकर कहा, "जी'सा ने दारू छोड़ दी...।"

एक सेंटीमीटर गाहे-बगाहे लेते थे, सो भी कहते हैं, छोड़ दी! पर जासूसी नहीं छोड़ी। पूछा, "कौन सी कहानी कर रहा है...।" मैंने एक कहानी का शीर्षक बोला तो मुंह बिचका दिया, "ऊंह! पौन पेज की तो कहानी है!"

हे भगवान, यह स्मृति! यह इन्हें लब्ध है। यह कौन-सी स्मृति है? वही जिसकी प्राप्ति की गीता के अंत में अर्जुन घोषणा करता है, 'स्मृतिर्लब्धा नष्टो मोह!' इन्हें लिखने के सिवा कदाचित् किसी चीज़ से मोह था ही नहीं। ऐसे एकाकी और निर्विकल्प मोह का ही तो दूसरा नाम 'स्मृति' होता होगा! मसलन :

याद वो करे जिसने भुलाया हो कभी
हमने तुझे भुलाया न कभी याद किया।

प्रणाम बिज्जी! आज आपने फिर अपना बायां हाथ मेरे सिर पर रखा, क्योंकि आप दाएं को यत्नपूर्वक भी अपनी देह पर पड़ी चादर से बाहर न निकाल सके।

हां, मैं भूल गया था : *काटेहिं पइ कदरी फरइ/कोटि जतन कोउ सींच...* और—*बायस पलिअहिं अति अनुरागा। होहिं निरामिष कबहुंकि कागा।*...यह शिक्षा भूल गया, उसी का दंड भुगत रहा हूं कदाचित्!

मिलिहि न पावक मिटिहि न सूला!

'जला है जिस्म जहां दिल भी जल गया होगा
कुरेदते हो क्यों राख जुस्तजू क्या है।

—ग़ालिब

एक मुश्ते-ख़ाक थी सुब्हा जाते मीर पर
बरसों से जलता था शायद रात जल के रह गया।

—मीर

कहीं आस-पड़ोस में सुंदरकांड का पाठ हो रहा है। मेरी मानसिक प्रतिक्रियाएं उमड़-घुमड़ रही हैं। मैं तुलसी का दीवाना। मैं तुलसी की मनोभूमि की तुलसी ही क्यों न हो जाऊं! हे जगद्धात्री! मेरी मदद कर मां! कैसा सुंदर नाम है तुलसी का—जगद्धात्री। जग को धारण करने वाली। बचपन बंगाल में बिताया था थोड़ा। वहां सुना था—'जगद्धात्री पूजा'। शायद कार्तिक मास में।

हमारे यहां राजस्थान में भी स्त्रियां तीन दिन भूखी-प्यासी रहकर 'तुलसी' करती हैं—तुलसी का व्रत। अब वे कन्याएं कहां जो जगद्धात्री से मनोनुरूप पति की कामना करते हुए 'तुलसी' किया करती थीं! मेरी पांचों बहनों ने किया था यह व्रत। विवाह से पहले या विवाह के बाद।

बाहर जाकर बैठा ही था कि फिर ग़ालिब आ धमके :

ग़मे-हयात ओ बंदो-ग़म असल में दोनों एक हैं
मौत से पहले आदमी ग़म से निजात पाए क्यों?

तो क्या राजू ने सचमुच निजात पा ली? एक बड़ा फुर्तीला बंकिम नौजवान राजू नहीं रहा। यहां बोरूंदा में। उसका सांवला चंचल चेहरा, मामूली-सी देहयष्टि, दिव्य स्वरूप में घूम रही है मेरी आंखों के आगे! मेरे यहां आने से एक दिन पहले उसने अपने किराए के आवास में आत्महत्या कर ली! झूल गया फंदे पर। 'क़ैदे-हयात' और 'बंदो-ग़म' दोनों से मुक्त हो गया। पर नहीं। उसने गीता नहीं पढ़ी। या पढ़ी होगी। लिखा है—'गुणा गुणेषु वर्तन्ते' अर्थात् गुण ही गुणों में व्यवहार करते हैं। तो वह तमो गुण के इस तांडव के लिए कैसे दोषी ठहरे? पर वहीं, उसने बुद्धि का साथ छोड़ा, जो मनुष्य की चेतना का सबसे समर्थ पक्ष है। गीता में लिखा है : *बुद्धियुक्तो जहातीह उभे सुकृत दुष्कृते। तस्माद्योगाय युजस्व योग: कर्मसु कौशलम्।*

22 सितंबर, 2013

आंसू सपने में भी धोखा नहीं देते

कल रात को अप्रत्याशित रूप से मित्र राजाराम भादू का फोन आया। बड़ा मुग्ध-प्रसन्न। मेरे आलेख 'लरिकाईं रिषि आसिष पाईं' (आचार्य वंदन) पर। मैंने मिथ्या-भाषण किया, शायद उसका मन रखने को, कि मैंने उसका आलेख भी पढ़ा। वह राय मांगता तो मैं क्या कहता? यह मिथ्या कहां से चली आती है? मेरे मामले में तो लगता है, यह मेरी इस संवेदनशील प्रतीति में से निकली कि जिस पत्रिका 'दस्तावेज-138' में मेरा आलेख छपा है, उसी में मित्रवर राजाराम का आलेख 'लुप्त होते ललित निबंध' भी तो छपा है और वह मुझे पढ़कर इतनी उत्सवी बधाई दे रहा है तो मैं उसके लिखे की अवहेलना कैसे दर्शा सकता हूं? सो, प्यारी-सी मिथ्या को पहन लिया गले में हृदय-हार बनाकर। पर आज 6 बजे, 'फुलवाड़ी' के काम से निवृत्त होते ही, पहला काम यह किया कि 'लुप्त होते ललित निबंध' पढ़ा। फिर रामवृक्ष बेनीपुरी पर 'उस आग को कौन समझता' भारत यायावर का आलेख, फिर ऋषिकेश राय का 'संगीत का इतिहास, हिंदी जाति और रामविलास शर्मा' भी। तब तक संध्या-वंदन का समय हो गया। 'गीता'

का पांचवां अध्याय संस्कृत में सस्वर गाया-पढ़ा, देव-वंदना की और एक पेग लगाकर डायरी लिखने बैठ गया।

राजाराम ने बड़ी ठोस और बुनियादी चिंता अपने आलेख में प्रकट की है। पर मैं उसकी चिंता के संदर्भ में उसको एक समकालीन हिंदी लेखक का लिखा तमाम गद्य सहृदयता से पढ़ने का आग्रह करना चाहता हूं और वह लेखक है जाति-बहिष्कृत समकालीन हिंदी लेखक रमेश चंद्र शाह। मेरे मन में बार-बार शाह साहब की दीवानगी, लेखकीय दीवानगी, के प्रति आदर और प्यार उमड़ता है। क्या समकालीन हिंदी में मिथ्या के दिग्गज दुकानदार—श्रीयुत मट-घट-पट ने इन्हें पढ़ा भी है कभी? श्रीमान ने हिंदी में पास-बुक निर्भर एम.ए. भी किया होता तो उन्हें हिंदी साहित्य का छिछोरा-सा ही सही, कुछ तो इतिहास ज्ञात होता! जहन्नुम रसीद करता हूं ऐसे यथप्रार्थी साहित्यिक खुजली रोग को! एग्जीमा को बल्कि!

श्रीयुत बिज्जी के मुख को अब मंडल कहकर यह भी नहीं लिख सकता कि उस मुख-मंडल पर एक चिरस्थायी उदासी ही क्यों छाई रहने लगी है? सवेरे उनके पास ही जाकर नाश्ता किया। वे पाट पर बैठे थे, उदास, निर्लिप्त-से...मैंने पूछा कि तेरहवें भाग में आपने बड़ी कहानियों के बाद छोटी कहानियों से पहले एक नोट लगाया है कि ये 'दैनिक भास्कर' में छपी थीं और कई पहले के भागों में भी हैं पर वक्त के साथ मेरी कलम ने इनको दुबारा लिखा है और ये संवरी होंगी। बस, मुझे इतना बता दें कि ये 'भास्कर' में हिंदी में छपी या राजस्थानी में?

वे बोल न सके, सिर्फ इतना भर जतला सके कि उनको याद नहीं!

मैंने उनको हिंदी में अनूदित करना शुरू कर दिया है। 10-12 कर भी डालीं। कमाल किया है बिज्जी ने...छोटी-छोटी कहानियां कथा-रस के छोटे-छोटे घूंट हैं जैसे...तृप्ति बेहिसाब!

आज 'ऊंध-करमी' कहानी का मैंने 'उलटपंथी' शीर्षक से अनुवाद किया। इसमें एक पति नितांत अचेतन स्तर पर अपनी पत्नी की हत्या करता है और इस कहानी का अंतिम वाक्य है—'सब धोखा देते हैं, पर आंसू सपने में भी धोखा नहीं देते; दो आंसू टपककर तालाब के पानी में घुल गए!' मनुष्य के व्यक्तित्व के विभाजन, आत्म-प्रवंचना, सूक्ष्म स्वार्थवृत्ति, उसके औदात्य, प्रेम, वंचित होने की पीड़ा आदि के चेतनागत विविध पक्षों का ऐसा सूक्ष्म अंकन इस छोटी-सी कहानी में है कि मुझे सीधे फ्रैंज काफ़्का याद आए। आज के ही 'रविवासरीय भास्कर' में काफ़्का की एक कहानी हिंदी अनुवाद में छपी है।

सचमुच, बिज्जी विलक्षण लेखक हैं। वे बिना बोझिल और दुष्पाच्य हुए ऐसा मानवीय तत्त्वान्वेषण करते हैं कि उन्हें बेजोड़ कहने के सिवा चारा नहीं

बचता। पर वे उदास हैं। वे एक ढीले-से अधोवस्त्र के सिवा प्राय: नंगे बदन ही रहते हैं—शिशुवत्! ज्यादा देर बैठ नहीं सकते। बिस्तर ही उनकी परिधि और परिसीमा है। कैथेटर लगा है, पेशाब थैली में उनकी इजाज़त के बगैर उतरता जाता है।

चिमनारामजी शिशु की मां की तरह उनके पोतड़े बदलते हैं, हंसते-बोलते, उनसे चुहल-मसखरी करते। दिव्य है उनका सेवाभाव। ख़ुद सत्तर के। घुटना जवाब दे चुका। लंगड़ाते चलते हैं, पर अपने वाभा की स्वामिभक्ति या कि प्यार में पागल सदा संलग्न रहते हैं।

मैंने आज उनसे पूछा था, ''चिमनारामजी, कभी कोई पूजा-पाठ, मंदिर-तीर्थाटन किया आपने?''

वे बिज्जी के बदन को छोटे कंघे से खुजला रहे थे—मतलब कांगसिया-सिनान! हंसकर बिज्जी को सुनाते बोले, ''चिमनिये के वाभा मंदिर जाते तो चिमनिया भी जाता!''

अमर हों दोनों—स्वामी और भक्त!

23 सितंबर, 2013

क्षमस्व परमेश्वरी!

मन पूरे दिन आकुल-व्याकुल रहा। जो दुख आत्मा को कुतर रहा है, वह इतना अकारण है कि उसके होने पर ही विश्वास नहीं होता। चंदा को रोज सवेरे डरते-डरते फोन करता हूं, बिना व्यक्तिवाचक संज्ञाओं का प्रयोग किए सब जन की खबर लेता हूं। चंदा फोन पर बात करते थोड़ी हड़बड़ाई और उत्तेजित-सी रहती है। मैं उसको सुनता जितना हूं उससे कहीं ज्यादा उसके कहे को सूंघता हूं; उसके बोलने में उसकी सही-भोगी व्यथा की कोई गंध तो नहीं? कोई मनुष्य मेरे घर जैसे परिवेश में पलकर इतना संवेदनहीन कैसे हो सकता है? एक ही पेड़ के दो फलों का स्वाद इतना भिन्न कैसे? परमात्मा, पुकार सुन! इस गजेंद्र का मोक्ष करा!

तेरहवें भाग की छोटी-छोटी कहानियां बिज्जी के लेखन का चरमोत्कर्ष हैं। मेरी कामना है कि एक सुंदर शीर्षक से, मेरे संपादन में और मेरे अनुवाद में और मेरी विस्तृत भूमिका के साथ इन कहानियों की एक अलग पुस्तक छपे।

आज दिन में कमरा कुछ ज्यादा ही अकेला जान पड़ा। तीन-चार बार आवाजें दे-देकर चिमनारामजी को बुलाया। उनको और उनकी दिनचर्या को देखकर बेंजामिन फ्रेंकलिन का जगत् प्रसिद्ध जुमला मूर्तिमंत हो जाता है—*Early to bed and early to rise keeps a man healthy, wealthy and wise.* वे सचमुच

अपने लालन-पालन, परिवेश और संस्कारों की परिधि में हेल्दी भी हैं, वेल्दी भी और वाइज भी। वे शाम के पांच बजते ही कृष्ण बलदेव वैद के शब्दों में दिन का देहांत करना शुरू कर देते हैं। हमेशा अपनी पसंदीदा शराब का एक क्वार्टर खरीदकर जेब में रख लेते हैं। दो घूंट नीट भरकर उसमें पानी मिलाना शुरू करते हैं और लगभग डेढ़ घंटे में उसे खत्म करने तक अपनी तैयार परोसी रखी थाली के करीब घर पहुंच जाते हैं। आखिरी घूंट से थाली की अभ्यर्थना कर भोजन करते ही सो जाते हैं। सवेरे तीन-चार बजे के दरमियान उठकर किसी न किसी शारीरिक श्रम में मुब्तिला हो जाते हैं और आठ बजने के पेश्तर भोजनादि करके अपने वाभा—श्रीयुत विजयदान देथा उर्फ बिज्जी—की सेवा में चले आते हैं सो पांच बजे तक बने रहते हैं।

आज गीता का छठा अध्याय सवेरे और सातवां अभी शाम को पढ़ा। पता नहीं इस शब्दक्रम में, इस पद्ययुक्ति में, इस भाषा-संगति में क्या शक्ति है कि एक बार कैसा भी तूफानग्रस्त मन दही की तरह जम जाता है। आज डायरी लिखने का भी मन न था, पर गीता ने ही कहा, 'उठ अर्जुन, सम्मुख उपस्थित धर्मोचित कर्तव्य का पालन कर!'

मां-मां-मां-मां-मां-मां-मां-मां-मां-मां-मां-मां-मां क्षमस्व परमेश्वरी!

पुनश्च :

आज डायरी लिखने का मन न था। लिख चुका। रस्म अदायगी की तरह। पर टेबल से उठकर बाहर झांका तो एक श्वान घर-परिसर की सीमा में टहलता नजर आया। काला-सफेद चितकबरा सुंदर श्वान। मैंने पुचकारा, दूर से। मधुर-सी सीटी बजाई। उसने दुम हिलाई। एक रिश्ता-सा बन गया। मेरे अकेलेपन पर मानो मिलन का वसंत-सा छा गया! मुझे अफसोस हुआ, मेरे पास इसे खिलाने के लिए कुछ नहीं है। कल लकी पान पैलेस से, जो पान का कम, स्टेशनरी समेत दुनिया-भर के कंज्यूमेबल बाजारू सामान का 'पैलेस' ज्यादा है, कुछ फीके स्वाद वाले कम चीनी के बिस्कुट खरीद लाऊंगा।

बोरूंदा के मनुष्य किंचित् रुक्ष-से ही जान पड़ते हैं, शायद श्वान से ही एक चिर-स्मरणीय मित्रता हो जाए। वैसे महेंद्र बाबू के घर एक पालतू कुत्ता है जो उनके ग्राउंड-फ्लोर पर बने कोठीनुमा घर की छत पर अक्सर बदहवास हांफता फिरता दिखाई पड़ता है। बिना नस्ल-ब्रीड के भयानक हिंसक इस कटखने कुत्ते को इन्होंने अपना 'अनपेइंग-गेस्ट' क्यों और कब बनाया, कुछ समझ में नहीं आता। घर की विस्तृत छत ही उसके जीवन की निर्मम परिधि है। उसके पांव जमीन पर कभी नहीं पड़ते। गुलजार का गीत कितना खौफनाक लगता है, इस श्वान के संदर्भ में, कि—*आजकल पांव जमीं पर नहीं पड़ते मेरे*...और इस बेचारे

को उड़ते तो किसी ने भी नहीं देखा।

एक हमारा पालतू कुत्ता है—रोनी। लेब्राडोर रेट्राइवर। मैं उसको कितने नामों से पुकारता हूं—रोनी रोनाल्डो, नो-वाला, अच्छा बहुत है, रोनी सिंह, दिवा का पारा भाई इत्यादि। हमारे घर का रोनी पूरे मोहल्ले का चहेता है। बच्चे हमारे घर के सामने से गुजरते हुए बातें करते हैं—ओये...ओये...यह देख, यह है रोनी का घर! वे क्या जानें कि यह 'प्रहेलिका' है, मालचंद तिवाड़ी वल्द रामचंद्र तिवाड़ी का घर।

एक महेंद्र बाबू का कुत्ता है जिसे घर के एक-दो लोग ही हैंडल करते हैं। उसे खाना परोसते हैं। उसका हगा-मूता साफ करते हैं। सबसे बड़ी विडंबना तो यह है कि इस बेचारे श्याम-कर्ण श्याम-वर्ण श्वान का कोई नाम तक नहीं।

याद करें, गालव ऋषि की दक्षिणा देने की जिद पर ऋषि विश्वामित्र की अपने शिष्य से की गई फरमाइश—आठ सौ श्वेत-कर्ण श्याम-वर्ण अश्व। अपने को तो आज तक इस रंग-अनुपात का एक कुत्ता तक नहीं मिला। महान वेद व्यास की कवि-कल्पना! क्या किसी ने किसी मनुष्य का नाम मनुष्य सुना है? आदमी को आदमी कहकर कौन बुलाता है? पर इस श्वान को अलबत्ता तो कोई बुलाता ही नहीं और कोई इसका नाम पूछ ले तो बताया जाता है—डोगी! डोगी मतलब घरों में पलने वाले कुत्तों के लिए किया जाने वाला एक शिष्ट भाषा-प्रयोग! जैसे बवासीर को, मस्से के रोग को, अंग्रेजी में पाइल्स कह देने से बोझ कुछ हल्का होता जान पड़ता है।

चलिए, कल मैं अपने आज प्रस्तावित चितकबरे श्वान-मित्र के लिए बिस्कुट ले ही आऊंगा। अंत में एक रहस्योद्घाटन और कर दूं कि अगर दोस्ती चली तो इस श्वान के रूप में लंबे अंतराल बाद मेरे मित्र-परिसर में यह किसी फीमेल मित्र का पुनः प्रवेश होगा। हमारा रोनी नर है, लेकिन यह चितकबरी चितवन वाला क्षीण-कटि श्वान मादा है। ऐसा मैंने बाहर के अपर्याप्त सीएफएल प्रकाश में भी देख लिया था...उसके कतारबद्ध लटकते घुंडीनुमा स्तन यही जतला रहे थे। आमीन!

24 सितंबर, 2013

धणी रौ मांन धणियाणी रै हाथ

कल बिज्जी पूरे दिन मुझसे नहीं मिले। चिमनारामजी से पूछा मैंने, "क्या मुझे याद किया था?" उन्होंने बताया, खाने के लिए बुलाना चाहते थे, दोपहर में। कल घर की स्त्रियों को शायद कहीं परिवार में भोजन करने बाहर जाना था। महेंद्र बाबू के एक अन्य भृत्य मोहनजी ने पूछा था मुझसे, "साब, आप खाना

कितने बजे खाएंगे?'' मैंने यही बात चिमनारामजी से कह दी। सो बिज्जी के कहने पर उन्होंने उन्हें कह दिया कि मेरा खाना 'कॉलेज' से आएगा, करीब दो बजे। तब वे अपना दूध-दलिया खाकर सो रहे। फिर जाने क्या हुआ, मेरा खाना भी घर की रसोई से ही आया। चिमनारामजी ही लाए।

बहरहाल, ऐसा हो सकता है, श्राद्ध-पक्ष चल रहा है। पिछले साल के श्राद्ध-पक्ष में भी मैं यहीं था। एक दिन महेंद्र बाबू ने पूछा था, ''आज हम सब अपने परिवार में श्राद्ध-भोजन करने जाएंगे, आप चलेंगे?''

मैंने कहा था, ''जरूर चलूंगा, आपके यानी बिज्जी के और मेरे परिवार में फर्क ही क्या है?''

मैं गया। मैं उन दिनों लहसुन-प्याज से छुट्टी पर था। मेरे घर पर हम लहसुन-प्याज कभी-कभार, शौकिया तौर पर ही खाते हैं। यहां बोरूंदा आया, तो मामला विचित्र! यहां तो तोरी, भिंडी, ककड़ी, लौकी, बैंगन, पत्ता-गोभी, ग्वार-फली, बड़ी-पापड़, आलू-गोभी सब पीछे, सबसे पहले लहसुन और प्याज! लहसुन-प्याज न हुए, ब्राह्मण हो गए—अग्रे अग्रे ब्राह्मणा! तो मैंने सोचा, श्राद्ध-भोजन में तो बोरूंदा के कतिपय ब्राह्मणों को भी बुलाया गया होगा, जरूर उनके लिए बिना लहसुन-प्याज की सब्जी बनी होगी। मुझे भी मिल जाएगी। सो, चला गया।

वहां पहुंचा महेंद्र बाबू की गाड़ी में, तो बाकायदा ब्राह्मण लोग भोजन कर रहे थे। जब मुझे परोसा गया, तो सब्जियों में से लहसुन-प्याज की अनारें फूट रही थीं; फुलझड़ियां छूट रही थीं। जबकि उन दिनों बोरूंदा के मेरे भोजन में व्यवस्था कर दी गई थी कि मेरी सब्जियां-दाल बिना लहसुन-प्याज निकाल दी जाती थीं...। मैंने गृहस्वामी से कहा, ''इन ब्राह्मणों के लिए बिना लहसुन-प्याज की सब्जियां तो बनी होंगी, मुझे वही मंगवा दें!''

महेंद्र बाबू के गोत्र-बंधु रेंवतजी ने उत्तर दिया, ''बोरूंदा के ब्राह्मणों की कहते हैं! आज श्राद्ध न होता तो हम इन्हें बकरा परोसते और ये खा जाते!''

यह है असली वाला लाहौल-विला-कुव्वत!

...और एक साल बीत गया। आज सुबह चंदा को फोन किया तो उसने बताया कि नहाने जा रही थी, मेरी माता स्व. श्रीमती तुलसीदेवी का आज श्राद्ध है। उसने टिकड़े बनाए हैं। दही और चीनी में चूरकर गौ माता को अपने हाथों से गौ-ग्रास देगी। हमारा बड़ा बेटा घर पर ही होगा, पर उससे कौन कहे? वह टोटली अनप्रिडिक्टेबल है। संभव है, यह काम खुशी-खुशी कर दे। संभव है, न करे। चंदा ऐसे फेर में नहीं पड़ती। अपने फैसलों, अपने भुजबल, अपनी कर्मठता और अपने स्त्रीत्व (पुरुषार्थ नहीं!) पर उसका असाधारण भरोसा सदा से रहा है। मैं तो उसे दो-तीन या ज्यादा से ज्यादा आठ-दस सालों में ही डुबो

देता। वही मुझे खींच लाई है यहां तक...जैसे कोई तैराक डूबते को उसके बालों से पकड़कर किनारे पर ला छोड़ता है! उसके साथ 35 वर्ष जी गया, दुखों-सुखों से भी कहीं ज्यादा विश्वास, धीरज और आस्था के 35 वर्ष। यह है भारतीय दांपत्य!

आज बिज्जी की एक कहानी थी मेरे अनुवाद में—'धणी रौ मांन धणियाणी रै हाथ'। मतलब—पति की प्रतिष्ठा पत्नी के हाथ। एक ठकुराइन के स्त्री-मनुष्य को बिज्जी ने अपनी सवा पेज की इस कहानी में गगन-चुंबी ऊंचाई सौंप डाली। कहानी की ये आखिरी लाइनें लिखने से अपने को रोक नहीं पा रहा हूं : 'स्त्री के रुन-झुन करते पद-संचरण से ही घर, परिवार, ठिकाने और हवेलियां शोभा देते हैं। इन लक्ष्मियों की शक्ति और सामर्थ्य से ही प्रत्येक घर की मान-मर्यादा स्थिर रह पाती है।'

अस्तु, मैंने चंदा से कहा था, "आज मेरी मां का श्राद्ध है, पहले नहीं बताया?"

उसने पूछा, "क्या करते?"

मैंने कहा, "करता क्या, बस, अपनी मां को याद करता।"

उसने कहा, "अब कर लेना—पूरे दिन कर लेना, गाय के मुंह से आपकी मां को खाना तो मैं खिला दूंगी, निश्चिंत रहें।"

तुम हो, बस, यही बची-खुची कड़ाही के पेंदे की खुरचन जैसी निश्चिंतता जीवन में शेष है।

अभी बीकानेर में था, तो एक दिन सुबह-सवेरे कोई 7 बजे चंदा के नाश्ते के लिए ब्राउन-ब्रेड लेने कोटगेट जा रहा था। रास्ते में दाऊजी मंदिर स्थित नारायण पान भंडार पान लेने रुक गया। वहां टिल्लू यानी मेरा बाल-सखा चतुर्भुज पारीक बैठा था। वह बचपन से ही उद्दाम आवेगमय व्यक्तित्व का धनी रहा है, ऐसा कि कई बार लगता है, ऐसे लोग सिर की बजाय घुटने से तो नहीं सोचते? उसके घर के सामने ही मेरी सबसे बड़ी बहन का घर है। मेरा आर्काइव्ज में कार्यरत कर्मचारी यूनियन लीडर भानजा टिल्लू को अपने व्यक्तित्व के लिए शायद कोई मनोग्रंथि स्तरीय चुनौती लगता है। वह हमेशा उसके पीछे पड़ा रहता है और मुझसे उसकी दुर्बलताएं शेयर कर प्रसन्न होता है। आज कहा, "तूने बाबू (मेरा भानजा) को पार्टी दी, मुझे कब देगा?"

मैंने इनकार किया, "नहीं दी।"

उसने बताया, "तीन दिन पहले वह अपनी मारुति-800 में आया था और मुझे बताया कि मामाजी के यहां से आ रहा हूं पार्टी करके...।"

मैंने कहा, "वह पार्टी पीछे से करके आया था। अपनी लागत पर थोड़ी-बहुत मेरे घर पर भी की और तुमसे आ मिला।" फिर मैंने जोड़ा, "उसको यों

रात को कार चलाते नहीं घूमना चाहिए।''

टिल्लू जोर से हंसा, ''तू बेवकूफ है। तेरे को पता नहीं, उसकी वह कार बहुत ज्यादा समझदार है। वह स्टीयरिंग पर सिर रखकर सो जाए तो भी उसको सीधे घर लेकर आती है। कार नहीं, उसकी पतिव्रता पत्नी है वह!'' फिर मुझसे पूछा, ''तू यार, इतने सवेरे रोज जाता कहां है?''

मैंने कहा, ''यार, मैं पत्नीव्रती हूं। मेरी घरवाली को डायबिटीज है। यहां होता हूं तो उसे नाश्ता अपने हाथ से बनाकर खिलाता हूं। वह नाश्ते के साथ दवा लेती है। बस, उसी के लिए ताजा 'ब्राउन-ब्रेड' लेने जाया करता हूं। तू भी मेरी बात मान ले। स्त्री मां, बहन, पत्नी, मित्र, सहकर्मी, भगिनी, पुत्री जिस किसी रूप में मिले, उसकी खिदमत करना सीख ले, तेरे पाप धुल जाएंगे।''

उसने फिर जोर से कहकहा लगाया, ''पहले जी-भरकर कर तो लेने दे।'' सहसा वह गंभीर और उदास-सा हो गया। उसका गला एकदम अप्रत्याशित रूप से भर आया। भर्राए गले से कहा, ''तू बचा रहेगा, प्रलय में भी बचा रहेगा—तुझमें तेरा मिनखीचारा (मनुष्यता) मरा नहीं और हां, वह शायद इतना-सा ही बचा है, ज्यादा नहीं।''

मुझे टिल्लू के उजड्ड व्यक्तित्व में ऐसे ठंडे-मीठे पानी के सोते की उम्मीद कतई नहीं थी। दीर्घायु हो टिल्लू!

पुनश्च :

क्या करूं, पुनश्चः लिखना ही पड़ेगा। आज की डायरी लिखकर टेबल से उठा। सामने जल रही ट्यूब-लाइट पर बरसाती मौसम की वजह से भारी संख्या में कीट-पतंगे जमा थे। उसे बंद किया। वे मेरा बदन चाट-चटखा रहे थे, लिखने के जुनून में इसका मानो होश ही न था। उठा तो बदन को दोनों हाथों से फटकारा-झाड़ा। बहरहाल, इस विशाल डोरमिट्रीनुमा कक्ष के बहिर्द्वार के पास का एक सीएफएल जलाकर बाहर झांका तो मुझे बिज्जी के कक्ष से थोड़ा आगे जलते दूसरे सीएफएल में अपनी कल वाली फीमेल मित्र नजर आ गई। वही तन्वंगी श्वाना (कुतिया कैसे लिखूं?)! किसी और से तो वादा किया न था, ख़ुद ही मन में सोचा और लिखा था, सो आज सवेरे पान लेने गया तो 'लकी पान पैलेस' से एक मेरी गोल्ड ब्रांड फीके बिस्कुटों का पैकेट ले आया था। वापिस दौड़ा और पैकेट खोलकर अपनी फीमेल-मित्र के पास पहुंचा। वह मित्र-भाव से पूंछ हिलाने लगी। थोड़ा मुझसे डर भी रही थी। पता लगाना मुश्किल था कि यह एक मादा का नर से डर था या एक पशु का मनुष्य से? बहरहाल, उसने आठ-दस बिस्कुट डरते-सहमते खाए। मैंने एक बिस्कुट अपने हाथ से सीधे उसके मुंह में पकड़ाना चाहा तो वह बदन समेटते पीछे सरक गई। देखिए, इतना शील-

संकोच तो बनता ही है। बस, मुझसे रहा न गया। मेरा भी शील देखिए, लाख छूने की भावनात्मक इच्छा के रहते भी मैंने उसे छुआ नहीं। इसे कहते हैं स्त्री-स्वातंत्र्य बल्कि जीव-स्वातंत्र्य का सम्मान! वह तृप्त भाव से दुम पैरों में समेटे चल निकली तो मैं आ बैठा अपनी टेबल पर। और अब यह भी बताना ही पड़ेगा कि महेंद्र बाबू के घर में अहर्निश छत पर भ्रमणशील रहने वाले श्वान का, जिसके लिंग का पता लगाना मेरे लिए इसलिए संभव नहीं कि उसका अधो-शरीर मैंने कभी देखा ही नहीं, एक नाम भी है।

कल डायरी लिखने के बाद मैं बिज्जी के पास उनके कक्ष में चला गया था। उनकी पड़पोती नन्ही नैना महारानी उनके 'पाट' के पास की घूमने वाली कुर्सी पर विराजमान थी। बिज्जी के बाएं बाजू पाट पर ही बैठा निर्मल उन्हें खाना खिला रहा था। दूध में पतले पैमाने पर घुली खिचड़ी का एक सिप बिज्जी ले रहे थे तो दूसरा नैना। जीवन कितना सुंदर होता है, कितना अभिराम, ऐसे ही मौकों पर एहसास होता है। नब्बे के बिज्जी, डेढ़-दो बरस की नैना! 23-24 का निर्मल। और मैं? बिज्जी जाने क्यों हर पांच-सात दिन बाद मुझसे पूछ लेते हैं, "मालचंद, तू कितने बरस का हो गया?"

"जी, पचपन का। छप्पनवां चल रहा है।"

हत्या-प्रवीण बंबइया पुलिस ऑफिसर के जीवन पर आधारित फिल्म याद आती है—अब तक छप्पन!

मैंने नैना की तस्वीरें अपने ब्लैक-बेरी मोबाइल में उतारीं। एक तस्वीर बेजोड़ है। निर्मल पन्नियों से फाड़-फाड़कर टेबलेटें नैना को पकड़ा रहा था। नैना एक-एक कर कुर्सी पर खड़े-खड़े उन्हें बिज्जी के शिथिल पड़ चुके होंठों में पकड़ा रही थी। बस, एक टेबलेट को क्लिक किया। दुर्लभ फोटो। जीवन का जीवन से नाता। पर बात जो बतानी थी, वह यह कि महेंद्र बाबू के अराजक श्वान का नाम न हो, ऐसा नहीं है। वह मेरे सुनने-समझने की भूल थी कि मैंने उसका नाम 'डोगी' मान रखा था।

कल निर्मल से उसका नाम पूछा तो उसने बताया, "डोबी!"

मैंने खुलासा चाहा। उसने फिर दोहराया, "डोगी नहीं, डोबी। हैरी पॉटर का एक कैरेक्टर है न!"

मैंने कहा, "अब यार, मुझे क्या पता! पढ़ा मैंने नहीं। टीवी पर फिल्म आती है तो मुझसे 15-20 मिनट से ज्यादा झेली नहीं जाती। हम हैरी पॉटर के नहीं, 'हरिया हरक्युलिस' (मनोहर श्याम जोशी) के दीवाने जो ठहरे!"

विडंबना यह कि निर्मल न मनोहर श्याम जोशी को जानता है और न उनके रचे 'हरिया हरक्युलिस' को!

25 सितंबर, 2013

मात्र यह मातृ वंदन

मां, तेरी मरजी! आज डायरी लिखने के समय पृथ्वी के किसी काग़ज़ पर मेरे लिए यह गुंजाइश न छोड़ी कि कोई एक इबारत तक लिख सकूं! तेरी मरजी! मात्र यह मातृ वंदन दर्ज कर इतिश्री! हंसराज सोनी जो आ चुके।

26 सितंबर, 2013

दुनिया में हूं दुनिया का तलबगार नहीं हूं

कल इस समय से कुछ पहले महेंद्र बाबू का फोन आया, उनके मित्र और अब मेरे भी प्रिय श्री हंसराज सोनी हमारे साथ शाम बिताने आ रहे हैं। मैं फटाफट अपने संध्या-वंदन में लगा। सोचा, उनके आते-आते डायरी का एकाध पृष्ठ लिख लूंगा। पर वे मेरे पूजा करते-करते ही आ पहुंचे। मैं गीता का एक-एक अध्याय नित्य सुबह-शाम सस्वर पढ़कर ग़म-ग़लत करता हूं, सो न हुआ। ग़म-ग़लत न हुआ, गीता के साथ गलत लफ्ज का इस्तेमाल हो गया। मां ने मुझे ऐसा ही बनाया है, क्या करूं? गलत-सही का एक सर्वथा विषम-अनुपात। शायद गलत ज्यादा, सही कम।

बहरहाल, रात लगभग 11 बजे तक सुरा-महोत्सव चला। मैं शूरवीरों का पिछलग्गू बना रहा, सो रात ग्यारह बजे बेटे से बात करने और सवेरे तलक उसे याद रखने के काबिल बना रहने में सफल हुआ। मैं अपने मद्यप्रेमी मित्रों को एक संदेश देना चाहता हूं—बिना माप के मद्यपान कभी न करें। शराब की इज्जत और अपनी भी इज्जत इसी में है कि शराब पैमाने में रहे, पैमाने से छलककर भूलुंठित न हो। कल शराब बेशक पैमानों से छलकी, पर कोई भूलुंठित न हुआ।

हंसराज सोनी सहृदय मनुष्य हैं, यारबाश! किन्तु संसारी बहुत हैं। वे आते हैं, तो उनके साथ बहुत ज्यादा संसार कमरे में आ समाता है। वे नहीं जानते कि उर्दू शायरी क्या चीज़ है, जिसमें एक जनाब बल्कि दो जनाब संसार पर क्या तफ्सिरा पेश कर गए? दोनों के शे'र याद आ रहे हैं, नाम नहीं। एक ने कहा—
लाई हयात आए कज़ा ले चली चले/अपनी ख़ुशी न आए न अपनी ख़ुशी चले।
बेहतर तो है के न दुनिया से दिल लगे/पर क्या करें जो काम न बे-दिल्लगी चले।
और वह महानतम संदेश—*तुम भी चले चलो जब तक चली चले!* दूसरे महाशय ने अपनी 'पहुंचेली' (कसप—मनोहर श्याम जोशी) अवस्था को आदर्श के रूप में प्रस्तुत किया—*दुनिया में हूं दुनिया का तलबगार नहीं हूं/बाजार से गुज़रा हूं ख़रीददार नहीं हूं!* इनको पता था कि एक दिन दुनिया और बाजार दोनों शब्द

पर्यायवाची बनकर रहेंगे, सो पहले ही अपनी कहन में इनको पर्यायवाचियों की तरह इस्तेमाल कर गुजरे।

आज बिज्जी ने एक बार भी नहीं बुलाया। एक बार, कोई 3 बजे, मैंने रजनीगंधा मंगवाने की गरज से चिमनारामजी के उनके कमरे में मौजूद होने की टोह ली तो वे मुझे टिश्यू-पेपर से उनके मल-द्वार की सफाई करते नजर आए और उनसे कुछ चुहल करते सुनाई पड़े। मेरा टोहना वे ताड़ गए। अपनी तरफ से ही पूछा, "आवौ कांई ?" (आ रहे हो क्या ?)

मैंने कहा, "अभी नहीं!"

महेश योगी जी, इसको कहते हैं कर्मयोग! दूसरे का मल साफ करते हुए भी मुख पर मुसकान! चिमनारामजी द ग्रेट!

पुनश्च :

हां, याद आया, कल कैलाश कबीर आए थे। मैंने उन्हें अपनी लाल वाहनवती (कार) में आते देखा। कार के लिए ऐसा शब्द प्रयोग इसलिए हो रहा है क्योंकि आजकल देश के एक आलातरीन अफसर गुलाम वहनावती सर बड़े चर्चित हैं। मैं इस बात पर गर्व करना चाहता हूं कि उनका जो रद्दो-अमल का कारोबार है, वह मेरी समझ में बिल्कुल ही नहीं आता। एक इलेक्ट्रोनिक मीडिया महापर्सन हैं—श्री रवीश कुमार। आप जरा टीवी पर उनकी देहभाषा देखिए और मुखभाषा सुनिए और वे लिखने भी लगे हैं तो राजस्थान पत्रिकादि में उनके अग्रलेख पढ़िए तो ऐसा लगेगा कि देश में वर्तमान दौर में उनके सरीखा प्रतिभा-रत्न और प्रबुद्ध प्रवक्ता कोई है ही नहीं। वे सबको समझाते हैं। मैं उनसे बड़ा लाभान्वित हूं। उनका शुक्रगुजार हूं, बल्कि ये वाहनवती आदि जैसी बातें जो मुझे समझ में नहीं आतीं, उनके लिए उनका और उनके जैसे अनेक बौद्धिक पराक्रमियों का मुखापेक्षी हूं। मैं अपना मुंह बाए-बाए ही उनको देखता हूं, उनका कहा सुनता हूं और उनका लिखा पढ़ता हूं। एक सज्जन हैं—पुष्पेश पंत। वे केवल अखबारों में ही नहीं, पूरे पृथ्वी-तल पर अपने कॉलम लिखवाते-छपवाते रहते हैं। एक दिन मेड़ता रोड पर 'ईश्वर की कहानियां' के लेखक विष्णु नागर द्वारा संपादित 'शुक्रवार' पाक्षिक पत्रिका व्हीलर के स्टॉल में नजर आई तो मैंने खरीद ली। उसमें पुष्पेश पंत साहब संसार भर के व्यंजनों पर एक बड़ा ही व्यंजना-निरपेक्ष कॉलम लिखते हैं। मुझे कोफ्त हुई थी पढ़कर कि वे आमिष, सामिष और निरामिष शब्दों के अर्थ को लेकर भ्रांत हैं और भोजन पर कॉलम लिखते हैं। चंचलायमान मीडिया के हमारे वर्तमान समय में ऐसे वाग्वीरों का वाग्जाल मानो कथित अंतर-संजाल (इंटरनेट) से ही स्पृहारत है। चलो, धूल डालो जी!

बहरहाल, कैलाशजी ने बताया कि उनके पास दो दिन पहले मेरे लेखकीय

जीवन के प्राचीनतम अग्रज मित्र संजीव का फोन आया था। संजीव बिज्जी के मुरीद हैं और बिज्जी संजीव के। मैंने कैलाशजी से उनके फोन नंबर दरयाफ्त किए तो उनके फोन में संजीव भाई के तीन नंबर निकले। दो व्यर्थ, एक काम का। व्यर्थ मैं टेप-रिकॉर्डर द्वारा बताए गए 'इनवैलिड' के अर्थ में कह रहा हूं।

कैलाशजी ने कहा, "ठहरो, चश्मा बदलकर नंबर निकालता हूं!"

मैंने कहा, "आंखें क्यों नहीं बदल लेते?"

कैलाशजी दो चश्मे इस्तेमाल करते हैं—दूर का, पास का। दो चश्मे, दृष्टि कितनी? इस पर मुझे कुछ नहीं कहना चाहिए। किसी को नहीं कहना चाहिए।

कैलाशजी विलक्षण परदोष-उत्साही मनुष्य हैं। उस दिशा में उनकी दृष्टि भी बड़ी तीक्ष्ण है। मेरे तो वे अपने अंत:वासी निंदक हैं। इसीलिए उन्हें 'नियरे' रखता हूं। आंगन-कुटी उनके पिता विजयदान देथा और भ्राता महेंद्र देथा ने खूब लंबे-चौड़े पैमाने पर 'छवा' ही रखी है। मैं तो बस उसी में ख़ुद रहते समय उन्हें अनुनय-विनय करके 'नियरे' बुलवा लेता हूं। मेरे वे अन्यतम परिहास-सहचर हैं। उनमें असाधारण *Sense of humour* अर्थात् विनोद-वृत्ति है। वे दुनिया के सबसे हंसते-खिलखिलाते दुखी सज्जन हैं।

'सज्जन' शब्द का प्रयोग मैं अपने नितांत निजी शिष्ट-सीमित अर्थों में कर रहा हूं। दूसरों की आपत्ति के लोकतंत्र का सम्मान करते हुए उनके सरीखे सज्जनों की प्रतिक्रियाओं के प्रति मैं पूरा स्पेस छोड़कर कहता हूं कि दूसरे की सज्जनता इतनी निरपेक्ष वस्तु नहीं है कि उसे पूरा का पूरा दूसरे के ही भरोसे छोड़ा जा सके। आपके संबंधों में लेन-देन और आशा-अपेक्षा के अनुपात पर ही निर्भर करता है कि आपको कौन कितना सज्जन अथवा दुर्जन नजर आता है। अपनी इस तरह की दर्शन बघारने की फितरत नहीं। बकौल शायर, अपना सीमित-सा सरोकार यह कि *अपना पैग़ाम मोहब्बत है, जहां तक पहुंचे।* यह 'जहां' तक पहुंचता रहता है, पर 'वहां' तक नहीं पहुंचता जहां पृथ्वी-तल की समस्त भाषाओं के कवियों-शायरों की प्रेमिकाएं रहती हैं। उस भूभाग पर किसी भग्न-हृदय चीत्कार की रसाई नहीं। यही कविता का, कविता मात्र का सौंदर्य है।

अभी एक दिन मेरे मित्र केशव किराडू का गाया मुकेश का कॉपी-कृत रिकॉर्डेड गीत ईयर फोन से सुनकर मैं रो पड़ा। इस साधारणीकरण का श्रेय कवियों-संगीतकारों को उतना नहीं है, जितना उन बिछुड़ी हुई प्रेमिकाओं को है जो उनकी न हुईं या उनकी रहते हुए भी बिछुड़ गईं। आज चेतन से भी बात हुई थी। दो दिन पहले भी हुई थी। तब उसने बताया, "यार, यहां मांडलगढ़ में मैंने कल रात अपने मकान-मालिक से लेकर लिंग-पुराण पढ़ा!"

मुझसे रहा न गया। पूछ बैठा, "सिर्फ पढ़ा ही, कहीं छेड़ तो न बैठा?"

उसने चार गंभीर कोटि की गालियां दीं और एक उन्मुक्त कहकहा लगाया।

27 सितंबर, 2013

वाह बिज्जी !

बिज्जी के इस तेरहवें भाग की डेढ़-दो अथवा अधिकतम अढ़ाई पेज में पूरी होने वाली कथाएं उनकी लेखन-कला का चरमोत्कर्ष हैं। जिस कहावत 'मक्खी चूस' से जुड़ी कथा बिज्जी ने लिखी है, उसका शीर्षक है—'बनिए वाली मक्खी'। असाधारण और अद्वितीय कथा, जो पहले से लोकस्मृति में चलती आई होगी, पर बिज्जी के पाठ में यह दिव्यतम हो गई है।

बिज्जी की ये कथाएं पढ़ते हुए मुझे बरबस मकबूल फ़िदा हुसैन याद आए। जैसे घोड़ों की अनगिनत छवियां संसार में रहने के बावजूद उन्होंने अपना एक अलहदा घोड़ा आविष्कृत किया, वैसे ही इन कथाओं के लोक में विद्यमान रहने के बावजूद बिज्जी ने इनका एक अपना पाठ स्वायत्त किया है, जो नितांत उनका अपना है। जैसे मकबूल फ़िदा हुसैन के उद्दाम आवेग-स्पंदित रेखाओं-रंगों के व्यवहार से आविष्कृत उनका रचा हर घोड़ा मौलिक है, वैसे ही बिज्जी का हर लिखित पाठ मौलिक है। मैं एक-एक कथा में उनके भाषायी चातुर्य, निहित अभिप्राय के साथ उनके मेधावी 'ट्विस्ट' और उनकी भाषा की, अर्थ की, अभिप्राय की और भाषा के मानवीय अर्थ-ग्रहण की प्रक्रिया की समझ की जितनी तारीफ करूं, कम है। मुझे सारी सुविधाएं और पारिश्रमिक 'फुलवाड़ियों' के अनुवाद के बदले मिल रहा है, पर बिज्जी ने मुझे 13वें भाग की इन कहानियों से अपना गुलाम ही बना लिया है।

आज एक आविष्कृति और हुई कि कैसे बाजार नितांत गैर-बाजारू चीजों का भी बाजारू इस्तेमाल कर लेता है। व्यर्थ की वस्तु 'कुरकुरे' के एक विज्ञापन में एक गतयौवना फिल्मी नायिका स्कूल अध्यापिका के सामने अपने पुत्र के बारे में कहती है, "टेढ़ा है, पर मेरा है!" मैंने आज ही इस लोक-प्रचलित कथा के बिज्जी-रचित पाठ का अनुवाद किया था। मूल राजस्थानी शीर्षक है—'बांकौ है, पण म्हांकौ है!' बस, सर्वनाम बदला और यही शीर्षक विज्ञापन की 'पंच लाइन' बन गया—'टेढ़ा है, पर हमारा है!' की जगह 'टेढ़ा है पर मेरा है!' इस विज्ञापन में तो शरारती बच्चे के व्याज से 'कुरकुरों' के टेढ़ेपन पर इतराया गया है, पर असल में कथा में उसे गिरवी रखने आने वाले ठाकुर की मूंछ का बाल टेढ़ा है। सारतः, मानवीय विवेक को शिक्षा-संपन्न बनाने की दृष्टि से ये कथाएं महान भारतीय कथा परंपरा—पंचतंत्र, हितोपदेश, कथा-सरित्सागर, सिंहासन-बत्तीसी आदि के साथ भारतीय स्मृति-कोष में विद्यमान बोध-कथाओं और नीति-कथाओं के अलावा अन्य किसी कथा-प्रजाति से तुल्य नहीं। तिस पर तुर्रा यह कि ये शाश्वत के साथ-साथ हमारे

अपने समय के सवालों, उलझनों, प्रपंचों और मानवीय दुखड़ों से भी प्रतिकृत रहकर उनके साथ निरंतर मुठभेड़ करती नजर आती हैं। वाह, बिज्जी!

पुनश्च :

पिछले चार-पांच दिनों से दो-तीन भूरी चिड़ियाएं मेरे कमरे के बाहर गैरेज के सामने के आकाशछती खुले गलियारे में अक्सर सुबह-शाम फुदकती नजर आती हैं। खाकी रंग के कई अनुपातों से सुसज्जित इन चिड़ियाओं के रंग को समग्रत: बताना हो तो ये 'खाकी चिड़ियाएं' ही कहलाएंगी। कहीं ये पक्षियों का पुलिस-तंत्र तो नहीं? मैंने आज दिन में अपने कमरे के विस्तृत प्रकाश-लोक में खुलने वाले दरवाजे को इसलिए उढ़काया कि उसमें से मेरे जाने-पहचाने ततैया-भिड़ आदि के अलावा भी जाने कितने ही प्रकार के कीट-पतंग आकर इस कमरे में चक्कर काटते रहते हैं। मैं प्राय: बड़े कमरे की तीन बड़ी-बड़ी खिड़कियां और प्रवेश-द्वार खुला ही रखता हूं। खिड़कियों में तो लौह-जालियां लगी हैं, पर द्वार सबके स्वागतार्थ खुला रहता है। मेरे पास दिन में खाना-चाय आदि मेरी लिखने की टेबल के पास की एक बौनी चौकोर टेबल पर रखने और चुपचाप चले जाने के सिवा कोई मनुष्य नहीं आता। ये कीट-पतंग ही मेरे इन उजले दिनों के सहचर हैं और इन्हीं की चिंता करते हुए आज मुझे द्वार बंद करना पड़ा।

यहां बोरूंदा में सितंबर के महीने में मौसम बड़ा बदचलन हो रहा है। रात को ठंड पड़ती है, कंबल ओढ़ता हूं, पर दिन में उमस हलकान किए रखती है। मेरे आगे-पीछे के दोनों पंखे रेग्युलेटर के चरम-बिंदु पर 'फुल्लतम' गति से चलते हैं। जो भी कीट-पतंग मेरे कमरे में पंखार्पण (पदार्पण कैसे लिखूं?) करता है, इन विद्युत-पंखों की हवा से बदहवास हो जाता है। कोई फतिंगा अभी तक एक बार भी पंखे के पंखों से टकराकर धराशायी नहीं हुआ, पर उनके दिशाहीन चक्करों पर मैं इसी बात से आशंकित होने लगता हूं और मेरा सारा ध्यान उनके साथ इधर-उधर दिग्विहीन भटकने लगता है।

मैं सवेरे-सवेरे जब कभी दिन-भर के अपने कोटे के पान लेने 'लकी पान पैलेस' जाता हूं, तो वहां एक काली चिड़िया, जिसकी आंखों के इर्द-गिर्द पीला घेरा हो, मुझे अनगिनत संख्या में बस-स्टैंड के खुले परिसर में जमीन पर अपने चोंच-प्रहार करती नजर आती है। ये बोरूंदा की अपनी चिड़ियाएं हैं, जैसे यहां के कीट-पतंग तक अपने हैं। बिज्जी जरूर इनमें से एक-एक का नाम जानते होंगे।

मेरे मित्रों में डॉ. मदन सैनी नाम का एक जीव है जो हमारे उधर के, खासकर मेरी यौवनकालीन लीलाभूमि श्रीडूंगरगढ़ के खेतों-जंगलों में पाए जाने वाले घास-तिनकों, वनस्पतियों, जीव-जानवरों, कीट-पतंगों, सांपों आदि

के नाम जानता है।

आज बेटे सुकांत ने मेरे काम से निवृत्त होने के बाद करीब साढ़े छह बजे एक भिन्न नंबर के फोन से कोई 40 मिनट मुझसे बातें कीं। मैंने पूछा, ''यार, तेरे पैसे नहीं लगते क्या?''

उसने कहा, ''पापा, यह मेरा नया टाटा डोकोमो फोन है और इस प्लान में वहां-वहां से जहां-जहां इसका नेटवर्क है, किसी भी फोन पर बातें करना फ्री है!''

मैंने पूछा, ''इसमें इंटरनेट भी है?''

उसने बताया कि उसके पास उपयुक्त फोन नहीं है वरना इसमें 2 जीबी के साथ इंटरनेट समेत कितनी ही चीजें फ्री हैं!

मैंने उकताकर पूछा, ''तो यह बेचारा तुमसे पैसे किस बात के लेता है?''

वह हंसने लगा।

मैंने कहा, ''यार, तुम ऐसे ही मुझे बताते रहा करो कि मैं क्या-क्या नहीं जानता...इससे मुझे जानने के अहंकार नामक लाइलाज रोग से बचे रहने में कुछ सहायता मिलती रहेगी।''

वह फिर हंसा।

उसको क्या कहूं, इतनी गंभीर दार्शनिक प्रस्तावना पर भी कोई हंसता है!

हंसी की बात तो यह है कि अक्सर जो बच्चे पता नहीं क्या-क्या जानते हैं, वे मेरे पास कोई कविता, कहानी, नाटक या उपन्यास समझने चले आते हैं। दो अपनी-अपनी तरह से अप्रासंगिक इन ज्ञान-सरणियों में मैं सीटी बजाते हुए घूमता रहूं, तो अपने मजे-ही-मजे हैं। दूसरों की दूसरे जानें।

शाम को नैना महारानी की किलकारियां देर तक सुनाई पड़ती रहीं। उसका यह आत्मावेग से परिपूर्ण संगीतमय आत्म-संभाषण कितना रसभीना और ऊर्जादायक था, किसको और कैसे बताऊं? इत्यलम्!

28 सितंबर, 2013

दो गूंगों का गुड़

चिमनारामजी आज नहीं आए। बताया गया, उनके पैर में 'मुड़' पड़ी है। मतलब पैर कहीं लचक गया और एड़ी का जोड़ हिल गया। इसी को राजस्थानी में कहते हैं—मुड़ या मजरोड़।

रात को बिज्जी के पास सोकर सुरेश आज कुछ देर से उठा। हमेशा वह करीब छह-सवा छह बजे मुझे 'पत्रिका' और 'भास्कर' दोनों अखबार आवाज़ लगाकर पकड़वा देता है। आज मैं सवेरे छह बजे अपने कमरे से निकलकर

अखबारों की तलाश में मुख्य द्वार तक गया। वहां लेटर-बॉक्स में पड़ा एकमात्र अखबार 'राजस्थान पत्रिका' उठाकर लाया। पढ़कर रख दिया और यों ही व्यर्थ के उपक्रम करने के बाद कमरे से बाहर झांका तो सुरेश अपना तकिया-बिस्तर उठाए आता नजर आया।

मैंने पूछा, "आज उठने में देरी की सुरेश!"

उसने बताया, "बिज्जी ने मुझे सोने न दिया। रात दो बजे आवाज़ें देकर जगाया और कहा, 'जा, हॉल (घर का मुख्य कक्ष) में जा, वहां मालचंद, मनोहरजी, सीपी साहब और कैलाश खाना खा रहे हैं!' "

आज मैं उनके बुलावे पर गया उनके पास। वे बैठे थे पाट पर। उनके मुख पर का यह निरीह-सा भाव मुझे अच्छा नहीं लगता। वे कहीं गहरे में उदास हैं, ऐसा मुझे बार-बार लगता है। मैंने कहा, " 'बाजै ज्यूं ईं बजाय' कहानी का अनुवाद करते-करते आया हूं।"

वे कहानी का शीर्षक सुनकर हंसे।

मैंने इसमें प्रयुक्त दोहा पढ़ा, "घणी गई थोड़ी रही, ज्यां में..."

आगे का दोहा उन्होंने अपना सारा बल झोंककर पूरा किया, " ...छिण-छिण जाय। भगतण कहे बजंदरी, बाजै ज्यूं ई बजाय।"

अचानक बातें करते-करते बिज्जी ने अपना बायां हाथ उठाया। दाएं का शायद कुछ बल क्षीण हो चला है, वे उसे मनोनुरूप उठा नहीं पा रहे। मैंने उनका मन भांपकर उनके उठे हुए हाथ के अनुपात में अपना सिर थोड़ा आगे को झुका दिया। अगले ही क्षण वे मेरा सिर सहला रहे थे। मैं इस अनुभूति, उनकी और अपनी, को क्या नाम दूं? कहूं, मैं धन्य हो रहा था? धत्त! यह शिष्टाचार की लप-लप किस काम की? इसे हम दो गूंगों का गुड़ ही रहने दें मित्रो! कहावत में गूंगा एक ही सही—गूंगे का गुड़! पर आजकल यहां बोरूंदा में सुबह, शाम या दोपहर, आकस्मिक रूप से दो गूंगे मिलते हैं और एक-दूसरे के स्पर्शों और स्पंदनों के जरिए संवाद करते हैं। यह दो गूंगों का गुड़ है। इसके स्वाद की यत्किंचित् प्रतीति भी मेरे लिखे इन डायरी के पन्नों से आप तक पहुंच जाए, तो सचमुच, जिसे कहते हैं, मैं कृतकार्य हो जाऊंगा और चलिए, धन्य भी!

पुनश्च :

आज बोरूंदा में सुबह-सवेरे 7 बजे शुरू हुई बारिश रुकने का नाम ही नहीं ले रही। तेज नहीं, मद्धम रफ्तार की एक सस्वर बरसात दिन-भर से हो रही है। पानी के अनेक स्वर, अनेक ध्वनियां इधर-उधर बज-सुन रही हैं। अखबारों में रोज पढ़ता हूं कि यह अप्रत्याशित बरखा सचमुच इस भूभाग के कृषकों के परिश्रम पर पानी फेर रही है। उनकी बाजरे, ग्वार, मूंग, मोठ आदि की कटी हुई फसलें

और खेतों में इकट्ठा मवेशियों का चारा तक बर्बाद हो रहा है। अखबार में खेतों की बर्बादी, किसानों की चीख-पुकार और 'खराबे' के कथित सरकारी आकलन की खबरें रोज छप रही हैं। पढ़-पढ़कर मन बड़ा विषण्ण होता है। कुछ दिन पहले कृषि-मंडियों के प्रांगणों में पहुंचे नए मूंग की हरी-हरी, सुआपंखी ढेरियों के बड़े-बड़े चित्र अखबारों में छपे थे। हरे रंग को देखकर जाने क्यों मन हर्षित-सा हो जाता है! फिर अखबार के रुक्ष, बुरी-बुरी बलात्कारों की खबरों से अटे पड़े पन्नों पर यह हरा रंग तो एक अलहदा ही राहत-सा नजर आता है। पर क्या करें! आज एक और भी बुरी खबर है, जो कल शायद अखबारों में हो! सुरेश ने बताया, बिज्जी के घर के सामने की सड़क पर, उनके घर से कुछ ही दूरी पर स्थित उनके एक भतीजे किशनजी के घर के ठीक सामने, एक दुर्घटना हुई है। एक नौजवान मुसलमान लड़का सड़क के ठीक बीचोबीच चल रहे ट्रक को अपनी मोटर-साइकिल से ओवर-क्रॉस करते हुए फिसलकर गिरा और ट्रक के एक तरफ के पिछले पहिए की चपेट में आ गया। ऑन स्पॉट ही खत्म हो गया। उफ्फ! उसने फिर कहा, "इधर के इलाके में पुरुषों पर किसी दैवी-विपदा का भार है!" फिर उसने कई ऐसी अकाल मौतें गिनवाईं। क्या सचमुच?

अब जबकि मैं लिख रहा हूं, बाहर मद्धम से कुछ तेज बारिश हो रही है। गनीमत है कि बिजली है। आज दिन भर न थी। मैंने पंखे-ट्यूबलाइटें सब बंद रखीं और भोर के झुटपुटे जैसे अपने कमरे के उजाले में ही बिज्जी की 'फुलवाड़ी' के तेरहवें भाग की कुछ लाजवाब कहानियों का अनुवाद किया। एक से बढ़कर एक कहानियां। अगले दिन अनुवाद के लिए लक्षित कहानियों को लिखने के काम से निवृत्त होते ही पढ़ जाता हूं। शाम घिर आई तो मैंने लिखना बंद किया और इन्वर्टर से जलने वाली दरवाजे के पास की ट्यूब जलाकर कल की लक्षित कहानियां पढ़ने लगा। एक, दो, तीन, चार, पांच करते 'हेज री लाचारी' पर पहुंचा और उसे खत्म करते-करते मेरा गला, आंखें ही नहीं, मेरी रूह तक द्रवणशील हो गई। मैं रो पड़ा और 'फुलवाड़ी' के तेरहवें भाग को अपनी छाती में जकड़कर बरबस बोल पड़ा, "वाह रे विजयदान देथा...वाह रे विजयदान देथा!" एक रूपवती और एक बदसूरत कानी लड़की के स्नेहिल रिश्ते की यह मार्मिक कथा सहसा मुझे अपने दोनों बेटों—निर्मल और सुकांत—के पारस्परिक रिश्ते की महाआख्यायिका जान पड़ी। दो मनुष्यों के बीच रिश्ते के कई आयाम होते हैं, पर प्यार कैसा लाचार रिश्ता है, यह कहानी बताती है। यह पढ़ने से ही ताल्लुक रखती है। कहने-सुनने की चीज़ नहीं है। बिज्जी के पाठ का अनुभव इतना स्वायत्त और अनूठा है कि उसे कम-से-कम मैं तो अपना सारा बातूनी साहित्यिक अनुभव दांव पर लगाकर भी बयां करने में स्वयं को असमर्थ पा रहा हूं। किताबों की झूठी भूमिकाएं, क्लर्ब लिखना, विविध प्रकार की ठकुरसुहातियां करना एक

तरफ और कुछ न कह-लिख पाने की यह मेरी सुंदरतम लाचारी एक तरफ! लीजिए, अभी-अभी बाहर की अनरुक बरसात में भीगते हुए आकर मेरी चितकबरी फीमेल फ्रेंड ने मेरे द्वार पर कान फड़फड़ाए हैं और मुझे अपने शुभागमन की इत्तला दी है। और एक पृष्ठ!

पुनः पुनश्च :

पूरे दो दिन के अंतराल बाद आई है मेरी यह स्वान-सखी! मेरे कमरे के द्वार की सीढ़ियां नीरव चढ़कर उसने अपने कान और भीगा बदन फड़फड़ाया तो मैं चौंका। उस दिन बिस्किट सारे कहां खाए थे? शेष तो पैकेट की पन्नी में ही लिपटे पड़े थे। मैं लिख रहा था। हर्षित होकर पुकारा मैंने, "आओ...आओ!" पुचकार भी की। लपककर बिस्किट का पैकेट उठाया और बिस्किटों को पन्नी से आजाद करते दरवाजे की ओर बढ़ा। पर वह तो डरकर भागने लगी। कहीं यह पढ़ी-लिखी तो नहीं? जाने रोज सवेरे के अखबार पढ़ती हो? इस महितल पर मनुष्य नामक जीव आज की तारीख में अपनी मादाओं के साथ जो व्यवहार कर रहा है, उसका पता चराचर-जगत् की समस्त मादाओं को लग जाए, तो क्या वे मनुष्य जाति के मर्दों पर भरोसा करेंगी? एक चौबीस साल का नौजवान, हत्या के अपराध में फरार मुजरिम, एक शाम आठ बजे जाने किस बाजार से कामशक्तिवर्द्धक चार कैप्सूल खरीदता है और उनमें से दो खा लेता है। वह भगोड़ा अपराधी है। कहीं भाग निकलने की फिराक में एक कस्बाई रेलवे स्टेशन के निर्जन-से प्लेटफॉर्म पर किसी भी तरफ आने या जाने वाली रेल पकड़ने के इरादे से आ बैठता है। रात साढ़े आठ बजे का सुरक्षित-सा समय। स्टेशन के आस-पास किसी बस्ती से एक साढ़े तीन साल की लड़की रेलवे प्लेटफॉर्म पर अपनी स्कूल-बोतल में पानी भरने आती है। वह लड़का उसको देखकर उसकी ओर बढ़ता है...बस...और नहीं। वह बालिका जयपुर के जे.के. लोन अस्पताल में विशेष पारिभाषिक किस्म के तीन ऑपरेशनों से गुजर चुकी है और उसकी हालत जस-की-तस है, मतलब खतरे से बाहर नहीं! ये किसके बच्चे हैं? हमारे नहीं तो और किसके? हमारे राजस्थान में कोई दशकों पहले एक घटना हुई थी। मेरे शहर बीकानेर क्षेत्र की एक ग्राम्य-बाला के साथ निर्मम बलात्कार हुआ था। पीड़ित परिजनों की पुकार किसी ने न सुनी, तो उस क्षेत्र के सत्ता-विपक्षीय विधायक श्री देवीसिंह भाटी विधानसभा का सत्र शुरू होने के पहले ही दिन अपने गले में एक तख्ती लटकाकर पहुंच गए थे। उस तख्ती पर अखबार की किसी हेड लाइन की तर्ज पर लिखा था—'राजस्थान की मुख्यमंत्री की बेटी के साथ बलात्कार!' क्या गलत किया था भाटी ने? इस देश का राज्यत्व का सिद्धांत है, राजा प्रजा का पिता होता है! शायद हमारी समकालीन सत्ताएं इस विशद

लाक्षणिक भारतीय अनुभूति को भुलाए बैठी हैं। मेरे जैसा साधारण पिता मेरे बेटे की उम्र के एक अज्ञात कुलशील अपराधी नौजवान के कृत्य पर यह सोचता और पूछता है कि ये किसके बच्चे हैं? हमारे नहीं तो और किसके? तो कुछ तो जिम्मेदारी बनती है हमारे शासकों की!

बहरहाल, आज मेरी फीमेल फ्रेंड ने अकस्मात् आकर यह क्या कर दिया? कैसा दुखभरा राग छेड़ दिया? और दो बिस्किट जूठे छोड़कर चली भी गई!

पुनः पुनः पुनश्च :

आज मेरी जीवन-संगिनी चंदा का इक्यावनवां जन्मदिन था। सवेरे उसके साथ बात की तब भूल रहा। उसने भी कुछ न कहा पर अपराह्न छोटे बेटे सुकांत का *BBM* संदेश आया : *Mumy's Birthday today...* मैंने चंदा को फोन कर बधाई दी। वह सरलमना औरत इन टेम्परेरी चोंचलों को फूटी आंख नहीं देखती...फिर भी हंसी; और संभव है, कुछ लाली भी बिखरी हो उसके इर्द-गिर्द!

29 सितंबर, 2013

हमारा ग़म कुछ और है मित्रो!

'फुलवाड़ी' का तेरहवां भाग अनुवाद के अपने अंतिम चरण में आ पहुंचा है। कोई चार-पांच छोटी कहानियां और एक थोड़ी लंबी कथा 'अकल रौ कांमण' बची है। आज बिज्जी ने मुझे एक बार भी याद नहीं किया। सुरेश से पूछा था मैंने। उसने बताया कि वे अपने कई परिजनों, जिनके साथ उनका बरसों से विग्रह चलता आया है, के नाम अनेक कलह-संदर्भों में कल रात बार-बार लेते रहे। उनकी स्मृति उनके साथ खिलवाड़ कर रही है। बिज्जी धीरे-धीरे अपने प्रयाण-बिंदु की ओर बढ़ रहे हैं। वहां पहुंचकर राजस्थानी के निस्सीम नभ का यह गरुड़-पाखी किसी अदीठ देश में उड़ विलीन होगा। बिज्जी के अनेक नायक पछतावे के क्षणों में, लज्जा के क्षणों में, पराजय के क्षणों में, अक्सर एक ऐसे ही अदीठ देश की कामना करते हैं कि वहां चले जाएं। वे अपने देश-काल को मुंह दिखाने के काबिल नहीं!

आज भी पूरा दिन कल की तरह रवींद्र-उल्लिखित एक बंगाली 'छड़े' (शिशु-गीत) की तर्ज पर 'बीता—बिस्टी पोड़े टापुर-टुपुर!' बांग्ला की इस द्विध्वनि को सुनिए तो जरा—टापुर-टुपुर! क्या बारिश की एक गति विशेष का ठीक यही स्वर नहीं होता? वह हमारे कानों में क्या इसी शब्द में नहीं बजती?

आज बिज्जी की एक और अद्भुत कहानी का अनुवाद किया—'गम बड़ी

रे भाई गम बड़ी!' यह विचित्र है कि उर्दू का सर्वप्रिय शब्द 'ग़म' राजस्थानी में भी है, लेकिन स्त्रीलिंग में। उर्दू में, उर्दू की शायरी में इस शब्द ने क्या-क्या जलवे नहीं ढाए! ग़ालिब ने कहा— *क़ैद-ए-हयात या बंदो-ग़म असल में दोनों एक हैं / मौत से पहले आदमी ग़म से नजात पाए क्यों!* एक आधुनिक उर्दू कवि फ़ैज़ अहमद फ़ैज़ का भाषायी अमल देखिए कि उर्दू ग़ज़ल में अर्द्धविराम या कॉमा नामक पंक्च्युएशन का वे कैसा इस्तेमाल कर रहे हैं— *ग़मे-हयात हो रुख़े-यार हो या दस्ते-अदू / सलूक जिससे किया हमने आशिक़ाना किया!*

और हमारे बिज्जी ने अपनी कहानी का अंत कुछ ऐसे किया है :

'वक्त के साथ किसी करिश्मे से राई के बराबर बीज भी घेर-घुमेर छतनार वट-वृक्ष बन जाता है। इसी भांति सेठजी की हवेली के तीनों बालक भी कें-कें रोते-रोते गबरू जवान हो गए। और गाजों-बाजों के साथ वक्त अनुसार तीनों के ब्याह भी हुए। सेठानी का रूप भी यौवन ढलने के साथ-साथ ढलता गया। सेठजी की तोंद भी साठ पार ढलने को आई। तीनों ही बालकों के ब्याह में खूब धमा-चौकड़ी मची और हवेली के चौक में डंका-दर-डंका पर पांच-पांच ढोल बजते रहे। सेठ-सेठानी के होंठ तो अबोले थे, पर अंतस के परदों पर इन ढोलों की प्रतिगूंज सुनाई पड़ती रही— गम बड़ी रे भाई गम बड़ी...गम के बाजे ढोल!'

है न अद्भुत! यह कहानी पढ़ेंगे तो उर्दू वाले जान जाएंगे कि हम उनके 'ग़म' को किस अर्थ में इस्तेमाल करते हैं और वह उनके 'ग़म' से कितना गुरुतर है। हमारे यहां वह उतना हल्का नहीं कि उसको कोई आनंद बख्शी यों बरत सके : *हमको भी ग़म ने मारा, तुमको भी ग़म ने मारा, इस ग़म को मार डालो!*

हमारा ग़म कुछ और है मित्रो! वह मारने की नहीं, संजोने की चीज़ है।

पुनश्च :

बिज्जी की आवाजें सुनाई दे रही हैं। असहाय पुकारें। निर्मल, उनकी सर्वाधिक अनथक और आत्मीय देखभाल करने वाला उनका पोता, कल जयपुर चला गया। चिमनारामजी के पैर में 'मुड़' पड़ी है; वे आ नहीं रहे। सुरेश प्रजापत रात को रहता है, पर पिछले दो दिनों से चिमनारामजी का एवजी होकर दिन को भी आ रहा है और रात को भी। असल में सुरेश महेंद्र बाबू के विशद पैमाने के महिला शिक्षणालय के अंतर्गत चलने वाले लड़कियों के छात्रावासों के बड़े 'रसोवड़े' का कुक है। वह इसके अलावा कोई भी काम मात्र अतिरिक्त धनोपार्जन के लिए करता है और उसके 'कुक' में और व्यक्ति-मनोविज्ञान में भी एक 'आर' आ धंसता है, वह 'कुक' से 'क्रुक' बन जाता है। यही तो है 'मेटामोर्फोसिस', कायान्तरण, जिसका 'भूतो न भविष्यति' अंकन फ़ैंज काफ़्का ने अपनी इसी

शीर्षक की एक कहानी में किया है। पर बिज्जी तो हर पांच-सात मिनट के अंतराल से पुकारे चले जा रहे हैं, "सरल! सरल! सरल!"

सरल निर्मल का बड़ा भाई है, पर वह अपनी तरह का ही सरल है, जो वक्र को भी तपस्या करने हिमालय भेज दे! अस्तु, बस अगले किसी भी क्षण मेरे कमरे, मेरी टेबल तक उनकी बुलाहट सुनाई पड़ सकती है, 'सरल!' और यह भी विचित्र है कि बिज्जी उस ध्वनि-सतह पर बोलने में प्राय: एकदम असमर्थ हो गए हैं जिसे हम बातचीत का, परस्पर संवाद का या पास-पास बैठकर बतकही करने का स्तर कह सकते हैं, लेकिन आवाज देकर पुकारने के मामले में उनके गले में अभी खासा जोर बाकी है!

आज इस भीगे-भीगे गिजगिजे दिन में काम तो किया लेकिन काम की सुगंध को इस भारी-भरकम नमी ने मानो फैलने-पसरने-इतराने का कोई परिसर नहीं दिया। कोई साढ़े बारह बजे का किस्सा है। लेकिन उससे पहले डॉ. भीमदानजी।

कोई दस बजे के करीब, जबकि मैं अखबार-वाचन से निवृत्त हुआ, मुझे इस घर-परिसर में उनकी एक झलक दिखाई पड़ी। उनके साथ एक-दो लोग और भी थे। मैं जिज्ञासावश अपने कक्ष के द्वार पर गया। तीन लोग थे। एक भीमदानजी, दूसरे किंचित् स्थूलकाय नील-शर्टधारी सज्जन और तीसरा पट्टियोंदार टीशर्टनुमा कुछ पहने एक नौजवान। अपनी टहनी जैसी पतली और लचीली काया के किसी आगे-पीछे में डॉक्टर साहब की नजर मुझ पर पड़ गई। वे शेष दोनों सज्जनों को लौटाकर मेरे कमरे में लाए, स्मृतिदोष के मत्थे दोष मढ़ते हुए।

पतलून में बिना बेल्ट के शर्ट इन्सर्ट किए रखने वाले लोग मुझे असहनीय रूप से बेशऊर लगते हैं। पर वे बिज्जी के परिवार की किसी भगिनी कन्या के पतिदेव थे, सो मुझे उनका परिचय डॉक्टर साहब द्वारा दिए जाते ही अपना रुख बदलना पड़ा।

"वाह साहब, बड़ा अच्छा साहित्यिक कार्य हो रहा है...!" ऐसे जुमले बोलकर वे खड़े हो गए, तो मुझे राहत मिली।

अलबत्ता, मेरे कमरे की सीढ़ियां उतरते डॉ. भीमदान देथा से मैंने आग्रह किया, "डॉक्टर साहब, एक-एक प्याली चाय तो मेरे साथ पीते जाते!"

वह तकरीबन साढ़े बारह बजे वाला किस्सा शायद कल दर्ज करूं।

डॉ. भीमदान देथा को असल में मैं कई दिनों से याद कर रहा था। उन्होंने ही मुझे अपने पुराने रोग 'साइनोसाइटस' का इलाज कराने दिल्ली के सर गंगाराम अस्पताल के *ENT Endoscopic* शल्य चिकित्सक डॉ. देवेंद्र राय के पास भेजा था। डॉ. भीमदानजी ने जोर देकर कहा था कि 'आप इसका इलाज करवा लें...क्योंकि यह ज्यादा बिगड़ने पर 'मेलिग्नेंसी' में भी बदल सकता है...!'

मेरे इलाज का सुख-दुख तो फिर कभी, पर डॉक्टर साहब, आपको तो बता दूं, जो नए-नए लक्षण मुझे अपने शीर्ष-शरीर में मालूम पड़ रहे हैं, उनसे ऐसा लगता है कि आपकी आशंका सच हो चुकी। पर मां, 'फुलवाड़ी' जितनी तो मोहलत देना!

30 सितंबर, 2013

कुबेर को चिट्ठी लिख दूंगा

आज संकट यह है कि क्या लिखूं और क्या न लिखूं? सर्वप्रथम, गणेश की जगह बिज्जी। आज दिन के सवा बजे एक अजीब अनुपात की देहयष्टि वाला महेंद्र बाबू का एक भृत्य मेरे कक्ष के द्वार पर आकर बोला, "आपको जी 'सा बुला रहे हैं।"

वहां गया तो पता चला, उसे सुरेश ने भेजा था। सुरेश सोफे पर बैठा खाना खा रहा था। वह चिमनारामजी का एवजी है आजकल। उसका कॉलेज के मेस से टिफिन आता है। वह नाटा नर-श्रेष्ठ उसके पास सोफे पर बैठा था। कौन कहता है बिज्जी को सांमती या सामंतवादी? उनके एक पुत्र, अब से नाम न लूंगा, उनकी एक आदत का बखान मेरे सामने पचासों बार कर चुका। बिज्जी-पुत्रानुसार वे पंखा बंद करने अपनी जगह से उठते हैं। स्विच-बोर्ड तक जाते हैं। उनका हाथ स्विच की तरफ लगभग छूने की हद तक बढ़ चुका होता है और सहसा कमरे में उनका कोई आज्ञापात्र आ धमकता है तो वे स्विच तक बढ़ा अपना हाथ वापिस खींच लेते हैं, यह कहते हुए कि पंखा बंद कर दे! यह उनका सामंती रवैया नहीं, उनका प्रौद्योगिकी परहेज है। वे हाथ से काम करने को बेहद, बल्कि एक जैविक स्तर का प्रेम करते हैं। वे तकनीक के पचड़ों में अपना मन उलझाना पसंद ही नहीं करते। आज जब मैं वहीं सुरेश की जगह सोफे पर बैठकर खाना खा रहा था, उन्होंने सुरेश से कहा, "ए.सी. चला दे!"

उसने कहा, "पीछे खिड़की खुली है, पंखा चल रहा है, और आपको तो ए.सी. चलते ही ठंड लगने लगेगी?"

उन्होंने मेरी तरफ इशारा किया, मतलब मालू के लिए चला दे।

सुरेश ने उन्हें पिछले तीन दिनों के मौसम का हाल बताकर कहा, "मालूजी तो आजकल दिन में भी पंखा तक नहीं चलाते!"

वे एक उदास चुप्पी में डूब गए। सुरेश उनके पास बैठा उनकी पीठ पर हाथ फेर रहा था। अचानक बोले, "ए.सी., पंखा, कूलर... !"

रुक गए तो सुरेश ने पूछा, "और... ?"

बोले, "पंखी।"

सुरेश हंसा। मतलब वे गरमी से लोहा लेने के लिए उच्चतर से निम्नतर के

सोपान क्रम में बरते जाने वाले साधन–चतुष्टय का हंस–हंसकर मजा मुद्दतों से ले रहे हैं। इसीलिए सुरेश ने एक जगह उनकी स्मृति ठिठकी तो बाल–कौतुक का सा रस लेते पूछा, ''और ? और ?''

यह है उनका प्रौद्योगिकी की अंधनिर्भरता पर नितांत अपनी मौलिक शैली में कटाक्ष ! उनके व्याख्याप्रेमी पुत्र इसका रस तो लेते नहीं, एक कुव्याख्या गढ़ते हैं। बहरहाल, आज उन्होंने बड़े ठट्ठे किए।

जब मैं उस नन्हे मानुष के संदेशे पर उनके कमरे में पहुंचा, वे अपनी सदावंत पोजीशन में एक तहाया हुआ टॉवल सिर से भी अधिक गर्दन के नीचे तकिए की जगह रखे चित लेटे थे। मेरे छायाभास से ही पुकार उठे, ''मालू!'' मैं उनके सिरहाने जा बैठा। आज उनकी आवाज कुछ ठीक जान पड़ी, ''तुझसे कौन कह रहा था कि कमरा खाली करो, मेहमान आने वाले हैं ?''

मुझे उनका सवाल सुनकर बड़ी हैरानी हुई। वे सोए–सोए अपने चेतन–अचेतन के अवश शिकार हो जाते हैं। मैंने कहा, ''नहीं, किसी ने नहीं कहा। मैं तो आराम से और मजे ले–लेकर आपकी 'फुलवाड़ी' के तेरहवें भाग का अनुवाद कर रहा हूं। अभी–अभी 'पत बायरौ साच' (साखविहीन सत्य) का अनुवाद करते–करते आपके पास आया हूं।'' कहानी का शीर्षक सुनते ही उनका रोम–रोम पुलकित हो गया। मैंने उनको और खुश करने के लिए राजस्थानी में कहा, ''कुतड़ी नव भैंसां, भातो अर छोटकी बेटी रौ भाग लियां जावै !'' वे और खिले। मानो, अपने किसी मनोगत जंजाल से निकलकर शुद्ध वर्तमान में आ गए हों ! मैंने आगे कहा, ''आप चाहे और कुछ न लिखते, सिर्फ यह तेरहवां भाग ही काफी है आपको अमर करने के लिए !'' वे एक अविश्वसनीय बाल–सुलभ कौतुक से मेरी तरफ देखते रहे। मैंने कहा, ''मैंने डायरी में लिखा है एक जगह, आप मकबूल फ़िदा हुसैन को जानते होंगे ?'' उन्होंने गर्दन ऊपर–नीचे कर हां भरी। मैंने बात पूरी की, ''लिखा है, जैसे हुसैन के घोड़े मौलिक हैं, वैसे ही बिज्जी की इन कथाओं का उनका रचा हर पाठ मौलिक है। जैसे हुसैन का रंगों–रेखाओं और उनके ऊर्जस्वित अनुपात पर अविश्वसनीय कोटि का अधिकार था, वैसा ही बिज्जी का इन कथाओं में शब्द और भाषा के अभिप्राय, उनकी लय–गूंज, उनकी लोक–व्याप्त अर्थग्रहण की प्रक्रिया और मनुष्य जाति की अगाध अचेतन स्मृति पर अधिकार है।''

उन्होंने मेरे एक–एक शब्द को सुना और नाराज होते बोले, ''तेरे लिखने से क्या होता है ? लोग कहेंगे, बिज्जी का दोस्त है, लिख दिया होगा!''

मैंने हंसकर कहा, ''मुझे आपके अलावा बाकी साहित्यिक दुनिया के लोग इतना 'डोफा' (बेवकूफ) नहीं मानते। मेरी लिखी बात को ध्यान से पढ़ते हैं, मेरे कहे पर कान भी देते हैं!''

वे हंसे और सचमुच खुश हुए।

मैंने आगे कहा, "इन कहानियों की एक अलग स्वतंत्र किताब निकलनी चाहिए, 'अपरंच' शीर्षक से।"

कहने लगे, "ये तो बार-बार छपी हुई हैं।"

मैंने कहा, "नहीं, इस पाठ में, तेरहवें भाग के इस पाठ में जो आपने दैनिक भास्कर के 'अपरंच' कॉलम के लिए रचा, ये 70 कहानियां आपका चरमोत्कर्ष हैं।"

वे डूबी, उदास, धीरे-धीरे डोलतीं अपनी आंखों से कुछ सोचते जान पड़े।

मेरा खाना आ गया। मैंने पूछा, "खाना आ गया, हाथ धो लूं?"

वे फिर हंसे, "अजब आज्ञाकारी बनता है तू भी!"

और जब खाना खा रहा था, सुरेश आ गया। उन्होंने उससे कुछ कहा, फुस-फुस से स्वर में, मैं न समझा। मैंने सुरेश से पूछा। उसने बताया, "तू भी खाना बड़ी जल्दी खाता है, पर मालू से जल्दी कोई नहीं खा सकता।"

मैंने इस मुद्दत में पचासों बार उनके सामने बैठकर खाना खाया है। उन्होंने बीसियों बार मुझसे पूछा है, "मालू, तूने इतनी जल्दी खाना खाना कहां से सीखा?"

कह नहीं सकता, आपसे सीखा, क्योंकि आप तो बहुत धीरे-धीरे, मजे ले-लेकर, प्रत्येक साग, तरकारी, दाल, मिठाई—जिसे आप अपनी फुलवाड़ियों में 'तेवड़' कहते हैं—का सूक्ष्मातिसूक्ष्म अवबोध के साथ सेवन करते हुए भोजन करते हैं, बल्कि किया करते थे। सम्मान्यवर, आपको कैसे बताऊं कि आपको समूचे दिन में मिक्सी नामक यंत्र से परमाणु-पार्टिकल स्तर पर पीसे गए सेव-दूध के 'जूस' के नाश्ते, दही के 'झोळिये' अर्थात् उसके पनीले घोल में छिलकेदार मूंग की खिचड़ी के तरल पदार्थ से लंच, और ऐसे ही दूध को गाढ़ा करने के किसी भी बहाने के साथ रात्रि-भोजन करते देखता हूं तो मैं क्या महसूस करता हूं! तिस पर आज दोपहर का भोजन करने के बाद आपने दही-खिचड़ी खाने के बाद मात्र एक चम्मच पत्तागोभी की तरकारी बिना फुल्के के खाकर इनकार कर दिया और मुझसे कहा, "मैं रोजाना सुबह-शाम दो चम्मच सब्जी 'कोरी' (बिना रोटी) खाता हूं!"

आपने मेरी जिद पर एक चम्मच सब्जी खा ली, यही मेरा आज के दिन का परम संतोष है। पर एक खूबसूरत बात तो छूट ही गई! उसे तो लिखना ही पड़ेगा।

पुनश्च :

याद नहीं, किस प्रसंग में आज आपने कहा, "मालू, दो-तीन साल पहले की

बात है, मेरे पास कहीं से दस हजार रुपए आए। मैंने महेंद्र से कहा कि चेक की यह राशि मुझे नगद लाकर दे दे। उसने ऐसा ही किया। मैंने छह हजार चिमनिये (चिमनारामजी) को और चार हजार इस सुरेश को दे दिये... !''

मैंने यों ही रस लेने के लिए पूछा, ''आप तो यह बताएं कि मुझे क्या देंगे ?''

वे पाट पर बैठे थे। उन्होंने मां के बनाए घोंसले से गिरकर दुनिया के निर्मम आंगन में पड़े किसी चिड़िया के बच्चे से मिलती-जुलती शक्ल और निरीहता के साथ अपनी गरदन हिलाई। मतलब, कुछ नहीं। मेरे दिल के टूटने से पेश्तर, उन्होंने अपना सारा चैतन्य संपुजिता कर उसे अपने दोनों हाथों में थाम लिया। हंसकर कहा, ''कुबेर को चिट्ठी लिख दूंगा!''

है किसी भारतीय लेखक में यह हौसला ?

यह कुबेर पुराणों का नहीं, लोक का है, जिसे वे मालू पर अनुग्रह करने के लिए चिट्ठी लिखना चाहते हैं। सज्जनो, बताइए, आपमें से कौन मेरे मुकाबले में खड़ा है ? जिसे कहते हैं, ख़ुदा हाफिज!

1 अक्टूबर, 2013

और किस पुण्यस्मरण से उनको प्रणाम करूं

आज के अकल्पनीय उदास दिन की एकमात्र उपलब्धि है—स्वाति बेटी का फोन। वह आया जब मैं तेरहवें भाग की आखिरी कहानियों में से एक 'अबोलौ ग्यान' का हिंदी में 'मूक ज्ञान' शीर्षक से अनुवाद कर रहा था। कहानी भारतीय जाति-व्यवस्था और जातिवाद पर भगवान की बे-आवाज लाठी की तरह इतना मूक प्रहार करती है कि देखते ही बनता है। पर इस पर फिर कभी। आज तो मेरे मन-मस्तिष्क के साथ-साथ देह का भी एक-एक तंतु हिला हुआ है। आज महेंद्र बाबू की माताजी, जिन्हें घर-बाहर के सभी जन 'भाबू' के संबोधन से याद कर रहे थे, श्राद्ध था। श्राद्धपक्ष जो चल रहा है। कल से ही चर्चा थी कि 200-250 आदमियों का खाना बनेगा। महेंद्र बाबू ने ख़ुद आज सवेरे-सवेरे कमरे में आकर कहा, ''खाना 11 बजे तैयार हो जाएगा। आप सबसे पहले भोजन कर लें। अगर भूख न हो, तो सिर्फ मुंह जूठा कर लें। फिर दुबारा खा लें... ।''

उनकी फीलिंग मैं समझ गया। घर में संयमित-परिमित व्यवहार वाला एक साल के वक्फे का जांचा-परखा गुणी ब्राह्मण बैठा है, तो क्यों न वही सबसे पहले भोजन करे! सिर्फ यह नहीं कि जवानी के वर्षों में बिज्जी के दिवंगत पुत्र सत्यदेवजी के साथ मैंने अपनी प्रगाढ़ मित्रता के दौरान माताजी के हाथों का परोसा अन्न बार-बार खाया है, बल्कि यह भी कि वे मुझे अपने चारण-कुल की बुरी संगत की चपेट में आया हुआ एक निरीह 'ब्राह्मण का बेटा' भी मानती रही थीं।

वर्ष 2001-02 ई. की बात होगी। बिज्जी का फोन आया। कहा, सपरिवार गाड़ी करके बोरूंदा आना है। महेंद्र के स्कूल में स्वतंत्रता-दिवस पर बड़ा कार्यक्रम है। गाड़ी में नब्बे किलो बीकानेरी रसगुल्ले और 50 किलो भुजिए भी रखकर लाने हैं। कुल बजट, उन दिनों के हिसाब से 10-12 हजार। अपनी दुनियादारी के वश की बात न थी। एक मित्र श्री सत्यनारायण योगी को कहा। वे साथ आए और सारा सरंजाम भी जुटा दिया। कहें, मेरी लज्जा रख दी!

अगस्त का बरसाती सीजन। हम—मैं, सत्यनारायणजी, मेरी पत्नी चंदा, दोनों बेटे निर्मल और सुकांत—एक बड़ी गाड़ी में शाम चारेक बजे चले और बरसाती मौसम का बीकानेर से बोरूंदा तक का कोई सवा दो सौ किलोमीटर लंबा सफर कादो-कीचड़ और सबसे दुरूह बिज्जी की पल-पल की चिंता और प्रतीक्षा के बीच पार करके रात को करीब साढ़े नौ बजे पहुंचे।

मेरी पत्नी और बच्चे जनाने में और मैं और सत्यनारायण योगी बिज्जी के कमरे में। बिज्जी उन दिनों 'राजस्थानी हिंदी कहावत कोश' नामक मोन्यूमेंटल प्रोजेक्ट को पूरा करने में निमग्न थे। वही कमरा, जिसमें वे आज भी विद्यमान हैं, और तब उसी मेज-कुर्सी समेत, जिस पर बैठकर मैं इस क्षण यह डायरी लिख रहा हूं, तरह-तरह के लेखकीय असबाब से अटा पड़ा था।

मेरे और सत्यनारायणजी के कमरे में प्रविष्ट होते ही बिज्जी ने जो कहा, वह मेरी स्मृति से कभी उतरने वाला नहीं। बोले, "महेंद्र की मां ने कहा था, मालूजी तो ब्राह्मण के बेटे हैं, आज मंगलवार है, अगर आज-आज शराब न पिएं तो कितना अच्छा रहे?"

मैंने कहा, "सही कहा मां-सा ने...बिल्कुल ठीक! बस, पांच-सात मिनट में हाथ-मुंह धो लें, और खाना खाते हैं!"

इस महितल पर कौन विश्वास करेगा कि बिज्जी ने क्या कहा! बोले, "वा भोळी घणी है, थन्नै हाल पूरौ नीं जांणै। पण म्हैं तौ जांणूं! थूं झूठ घणौ बोलै!" (वह भोली बहुत है, तुझे अभी पूरा नहीं जानती, पर मैं तो जानता हूं। तू झूठ बहुत ज्यादा बोलता है।) इतना कहते-कहते उन्होंने आस-पास की किसी रैक में हाथ डालकर थैला निकाला तो उसमें दो चीजें थीं—एक मैकडोवेल रम की पूरी बोतल और एक आधा किलो बीकानेरी नमकीन का पैकेट! यह व्यवस्था जरूर उन्होंने सरेशाम से ही कर रखी होगी। जरूर मां-सा, आज के दिन स्मरणीय भाबू, ने यही कहा होगा। पर बिज्जी मनुष्य की चित्तवृत्तिमूलक दुर्बलताओं को कितने सूक्ष्मातिसूक्ष्म धरातल पर जानते-समझते हैं, उसका यह एक स्थूलतम उदाहरण है।

फिर गिलासें आईं, ठंडा पानी आया, नमकीन के लिए प्लेटें आईं और अंत में उन्होंने अपने कमरे की बाईं कतार के दूसरे कमरे में भयानक किस्म का निस्संग

और एकाकी जीवन जीने वाले अपने तीसरे नंबर के पुत्र और मेरे मित्र सत्यदेवजी को बुला भेजा।

वे भुनभुनाए से पितृ-आज्ञा के वशीभूत द्वार पर आए, तो बिज्जी ने कहा, ''सदैव, बेटा, मालू आया है, तेरा दोस्त! बैठेगा इसके साथ?''

सदैवजी ने अनमने मन से स्वीकार किया। तीन-चार पेग लेकर खाना खाया। मैं और सत्यनारायणजी सत्यदेवजी के पुस्तकों से अटे-फंसे कमरे में ही सोए। अब, माताजी के श्राद्ध पर, मैं इस प्रसंग के अलावा किस पुण्य-स्मरण से उनको प्रणाम करूं? पर आज मेरे कमरे में, चारण-कुलीन मद्यरोगियों की ऐसी सभा जुटी कि पूरे दिन मेरा रोम-रोम पराभव को प्राप्त होता रहा। अस्तु, तन-मन का जरा भी जुगाड़ न होते हुए भी, मैंने ये चंद सतरें दर्ज कर अपना डायरी लिखने का पुनीत कर्तव्य पूरा किया। भाबू की मरजी या मां की मरजी—एक ही बात है!

2 अक्टूबर, 2013

प्रेमजी 'तनहा दिल' लिये घूमने वाले आदमी हैं

श्लोक में गणेशजी की पहली ही पंक्ति में प्रशंसा की गई है—गजाननं भूतगणादि सेवितम् यानी गजस्वरूप आनन वाले और भूतों और गणों द्वारा सेवित। इसलिए अपने को भूत और गण मानते हुए सबसे पहले श्रीयुत विजयदान देथा बिज्जी की सेवा में उपस्थित होता हूं, जबकि आज लिखने को बहुत कुछ है। वे प्रथम-पूज्य की जगह नेपथ्य में रखी नाटक की किसी पुरानी 'प्रॉपर्टी' की तरह आज के रंग-नाट्य का हिस्सा ही न बन पाएंगे। आज करीब 1.15 पर निर्मल मेरे कमरे में आया और पूछा, ''आपका खाना यहां लाऊं या आप जी'सा (बिज्जी) के कमरे में खाएंगे?''

मैंने पूछा कि क्या वे पाट पर बैठे हैं?

उसने बताया, ''जी'सा भी खाना खा रहे हैं, आपको याद कर रहे हैं।''

मैं गया। उनके कमरे में सोफे पर बैठे उनके ज्येष्ठ पुत्र प्रेमजी खाना खा रहे थे। नाटे कद के प्रेमजी एक नितांत देशज किसानी व्यक्तित्व वाले मनुष्य हैं। 60 की वय। दिमाग से कतई नहीं, दिल से ही बोलते हैं। वे शत-प्रतिशत मनाधीन व्यक्ति हैं। गीता में भले ही सर्वथा स्थूल इंद्रियों को, इंद्रियों से श्रेष्ठ मन को और मन से श्रेष्ठ बुद्धि को बताकर कहा गया हो कि इस बुद्धि का प्रयोग करके, हे अर्जुन! तू सबसे पहले 'कामरिपु' को जीत! प्रेमजी सरलमना व्यक्ति हैं। बुद्धि के फेर में पड़ते ही नहीं। मन तो केवल चंचल हो सकता है, पर बुद्धि सीधे 'दुर्बुद्धि' बन जाती है। इसलिए परवर्ती ज्ञानियों ने बुद्धि से सावधान रहने की भी बड़ी हिदायतें दी हैं। गुरुदेव टैगोर का ही एक एनेक्डोट है, 'तर्क बिना

मूठ वाले चाकू की तरह होता है, एक दिन इस्तेमाल करने वाले के हाथ को भी लहूलुहान किए बिना नहीं छोड़ता।' और मेरे उस्तादे-आजम अकबर इलाहाबादी तो कह ही गए— *बेहतर तो है अक़्ल को कि रहे पासबाने-दिल/ लेकिन कभी-कभी उसे तनहा भी छोड़ा चाहिए!* तो प्रेमजी 'तनहा दिल' लिये घूमने वाले आदमी हैं। मैं भी कमोबेश ऐसा ही हूं, अलबत्ता अक़्ल मुझे अल्लाताला ने कम नहीं बख्शी! लेकिन मुझमें वह है, पर 'पासबाने-दिल' नहीं। यों ही इधर-उधर आवारागर्दी करती साहित्य की कुंज-गलियों में भटकती फिरती है—अपने होने का प्रतिक्षण महोत्सव-सा मनाती। ससुरी मेरी किसी सांसारिकता को संवारने के काम कभी नहीं आती।

बहरहाल, बिज्जी 'समे सुखे-दुखे' वाले गीताई अंदाज में अपने पाट पर बैठे थे, प्रेमजी कढ़ी में रोटी चूर कर खा रहे थे, नैना महारानी उनके साथ खाना खाते, न खाते अठखेलियां कर रही थी। मैं पहुंचा। मैंने नैना महारानी को थोड़ा सरकाकर सोफे पर अपने लिए जगह बनाई कि निर्मल मेरा खाना ले आया। फिक्स पदार्थ। चार फुल्के। दो कटोरियों में सब्जी-दाल। एक कटोरी में दही। मैं भी खाने लगा।

बिज्जी हस्बेमामूल अपनी दही-खिचड़ी खा नहीं बल्कि पी रहे थे। 'नीचलौ होंठ सांभौ वाभा!' की गुहार लगाते हुए चिमनारामजी पाट पर उनके बाजू बैठे यह घोल पिला रहे थे। फिर उन्होंने दो चम्मच सब्जी खाई।

मेरे खाने के पेश्तर प्रेमजी भोजन पूरा कर, थाली बाहर फर्श पर रखने के बाद चले गए।

बिज्जी का भी खाना खत्म हुआ। कुल्ले आदि से निवृत्त हुए तब तक मैंने भी हाथ धो लिये। चिमनारामजी उनकी पीठ खुजलाने लगे। एक सर्वथा गैर-राजनीतिक सपोर्ट के लिए उनके बिस्तर के पास सदा रखी रहने वाली कुर्सी अब ख़ाली थी। नैना महारानी एक बार उस पर आरोहण करने के बाद जा चुकी थी। बिज्जी ने इशारा किया, तो मैं उस पर जा बैठा।

उन्होंने अपने दो परिजनों के नाम लेकर कहा, ''तेरी उनके साथ 'फुलवाड़ियों' पर बहुत बहसबाजी हुई, मैं सुन रहा था!''

मैंने कहा, ''कब? मेरे कमरे में तो कोई आया ही नहीं!''

बिज्जी नहीं माने। इन्हीं दो सज्जनों के बारे में उन्होंने एक-दो दिन पहले मुझे कहा था कि वे बिज्जी की 'फुलवाड़ियों' के हिंदी संस्करण के प्रकाशक श्री राजेंद्र सिंघी को धमकाकर आए थे और ऐसा करने मेरे पास भी आ सकते हैं। मैंने कहा था कि 'आप चिंता न करें, राजेंद्र सिंघी बनिए का बेटा है, उसने उनके जैसे हजार-पांच सौ को चरने भेज दिया होगा। और मैं तो आपका बेटा हूं, मुझे कोई क्या धमकाएगा?' पर उनके ललाट से चिंता की रेखाएं दूर न हुईं।

ये कड़वी स्मृतियां उनके इस प्राय: निश्चेष्ट वर्तमान को भी आक्रांत किए रहती हैं—विभ्रम बनकर। पर वे इनकी गिरफ्त से निकलते ही एकदम स्वस्थ-चित्त हो जाते हैं।

इसी कोशिश में मैंने कहा, "अभी 'काच तो पाडा पी गया' कहानी का अनुवाद शुरू किया ही था कि आपका बुलावा आ गया।"

उनकी चेतना ने मानो विभ्रम से यथार्थ में छलांग भरी। बोले, "याद है, यह बहुत कॉमन कहानी है!"

मैंने कहा, "लेकिन आपका रचा हुआ इसका पाठ बहुत अन-कॉमन है।" वे आश्वस्त न जान पड़े तो मैंने कहा, "घोड़े तो दुनिया में असंख्य हैं, उनकी छवियां भी असंख्य हैं, बड़ी कॉमन भी, पर एम.एफ. हुसैन ने जो घोड़े कैनवास पर सिरजे हैं, वे उनकी अपनी नितांत अंतरंग घुड़शाला के घोड़े हैं—अतुल्य और अद्वितीय। आपके पाठ हुसैन के इन घोड़े जैसे हैं!"

उनके चेहरे पर कोई प्रतिक्रिया ज्ञापित न हुई। पर अगले ही क्षण उनका बायां हाथ उठा और अपने प्रयत्न के आधे-पौने रास्ते मेरे कंधे पर पहुंचकर ठहर गया। फिर वे मेरी पीठ सहलाने लगे। अचानक बोले, "बीनणी...बीनणी से बात होती है तेरी?"

वे मेरी पत्नी को भी अपने घर की बहुओं की तरह इसी संबोधन से बुलाते हैं। मैंने कहा, "जी, आज ही हुई, रोज एक बार बात करता हूं...!"

वे बोले, "वा...!" दो-तीन क्षण बाद ही पूछा, "बीनणी ने आने के लिए तो नहीं कहा?"

मुझे हंसी आ गई। मैंने उन्हें आश्वस्त किया, "इस बार अनुवाद का कार्य संपूर्ण किए बगैर बीकानेर नहीं जाऊंगा।"

तो बोले, "जा, अपने कमरे में जा भले ही।"

यह आज्ञा थी। मैं अपने कमरे में आ गया।

अब दूसरे देवगण!

अत्यंत न्यून रोशनी में लिख रहा हूं। असल में सामने की ट्यूब लाइट जलाते ही मौसम प्रेरित परवाने इतना उत्पात मचाते हैं कि इस बड़े कक्ष में भी वे मिसाइलों की तरह मेरे बदन को निशाना बनाने लगते हैं। लिखना मुहाल हो जाता है। मैं उनसे सुलटूं या लिखूं? दो कार्यों का सहानुवर्तन क्या विपदा लाता है, इसका एक बेजोड़ बीकानेरी किस्सा पेश है। कहते हैं, एक बीकानेरी हवेली में श्राद्ध-पक्ष में, जो अभी चल रहा है, एक ब्राह्मण रसोइए को श्राद्ध-भोजन का हलवा बनाने के लिए बुलाया गया। बड़ा कड़ाह, बड़ी कड़छी, विशद परिमाण में घी के साथ सिंकता हुआ आटे का 'सेंथल'। महाराज अपनी बिना अधोवस्त्र के बांध रखी धोती की खुली लांग को अपनी देह के मध्य-नेपथ्य में कहीं फंसाए

आटे को जलने के अनुपात तक पहुंचने से बचाने के लिए, आठ-दस फीट लंबी कड़छी अपना पूरा बदन झोंककर हिलाए जा रहे थे। अब आप इतना अंग-संचालन करेंगे तो पीछे चाहे जितनी भी गहरी दफनाई 'लांग' हो, बार-बार बाहर तो आएगी ही! तिस पर तुर्रा यह कि सेठानी जी हलवे के पकने की ख़ुद निगरानी करें! मोटे महाराज हलकान—इधर कड़छी, उधर लांग। कड़छी चलाते-चलाते लांग गिरे, तो भुनभुनाए से उसे वापिस पीछे डालें। अनेकश: ऐसा हुआ। अंतत: वे सिर्फ कड़छी में निमग्न हो गए। बिना अधोवस्त्र खुली लांग की धोती। हिलता हुआ नर-शरीर! छी:! शीलवती सेठानी ने एक बार गला खखारा, दूसरी बार, तीसरी बार और महाराज का धैर्य जवाब दे गया। उन्होंने कड़छी कड़ाही में पटकी और लांग को पीछे फंसाने के बाद ललाट का पसीना पोंछते हुए कहा, "सेठानी, एक काम करवा ले, या तो लांग बंधवा ले, या हलवा रंधवा ले...दोनों काम एक साथ हरगिज नहीं होने वाले!"

यह है दो कार्यों का सहानुवर्तन! पर यही है जीवन। वह अनेकश: ऐसी पेचीदा मांगें पेश करता है।

आज मैं सुबह से काम में डूबा था और इस डूबने का डूबकर रस ले रहा था कि श्रीयुत दिनेश चारण, बोरूंदावासी, स्व. सत्यदेवजी के अंतरंग मित्र, आ धमके। वे राजस्थानी शब्दों के बड़े तलस्पर्शी ज्ञाता हैं, जिसे तुलसी की 'जंगम-तीर्थ' उक्ति के रूप में कहें, 'जंगम शब्दकोश!' वाकई! मैंने उनका हार्दिक स्वागत किया, काम रोककर। वे बड़े जबरदस्त 'परदोषदुखातुर' मनुष्य हैं। कुछ बातों के बाद मुझसे कहा, "आप दो काम बड़े गलत कर रहे हैं—अपनी चित्तवृत्ति और कुदरत के ख़िलाफ!"

मैंने पूछा, "क्या?"

तो बोले, "एक तो ब्राह्मण होकर भी आपकी नाक के नीचे की *Underline* गायब है। मतलब मूंछें। ब्राह्मण की नाक ही तो असल चीज़ होती है। अगर वही रेखांकित नहीं तो वह ब्राह्मण किस काम का!"

मैंने पूछा, "और दूसरा?"

बोले, "दूसरे आप अपने बाल रंगते हैं!"

वे बड़े बहसप्रिय व्यक्ति हैं। मैंने फिर भी सफाई दी, "दिनेशजी, मैं पक्का किताबी आदमी हूं, जिसे अंग्रेजी में कहते हैं—बुकिश! यह रहस्य मुझे मेरी पत्नी ने ही बताया। उसकी बात एकदम सही है। मैंने जवानी का उतार शुरू होते ही एक किताब पढ़ी थी। उसमें दर्ज था कि एक बार गांधीजी कुछ दिन गुरुदेव टैगोर के पास शांतिनिकेतन में ठहरे थे। दोनों रोजाना प्रात: भ्रमण को जाते। गांधीजी को उठते ही चल पड़ने में ज्यादा देर न लगती। गुरुदेव को बनते-संवरते वक्त लगता। एक दिन गांधीजी से रहा न गया। टोक ही दिया, 'आप सजने-

संवरने में बड़ा वक्त बर्बाद करते हैं!' गुरुदेव ने जवाब दिया, 'महात्माजी, आप तो अहिंसा के पक्षधर हैं। बताइए, क्या असुंदर दिखना भी एक प्रकार की हिंसा नहीं है?' सो दिनेशजी, अपने केश काले करने में इन दो महापुरुषों की खुराफात को शामिल मानिए!''

वे नहीं माने। बड़ी बहसें कीं।

चलिए, बहुत हुआ। बोरूंदा एक अलग दार्शनिक स्कूल है। मेरे बीकानेर के पास स्थित कोलायत नामक स्थान कपिल मुनि की तप:स्थली माना जाता है। जरूर बोरूंदा में भी 'परदोषदर्शन' नामक दार्शनिक संप्रदाय के किसी आदि आचार्य ने तपस्या की होगी। बोरूंदा में इस शाखा के अनेक उग्र, मध्यम और निष्प्रभ दार्शनिक बहस-मुबाहिसे करते पाए जाते हैं। इस धरा-धाम के दो कवियों की चर्चा फिर कभी। अंत में आज 2 अक्टूबर पर गांधी स्मरण, डिंगल के एक कवि के रचे इस अद्वितीय दोहे से :

खारक दोय खुराक में, अजा दूध आधार।
डोकरियो डिगतो फिरै, धूजै सै संसार॥

आमीन!

3 अक्टूबर, 2013

गजब के गो-सेवक नींबोजी

आज 'फुलवाड़ी' के 13वें भाग का अनुवाद संपन्न हुआ। एक अजीब कृतकार्यता-बोध के साथ ही मन में गहरी उदासी छा गई। बड़ी गझिन और गाढ़ी उदासी। इस दुख में जाने कैसा एक माधुर्य था—लोकोत्तर किस्म का। शाम 6 बजे लुंगी-बनियान में ही कमरे से बाहर निकला। आज नींबोजी की साइकिल वहां खड़ी थी जहां मैंने उसे पहले कभी नहीं देखा। मेरे विस्तीर्ण कक्ष के आगे की बड़ी, ऊंची चौकी से सटकर। यह उसी फासले की भूमि थी, जिसमें महेंद्र बाबू की मोतिया रंग की 'स्कोर्पियो-महेंद्रा' गाड़ी खड़ी रहती है। नींबोजी की यह साइकिल दोपहर से ही यहीं खड़ी थी। आज नींबोजी ने मेरा खूब मनोरंजन किया था।

दिन में मैं मित्रवर हंसराजजी सोनी के पिताजी के श्राद्धपक्षीय श्राद्ध प्रसाद का भोजन करने उनके घर गया था। महेंद्र बाबू वहां पहले से बैठे थे। कमरे में मेरे अनेक पूर्व परिचित लोग मौजूद थे—रामसिंहजी, दीपसा चौधरी, महेंद्र बाबू, लक्ष्मणजी, रामकरणजी, चिमनारामजी का लड़का राजू, छोटू, हंसराजजी समेत उनका लड़का टीकम आदि। मैं इस्तरी किए, बेटे सुकांत के दिलवाए *Fab India* के कुरते-पाजामे पहनकर गया था। पूरे कमरे ने मानो मुझे आलिंगन में

भरकर मेरा स्वागत किया। हां, देथा—परिवार के एक और मेरे पूर्व परिचित रुघजी भी वहां उपस्थित थे। हाथ में पट्टा बंधा था। वैसे ही, जैसे आज से बीस साल पहले किया करते थे, वे चुहलें कर रहे थे। मुझे देखकर बड़े प्रसन्न हुए। बायां हाथ फ्रेक्चरग्रस्त था, दायां आगे बढ़ाकर मुझसे ताली मिलाई। सदा की तरह ताली मिलाते समय अपनी तर्जनी से मेरी हथेली पर कुत्सित कोटि का घर्षण किया। मुझे जुगुप्सा हुई, पर प्रेम के पथ पर जुगुप्सा को भी अनेकशः अंगीकार करना ही पड़ता है। इस हथेली-घर्षण का प्रस्ताव मात्र इतना था, 'दारू पीनी है क्या?' रुघजी ने मेरे हाल पूछे। मैंने कहा—ठीक है। तो कहा, ठीक नहीं है। लगते नहीं ठीक। आंख मारी। फिर हाथ से खुलकर इशारा किया...छीः! ऐसे, बोरूंदा जैसे दिवस-प्रसादी मद्यप तो मुझे गोवा, सिक्किम आदि प्रदेशों में भी नहीं मिले। बहरहाल, मैंने फटाफट खाना खाया और महेंद्र बाबू तथा हंसराजजी से इजाजत ली। निकलने लगा, तो हंसराजजी ने जेब से बीस-बीस के नोटों की नई-नकोर गड्डी निकाली और पांच महात्मा गांधी मेरे हाथ में ठेलने लगे। मैंने कुछ कहना चाहा, तो मेरा हाथ पकड़कर बोले, "दांत-घिसाई के हैं...लो!" मैंने उनके यहां भोजन करने में अपने दांत घिसे, उसका शुल्क। उन्होंने मेरे कुरते की जेब में ही रख दिये। मैं चला आया। और वहीं, जब मैं पहुंचा था, एक बाजोट पर थाली रखे नींबोजी भी खाना खा रहे थे।

महेंद्र बाबू के घर की गायों का यह गो-सेवक विलक्षण व्यक्ति है। घोर आत्मकेंद्रित, मगर गजब फुर्तीला और अचूक दुनियादार! मेरा स्पृहणीय गुरु!

मैं भी खाना खाने बैठ गया। खीर, आटा-बेसन मिश्रित पूड़ियां, दाल और आलू-पत्तागोभी की तेल से तिलमिलाती सब्जी। हंसराजजी ने कहा, "आप फुलके पसंद करें, तो वे भी हैं।"

मुझे बड़ी राहत मिली। पूड़ियां मेरी थाली से गईं, फुलके आए। खाने लगा।

तभी नींबोजी भोजन से निवृत्त हुए। महेंद्र बाबू ने उन्हें तुरंत कॉलेज-परिसर में चर रही गायों के पीछे भेजा कि वे वहां के सुंदर उद्यान-परिसर में न घुस जाएं। नींबोजी तत्परता से चले, मानो आज्ञापालन की कोई मशीन हों!

लेकिन मैं भोजन पश्चात् रजनीगंधा-तुलसी से आचमन कर, दक्षिणा लेकर चला तो नींबोजी मुझे एक साइकिल-रिपेयरिंग के ठीये पर अपनी साइकिल के पिछले पहिए में पंप पर भच-भच की अशोभन क्रिया के साथ हवा भरते नजर आए। मैं स्कूटर पर था। चार-छह मिनट में अपने कमरे में आ पहुंचा। कुरता-पाजामा तहाकर अपनी बैग में रखे। लेटकर आराम करने लगा।

तभी कमरे के गेट पर मुझे कोई मानव हलचल नजर आई। पता चला, नींबोजी हैं।

मैंने यों ही आवाज लगा दी, "नींबोजी! ओ नींबोजी!"

उन्होंने भागते-से जवाब दिया, "आऊं-सा...अबार आऊं!"

मैं लेटा था, वे सारी सामंती मर्यादाओं का अतिक्रमण-सा करते हुए मेरे पास बिस्तर पर ही बैठ गए। अफीम का नशा किसी उत्तुंग-शिखर पर आरूढ़ था। जाने क्या-क्या बोला और बताया। उसको निचोड़कर सत्त्व निकालूं तो इतना ही कि जिस लंबी गली को पार कर मैं हंसराजजी सोनी के घर पहुंचा, उसी गली में मुड़ते ही चौथा बड़ा-सा जो घर है, वह हंसराजजी के भाई जगदीश सोनी का है। वहां भी, एक ही मृतक, दोनों भाइयों के पिता, स्वर्गवासी सोनीजी की श्राद्ध-प्रसादी थी। वहां खीर के साथ जलेबी भी थी—शुद्ध घी की। सब्जी और दाल के साथ हरी मिर्च का कूटा भी था। हंसराजजी के भाई जगदीशजी ही नींबोजी के असली सुनार हैं। समय-असमय कभी भी वे उनका द्वार खटखटाकर एक-दो-चार या पांच लाख नगद गिनकर उधार ला सकते हैं...दोनों भाइयों में थोड़ी कम ही बनती है...वगैरह! फिर वे बोरूंदा गांव की पतनोन्मुखी परिस्थितियों का बयान करने लगे। कहा, गली में कुतियाओं के पीछे लपकते फिरते कुत्तों जैसी ही यहां के मरदों की हालत है...धन-दौलत वाले तो अपनी कोठियों में कैद रहते हैं, पर यहां की चूना-खदानों पर, भट्ठों पर, खेतों में, निर्माण स्थलों पर कार्यरत आठ से साठ तक की तमाम स्त्रियां बेहद सस्ते और गिरे हुए समझौतों की शिकार हैं! उनकी वर्णन-शैली को लिपिबद्ध करना लेखन-कर्म की मर्यादा से बाहर की वस्तु है, पर उनका सारा वर्णन लोमहर्षक था। उन्होंने एकदा यह भी कहा, "साहब, आप ज्ञानी तो बहुत हैं, पर आपको अता-पता कुछ है नहीं...बस, साहब...कुछ पूछिए मत!"

तो शाम को जब तेरहवां भाग पूरा कर मैं कमरे से बाहर निकला, तो नींबोजी की साइकिल नजर आई, वे नहीं। मैं यों ही टहलकदमी करते हुए मेरे कमरे के पिछवाड़े स्थित गोशाला में जा पहुंचा। वे वहां बिजली जैसी फुर्ती से आठ गायों और पांच बछड़ों-बछड़ियों की तरह-तरह से सार-संभाल कर रहे थे। मुझसे कहा, "बड़े भाग्य से मिलती है साहब, गाय की सेवा...!"

मैं एक गाय को छूने उसकी ओर बढ़ा, तो वह कठोर होकर पीछे को सरकी। मैंने कहा, "मेरा तो भाग्य बहुत ही खराब है...मुझसे तो गायें डरती हैं...।"

वे गाय-बछड़ियों के छोटे-मोटे घावों पर एक ट्यूब दबा-दबाकर दवा लगा रहे थे। बोले, "डरती नहीं हैं, ये सोचती हैं, बड़ा डॉक्टर आया है, कानपुर से—इनको अभी इंजेक्शन लगाएगा...ओहो-हो-हो..., कानपुर से बहुत बड्डा डॉक्टर आया भाई!"

इस बोरूंदा में क्या-क्या न बनना पड़ेगा!

नींबोजी के चले जाने के बाद मैं अपने कमरे में आया। अपने कक्ष की खिड़की से गायों को निहारता रहा। बरबस मेरी आंखें छलछला आईं...मेरे

अंतःकरण में प्रार्थना की बुदबुदाहट थी, 'हे गो माता...मेरे बच्चे को स्वस्थ कर...उसे सद्‌बुद्धि दे, विवेक दे। उसको अपने दूध के साथ मिलाकर जीवन के रस से सींच दे मां! तू ऐसा कर दे, तो मैं अपना सारा जीवन तेरी ही सेवा को अर्पित कर दूंगा...!'

पुनश्च :

मैं अपनी हार्दिकता के वशीभूत किए गए दो कृत-कर्मों की पीड़ा यहां दर्ज करना चाहता हूं। अपने देह-लक्षणों से इतना आशंकित हो रहा हूं कि जाने क्या-क्या *Untold* ही रह जाए! एक तो मैंने इतना डूबकर, इतने सत्त्व-समर्पण और श्रद्धायुक्त होकर श्रीयुत नंदकिशोर आचार्य का 'खाका' लिखा और दूसरे अपने देशकाल की अकल्पनीय दुखद परिस्थितियों के उपरांत श्रीयुत श्याम महर्षि के इसी अक्टूबर माह में आयोजित नागरिक अभिनंदन समारोह के अवसर पर प्रकाशित 'अभिनंदन ग्रंथ' के लिए एक आलेख लिखा। दोनों का हश्र वही हुआ कि मुर्गी जान से गई, मगर मियां लोगों को लज्जत न आई! नंदकिशोरजी का 'खाका' जो मैंने शीन क़ाफ़ निज़ाम के उत्प्रेरण पर लिखा और जिसका शब्दशः चित्रण 'खाके' में भी है, उस पर स्वयं निज़ाम-ए-बेदिली ने कोई प्रतिक्रिया तक न भेजी—न फोन से, न किसी और तरीके से। यहां तक कि मैंने उनको 'दस्तावेज' के अंक-138 में छपे इस खाके 'लरिकाईं ऋषि आशिष पाईं' की जिरोक्स कॉपी तक एक परम संतुष्टकारी पत्र के साथ संलग्न करके भी भेजी। स्वयं आचार्य तो गगन के सूर्य ही ठहरे! शताब्दियां अभ्यर्थना करती रहें, पर सूर्य को फुर्सत कहां कि वह उसके परस मात्र से प्रस्फुटित पाद-पाद, पत्र-पत्र और पुष्प-पुष्प से संवाद स्थापित करे? श्याम महर्षिजी का तो मामला ही विचित्र! वे तो दूर, उनके पत्रकार पुत्र श्री विजय महर्षि आलेख के भाव को ग्रहण किए बगैर एकाध शब्द-प्रयोग पर ही फुदक पड़े, "आपसे ऐसी उम्मीद न थी!"

मैं भिखारी की तरह गिड़गिड़ाया, "बेटा, वह शब्द नकारात्मक है, पर उसकी व्यंजना एकदम सकारात्मक है। फिर भी तुम चाहो तो उसका विकल्प सुझा दूं!"

पर वह इतना भुनभुनाया और मुझे भिखमंगा बनाते हुए बताया कि भारत के अंतिम लेखक-श्रेष्ठ उसके पिताश्री श्री श्याम महर्षि के अभिनंदनार्थ 45 आलेख आ चुके हैं।

मैं तो उसके पिताजी को अपने आलेख की प्रथम-पंक्ति में ही 'अग्रज-स्थानीय' लिख चुका, अब कैसे कहूं कि बेटा, मेरा आलेख मत छाप! और यह परमार्थी मित्र मेरा, चेतन स्वामी! इसने क्यों फोन किया मुझे कि लिख दे साले!

आग लगे तुम्हारे इन परवानों को

4 अक्टूबर, 2013

आज सर्वपितृ अमावस्या थी। सुबह-सुबह महेंद्र बाबू के घर की रसोई का अमृत-प्रसाद नाश्ते में ही प्राप्त हो गया—गरमागरम खीर और मालपूए। बिज्जी की कहानियों में वर्णित व्यंजनों में बार-बार आए। आज कल्पना ने यथार्थ का बाना भी पहना। सभी आदिम मानवीय कल्पनाएं तो पहले ही यथार्थ का बाना पहन चुकीं। अब तो बात 'महाभारत' की हदों से भी बाहर निकलती लगती हैं। व्यासजी ने बेशक 'महाभारत' में दावा ठोका हो, 'जो यहां है, सर्वत्र है और जो यहां नहीं, वह कहीं नहीं!'

बताइए, महाभारत में कहां है स्मार्ट-फोन...तरह-तरह के एप्स ? चलिए, जाने दीजिए। इस स्निग्ध-स्नेहिल नाश्ते को मैंने बिज्जी के सम्मुख, बिज्जी के कक्ष में ही ग्रहण किया।

चिमनारामजी उनके बाजू अपनी लंगड़ाती टांग कुर्सी पर पसारकर बैठे थे। मैं नाश्ते से निवृत्त हुआ तो उन्होंने टांग समेटकर कुर्सी से पैर हटाया। मुझसे कहा, ''बैठिए!''

मैं बिज्जी से बमुश्किल एक-डेढ़ फुट के फासले पर बैठ गया। अपना तंबाकू कमरे में भूल आया था। चिमनारामजी से मांगा। उन्होंने दिया।

मैंने अभी डिबिया से निकाल हथेली में खाली किया ही था कि बिज्जी ने पूछा, ''कुम्हार के हाथ का खा लेगा क्या?''

मैंने कहा, ''मैं तो कुम्हार के घर बैठकर खाना भी खा लूं...क्या करूं, चिमनारामजी बुलाते ही नहीं!''

बिज्जी चुप।

इधर चिमनारामजी ने उनकी पीठ खुजलाते कहा, ''कुम्हार सबसे पवित्र जाति होती है। उसके हाथ का पानी पीने को लोग तरसते हैं।''

वे ठीक कह रहे थे। पुराने राजस्थान में लोगों के घर पानी की आपूर्ति, खासकर पेयजल की, कुम्हार ही किया करते थे।

उन्होंने दशकों पुराना एक किस्सा भी सुनाया—गांव में एक अत्यंत शुचिताप्रिय ब्राह्मण पटवारी आया। उसका आदमी चिमनारामजी के पास पहुंचा। कहा, ''साहब के घर रोजाना 'ठंडी' (पानी की मटकी) भरकर रख आया करो।''

चिमनारामजी ने जवाब दिया, ''अपने साहब को कहो, वे मेरे घर रख दिया करें!''

चिमनारामजी ठहरे बिज्जी के चेले। उनको सामंती व्यवस्था कहां कबूल!

तब तक बिज्जी आक्रमण की रणनीति बना चुके। सिर्फ आंखों से चिमनारामजी की ओर मुड़ते हुए कहा, ''एक कुम्हारिया सांप भी होता है!''

चिमनारामजी ने बिज्जी का तीर पकड़ा। जोर से कहा, ''हूंऽऽ!''

बिज्जी को मैंने बताया, ''कल तेरहवां भाग पूरा कर रवाना कर दिया।''

उन्होंने पूछा, ''किस पते पर?''

मैं समझा नहीं। कहा, ''प्रकाशक को भेज दिया है।''

उन्होंने नाम लिया, ''जानकी प्रसाद!''

यह जानकीजी बिज्जी की 'फुलवाड़ियों' के प्रकाशक श्री राजेंद्र सिंघी के कंप्यूटर कंपोजर हैं, लेकिन जानकी के प्रसाद नहीं, शरणगामी है, अथवा शरणागत—श्री जानकीशरण। मेरी अनेकशः उनके साथ फोन पर वार्ता होती है।

बिज्जी बोले, ''बड़ा सभ्य व्यक्ति है।''

मैंने पुष्टि की, ''बेहद! मेरी फोन पर बात होती है। एकदम टू-द-पॉइंट बात करते हैं, जरा भी फालतू नहीं...!''

बिज्जी ने फिर चिमनारामजी को छेड़ा। बोले, ''बकवास करने के लिए तो एक हमारा चिमनिया ही बीस पर भारी पड़ता है।''

चिमनारामजी ने उनकी पीठ पर चलता हाथ खींचा। उनकी बनियान को नीचे उतारा और उनसे नाराज होने का अभिनय प्रस्तुत किया, ''मैं बकवास करता हूं...मुझसे नहीं होती पीठ पर खुजली!'' और वे अपने दुखते पैर को थामते खड़े हो गए। जाने को हुए, तो मैंने रोका। उन्होंने कहा, ''सामने सोफे पर बैठता हूं, देखना, अभी बुलाएंगे।''

सचमुच डेढ़-दो मिनट बाद ही पुकारा बिज्जी ने, ''चिमनिया...! मैं तो मुहावरे की बात कर रहा था। तुझे नाराज करने के लिए थोड़े ही कहा।''

मैंने चिमनारामजी को यह बारीक भेद समझाने की कोशिश की। वे समझे या नहीं, पता नहीं, पर वे तत्क्षण उठकर आए और बिज्जी की बनियान ऊपर उलटकर उनकी पीठ खुजलाने लगे। यह अभिनय रोज चलता है, अत्यंत आनंदपूर्ण।

आज बिज्जी की दो लेखकीय फाइलें उनकी मेज की दराज में से निकलकर मेरे हाथ में आ गईं। एक फाइल प्रशंसकों की चिट्ठियों की थी। एक पत्र में बिज्जी से पत्र का जवाब देने का आग्रह किया गया था। लिखा था, 'पत्र मिले जो समय मिले और जो मन करे तो दो-चार पंक्तियां...जिसकी बात अंतस को छू गई उसकी अखरौटी का परस आंखें पा लें तो आनंद मिले। आनंद—जिस शब्द का न पर्याय है न विपर्याय!' (श्री हीरालाल ठक्कर, 2 बी/36, कैलाश अपार्टमेंट, रामबाग लेन, ऑफ एस.वी. रोड, बोरीवली वेस्ट, मुंबई 400 092, फोन : 8068270, पेजर : 9622324789)।

लीजिए, पेजर तो याद आया! आ गई न 'महाभारत' की हद!

आज डायरी लिखने का उपक्रम शुरू ही किया था कि रोशनी के इर्द-गिर्द

बेहिसाब फतिंगे मंडराने लगे। श्रीडूंगरगढ़ के दिनों में मैंने बच्चों को सिखा दिया था। बरसात के दिनों में वे बाहर की बत्तियां जलते ही अपनी मां को अच्छी खबर सुनाते, "ममी, बाहर देखो, कितने परवाने आए हैं!"

वह भी इतनी उर्दू और इतना उर्दूनुमा इशारों भरा मजाक कहां समझती थी! चिढ़कर कहती, "आग लगे तुम्हारे इन परवानों को!"

उसको आज तक नहीं समझा पाया कि परवाना तो बेचारा आग का ही दीवाना होता है, मैं कई बरसों तक व्यर्थ कई-कई तरह के अग्निकुंडों पर भटकता-मंडराता रहा, अब केवल एक ही दीपशिखा के मधुर प्रकाश में जल मरने को सन्नद्ध हूं, और उसका नाम है—चंद्रकांता तिवाड़ी उर्फ चंदा। आग और अग्निकुंडों की अपनी फितरत। परवानों की अपनी फितरत। जैसे मेरे कमरे के कोई पांच दिन पुराने हो चले एक 'परवाना' विशेष को ही लीजिए। रात को रोशनी आंखों में न गड़े, इसलिए अपने कक्ष की कोई भी बत्ती न जलाकर बिस्तर से विमुख संलग्न-बाथरूम की बत्ती जलती छोड़ देता हूं। उसके उढ़के दरवाजे से मनचाहा मीठा-मीठा मद्धम उजाला रात भर कमरे में गुनगुनाता रहता है और मुझे नींद से लदी-फंदी किसी भी यात्रा में ठोकर से बचाए रखता है। लेकिन परवाने नहीं चूकते। छोटे-मोटे तो जाने दीजिए, काबिले-जिक्र जिस परवाने की बात कर रहा हूं, वह किसी चमगादड़ का बौना अथवा किसी तितली का हाई-ब्रिड अवतार जान पड़ता है। तीनेक दिन पहले की रात की अगली सुबह जब मैंने बाथरूम का दरवाजा खोला तो यह उसकी सीएफएल से उड़कर पास के एक खाली आले में जा बैठा। सफेद कपड़े पर सूख चुके खून के रंग के इस परवाने की विचित्र बात यह है कि ठीक तिरछी गति में कटा-सा जान पड़ता है...परवानों के पंख कतरने वाले ही होंगे, और तो कौन? लेकिन यह मरजीवड़ा आज सवेरे जाने कैसे पहले उड़कर बाथरूम के 'एक्जास्ट-फैन' वाले आले पर जा बैठा और तदंतर मेरे चाय-नाश्ते-खाने के लिए रखी एक छोटी चौकोर टेबल के एक बाजू के ऐन किनारे पर काबिज हो गया। आज पूरे दिन यह वहीं अचल समाधिस्थ-सा बिना हिले-डुले जमा रहा। मैं कोई मुक्तिबोध तो हूं नहीं जो इस आत्मघाती प्रेम-पथिक तक से पूछूं, 'पार्टनर, तुम्हारी पोलिटिक्स क्या है?'

शाम को जब डायरी लिखने की बात आई और टेबल के सामने की ट्यूब जलाते ही सहस्र-दलीय परवाने उस पर आ टूटे, तो मैंने इसकी ओर देखा कि कोई हरकत, कोई फड़फड़ाहट इसके डेढ़पंखे वजूद में नजर आए! नहीं आई। सामने की ट्यूब के उद्दाम उजाले में परवानों की धौंसपट्टी के चलते लिखना संभव न लगा तो मैंने निरीह उपाय सोचा। ट्यूब बंद कर दरवाजे के पास की मरगिल्ली-सी सीएफएल जलाई और उसी प्रकाश से आंखों को आचमन करा लिखने बैठ गया। पर उस सीएफएल पर भी एक बृहदाकार काला कीट-मजनू भारी उत्पात

मचाने लगा तो मैंने उसे कमरा-बदर करना जरूरी समझा। पुराने अखबार और एक पुराने निमंत्रण-पत्र के किनारे से धकेला और कक्ष के बाहर का रास्ता दिखाया। तभी मुझे सूझी, क्यों न इस द्विपंखी प्रेम-दानव को भी बाहर की अनगिनत रोशनियों से प्रदीप्त प्रेम-गगन दिखाया जाए! उसे निमंत्रण-पत्र और बासी अखबार की दोहरी लपेट में लिया और दरवाजे तक ले जाकर अनंत में उछाल दिया। पर अब मुसीबत यह कि नहीं जानता, मैंने अपनी कार्यवाही में आहत परवाने को बाहर भेजा या एक हत प्रेमी की लाश उठा फेंकी? पर उससे भी बड़ी मुसीबत यह कि मैंने इस विफल प्रेमी का यह प्रेमाख्यान क्यों लिखा?

उत्तर विजयदान देथा 'बिज्जी' से सुनिए। उन्होंने एक जगह लिख छोड़ा है, 'आंतरिक ऊहापोह से अघाकर अब सृजन की हूक मेरे अंतस में फड़फड़ा रही है। विज्ञान और दर्शन के वितंडावाद में सर खपाने की बजाय जूं, सियार और कौए की कहानियां लिखना ज्यादा श्रेयस्कर है!'

मैं तो उनका शागिर्द ठहरा, उनकी नापी जमीन से एक कदम आगे चलकर इन सर्वथा अलक्षित और निरीह कीट-पतंगों की कहानियां क्यों न लिखूं?

5 अक्टूबर, 2013

मां की महिमा

आज शारदीया नवरात्र का स्थापना दिवस है। हमारी राजस्थानी भाषा में पूरा प्रदेश इसे 'थापना' कहता है। यह मेरा सौभाग्य है कि मैं चारण परिवार में अपनी ये नौ रात्रियां बिताऊंगा और अहर्निश मां-मां का जाप करूंगा। अभी-अभी तो रोकर हटा हूं। पूजान्त में अपना सारा ध्यान अपने घर के आंगन में लगी मां की तस्वीर में उनके चेहरे पर टिकाने की कोशिश करता हूं और बच्चे की तरह मचलकर कहना चाहता हूं, 'मां...मां...ओ मां...सुनती क्यों नहीं?' रोता-बिलखता हूं और मां से अपने अपराधों की क्षमा मांगता हूं। मैं जानता हूं, मैंने जो बोया, वही काट रहा हूं। हिंदू शास्त्रोक्त कर्म-दर्शन कर्मों का त्रिविधा विभाजन तो करता है—प्रारब्ध, संचित और संचयीमान—पर कहता है कि यह जीवन हमारे प्रारब्धों का फल और संचयीमान से सावधान रहकर उत्तीर्ण होने का अवसर है। लेकिन यह भी जगह-जगह लिखा है कि तीव्र पापों का परिणाम मनुष्यों को इसी जीवन में भोगना पड़ता है। तीव्र पापों के दृष्टांत तो अखबारों के पन्नों पर अनगिनत पढ़ने को मिलते हैं। मेरी नजर में तो मातृ-अवहेलना से बढ़कर दूसरा कोई तीव्रतम पाप है ही नहीं! अपने अतीत का अवगाहन करता हूं तो इस पाप का मुझ सा पातकी दूसरा कौन होगा? किशोर, युवा और मेरी 48 वर्ष की आयु में ठीक मेरे जन्म-दिवस 19 मार्च, 2006 को मेरी मां की मृत्युपर्यंत मैंने अपनी मां को क्या-

क्या दुख और पीड़ाएं न दीं ? आज भी याद है, मां से झूठ बोल-बोलकर यारबाजी में गुलछर्रे उड़ाने के निमित्त कितने पैसे ऐंठे। फिर मौका लगता, तो चुरा भी लेता! राजकपूर की, गरीबी के दौर की, फिल्म 'बॉबी' मैंने मां के उस पवित्र आले से रुपए चुराकर ही तो देखी थी जिस पर राम-जानकी का फोटो लगा था। कहां होश था कि सूझता, जागतिक माता न सही, जगत्-माता तो देख रही है! फिर उनके अंतिम वर्षों में क्या मैं उनकी वैसी शुश्रूषा कर पाया, जैसी मुझसे अपेक्षित थी ? और वे कैसी करुणामयी थीं, महाभारत की द्रौपदी सदृश! द्रौपदी के पांच पुत्रों के जघन्य हत्यारे अश्वत्थामा को पांडव पकड़ लाते हैं। द्रौपदी से कहते हैं, 'यह रहा तुम्हारा अपराधी! जो दंड देना चाहो, दो... ।' द्रौपदी कहती है, 'इसे जाने दो...क्षमा कर दो! यह तुम्हारी गुरुमाता का पुत्र है...मेरे कारण अपनी गुरुमाता की कोख न उजाड़ो! मेरे हिस्से का दुख एक और माता को न दो!' यह है भारतीय मां नहीं, मात्र मां। मांएं ऐसी ही होती हैं, चाहे द्रौपदी हो या मैक्सिम गोर्की रचित मां...पूरे रूस की मां!

याद आता है, जब मैं राजस्थानी भाषा, साहित्य एवं संस्कृति अकादमी का सचिव था, प्रतिनियुक्ति पर, तब मेरे ही एक पुराने घनिष्ठ मित्र ने जाने किस भुलावे-बहकावे में आकर मेरे विरुद्ध राजस्थान उच्च न्यायालय में एक जनहित याचिका लगा दी थी। अकादमी के तत्कालीन अध्यक्ष डॉ. शांति भारद्वाज, अकादमी और राज्य सरकार समेत मुझे भी पक्षकार बनाया। अकादमी का मुख्य कार्यकारी अधिकारी होने के नाते सघनतम आक्रमण का लक्ष्य मुझे ही बनाया। अखबारों में अपयश भी फैलाया। उन दिनों गीता से आज सरीखा नाता न था—कभी भी, किसी भी क्षण हाथ भर दूरी से अधिक दूर न हो! सो घबराया भी बहुत, विचलित भी हुआ। ज्योतिषियों के चक्कर लगाए। वकीलों के तो लगाने ही थे।

एक दिन पस्त-निढाल परिस्थिति में अपने परम मित्र पं. केशव शर्मा के पास चला गया। वे मेरे दुख से दुखी हुए। रामचरितमानस के अनन्य प्रेमी। 'विनयपत्रिका' (तुलसी) के दीवाने। जरूर मन-ही-मन गोस्वामीजी को याद किया होगा— *जे न मित्र दुख होहिं दुखारी। तिन्हहि बिलोकत पातक भारी॥* अर्थात् मित्र के दुख में दुखी न हो, ऐसे मनुष्य को तो देखने भर से भारी पाप लगता है। उन्होंने अद्‌भुत उपाय सुझाया। रामकृष्ण परमहंस के प्रशंसक जो ठहरे! कहने लगे, ''मालूजी, आप एक काम करो...आपकी मां इस मामले को जितना-कितना भी समझें-जानें, एक बार उनसे कह दो! अपना सारा डर, सारी चिंता अपने सिर में डालकर उसको उनकी गोद में रख दो...वे सिर पर हाथ रख देंगी, आप निर्भय हो जाएंगे...बस, कर ही डालो!''

मैंने यही किया। मां को कथा समझ आई, न आई! मेरा रोना समझ आ गया। मेरे सिर पर अपना सुंदर मुलायम-सा हाथ रखा और बोली, 'हो

जाएगा...सब ठीक हो जाएगा... !' और सचमुच सब ठीक हो गया। पंद्रह दिन में ही हाई कोर्ट जोधपुर की डबल-बेंच ने फैसला कर दिया। डेढ़ पेज के फैसले के एक पैराग्राफ में लिखा, 'याचिकाकर्ता ने याचिका के न्यायिक अधिकार का भीषण दुरुपयोग किया है और अकारण पक्षकारों का समय ही नष्ट नहीं किया, उन्हें व्यर्थ न्यायिक प्रक्रिया के उत्ताप का पात्र भी बनाया है। इस कृत्य के लिए उस पर 2000/- की राशि का अर्थदंड लगाया जाता है।'

माननीय उच्च न्यायालय के इस नीर-क्षीर और दो-टूक फैसले के विरुद्ध याचिकाकर्ता ने एक रिव्यू पिटीशन लगाई, जो पता नहीं अब किस चरण में है! सुना तो यह भी कि राजस्थान उच्च न्यायालय से अस्वीकृत होने बाद वह सर्वोच्च न्यायालय में लंबित है और याचिकाकर्ता आदिवस वकीलों की फीस चुका रहा है!

अस्तु, मां ने फैसला किया। अपने दुखड़ों की दास्तान, अब मैं इतना सयाना तो हो ही चुका कि मां के सिवाय, किसी को नहीं सुनाता। वह तो कहने से पहले ही जानती जो है!

आज सवेरे कोई 11 बजे महेंद्र बाबू मेरे कक्ष में आए। मैं कार्य-निमग्न था। पास आकर हाथ मिलाया और पूछा, "नवरात्र करते हैं क्या?"

मैंने कहा, "नहीं, मुझसे भूखा नहीं रहा जाता। बचपन में कर लेता और भूख से व्याकुल होकर मां से बार-बार खाने की इजाजत मांगता तो उसने कह दिया—तू भूख का कच्चा बहुत है...तू ये व्रत-उपवास किया ही मत कर कभी!"

वे हंसे।

मैंने कहा, "मां के इस आदेश को परम-मनोरथ मानकर स्वीकार कर लिया। वह जानती है, मुझसे भूख सहन नहीं होती।"

दरअसल वे कहने आए थे, अगर व्रत रखता होऊं तो उनके भृत्यों से कहकर अपने कमरे में कुछ फलाहार मंगा रखूं...। उन्होंने जाते-जाते द्वार पर से कहा, "व्रत न रखें भले ही, पर फल खाने की इच्छा हो तो मंगवा लिया करें!"

उन्हें क्या कहता, वे तो कहकर चले गए! हिंदुओं की किताब 'गीता' में एक ही वस्तु की तो घोर वर्जना की गई है, और वह वस्तु है—फल! मैं वैसे भी मजाक किया करता हूं, 'मैं फल नहीं खाता, क्योंकि गीता में फलाकांक्षा निषिद्ध है!'

अंत में, आज बिज्जी के कमरे से लाई संगीत कार्यालय, हाथरस की 'संगीत' पत्रिका में एक लतीफा पढ़ा। कहते हैं, तैमूर लंग ने दिल्ली फतह करने के बाद एक बड़ा जश्न मनाया। इसमें गवैयों को भी बुलाया। कोई कलावंत मिला नहीं, तो अंत में एक अंधे गवैये को तैमूर लंग के सामने पेश किया गया। उसका गाना सुनकर बादशाह खुश हुआ और नाम पूछा। उसने बताया, "दौलत खां!"

बादशाह ने हंसकर पूछा, "क्या दौलत भी अंधी होती है?"

गवैये ने जवाब दिया, "अंधी न होती तो लंगड़े के घर क्यों आती?"
है न शानदार!

6 अक्टूबर, 2013

सफेद सो सारे श्वेत कपोत

आज किशनजी, बिज्जी के सगे और अत्यंत लाड़ले भतीजे, मुद्दत बाद अचानक उनके कमरे में नमूदार हुए। एकदम किसानी व्यक्तित्व। मैं किशनजी को बरसों से जानता हूं। चारण कुलोद्भव हैं, पर न सामिष भोजन करते हैं और न बकौल मेरे वक्त के एक श्रेष्ठ छंद-निपुण राजस्थानी कवि स्व. बद्रीदान गाडण, 'दुर्गा जल' का पान ही करते हैं। एक दिन अपने कुत्ते रोनी को अपने यहां रखने का आग्रह एक पूर्व वार्ता के संदर्भ में करने के लिए मैंने अपने घर बीकानेर से उन्हें रात 8 बजे उन्हीं के मोबाइल फोन पर कॉल किया था। फोन उनके छोटे बेटे हिम्मत ने उठाया। मुझे पहचानने के बाद पूरा शिष्टाचार ज्ञापित करते हुए हिम्मत ने कहा था, 'हुकम, जी'सा तो पौढ़गा।' मतलब सो गए। मैं यह तो जानता था कि उनका दिनारंभ प्रात:काल जिसे कहते हैं सचमुच ब्रह्ममुहूर्त अथवा ब्रह्मवेला, ठीक 3:30 बजे हो जाता है; पर यह न जानता था कि वे सो भी इतनी जल्दी जाते हैं। लगता है, बोरूंदा में बेंजामिन फ्रेंकलिन के अनुयायी अच्छी संख्या में हैं। इसी डायरी में मैंने चिमनारामजी का जिक्र इसी संदर्भ में कहीं किया है और आज किशनजी! फ्रेंकलिन की जगत्-प्रसिद्ध उक्ति—*Early to bed and early to rise keeps a man healthy, wealthy and wise* के दूसरे जीवंत उदाहरण!

बहरहाल, किशनजी जब अपने सांवले से व्यक्तित्व की सारी ऊर्जा के साथ कमरे के दुपल्ले दरवाजे को धकेलकर अंदर आए, मैं सोफे पर बैठा भोजन कर रहा था। उनको देखकर एक आह्लाद की अनुभूति हुई और मैं अपनी जगह से थोड़ा-सा उठंगा हो गया, "अरे! किशनजी...पधारो सा, पधारो!"

वे अपनी सदावंत मुस्कान भरी चितवन के साथ मेरे ऐन बाजू सोफे पर ही बैठ गए।

अभी-अभी चिमनारामजी भी बाहर से आए थे और मुझे खाते तथा बिज्जी का खाना रखा देखकर उन्होंने अपना स्नेहिल फरमान शय्या-विश्रांत श्रीयुत बिज्जी के लिए जारी किया ही था, "आंखें उघाड़ लीजिए...खाना आ गया है!"

किशनजी पहुंचे तब वे बिज्जी को पाट पर बिठाने के उपक्रम में संलग्न थे। मैं खाता रहा। बिज्जी जब पाट पर आसीन हो गए, किशनजी उनके सम्मुख रखी घुमंतू व्हील-चेयर पर जा बैठे। उन्होंने बिज्जी के भोज्य पदार्थ का मुआयना किया और बोले, "इतना खा लेंगे? फिर खुराक तो ठीक ही है।"

चिमनारामजी ने कहा, "कहते हैं, बता चिमनिया, मुझसे बुरा खाना कोई और खाता है बोरूंदा में...!"

सच है, 250 रुपए प्रति किलो भाव के सेब संग घर की गाय के शुद्ध दूध में मिक्सी-मिश्रित दो-तीन गिलास 'जूस' के, दो बार छिलकेदार मूंग और चावल की खिचड़ी पतले दही या दूध में घुली हुई। मन होने पर पापड़, नारियल-पानी, ब्यावर की तिलपापड़ी वगैरह और खाना बेहद बुरा!

मजा तो तब आया, जब किशनजी बोले नहीं और चिमनारामजी द्वारा बार-बार उनकी पहचान पूछने पर बिज्जी ने बताया, "किशन!"

किशनजी अपनी इस निशानदेही पर बड़े खुश हुए।

बिज्जी खा चुके, तो चिमनारामजी उनके जूठे बर्तन लेकर धोने के लिए बाथरूम में चले गए। धोकर लाए तो किशनजी ने कहा, "ये तू क्यों धोता है रे? अंदर घर में क्यों नहीं पकड़ा देता?"

चिमनारामजी ने सघोष बताया, "चिमनिये ने अपने आपसे कौल कर रखा है, उसके वाभा के खाए खाने के बर्तन वह किसी और को नहीं धोने देगा।"

यह है, जिसे आजकल की शहरी भाषा में कहते हैं—रिलेशनशिप!

कोई तीन महीने पहले किशनजी जोधपुर शहर में मोटर-साइकिल चलाते हुए दुर्घटनाग्रस्त हुए थे। मैं महेंद्र बाबू के साथ उनसे मिलने उनके घर पर गया था। आज बिज्जी को उन्होंने पहली बार बताया। बिज्जी ने उनका वह दाहिना हाथ, जिसमें हड्डी सीधी करने के लिए रॉड लगी थी और दो-तीन बड़े ऑपरेशन हुए थे, अपने बाएं हाथ में लेकर पूरी कोहनी तक सहलाया।

किशनजी हंसकर बोले, "तुलना करेंगे... ?"

वही तो! बिज्जी ने दोबारा उनका दायां हाथ पकड़ा, कलाई को अपने अशक्त हाथ के घेरे में लेकर नापा और ठिठक-से गए।

किशनजी बोले, "थोड़ी सूजन है...।"

बिज्जी ने गर्दन हां में ऊपर-नीचे की। इसे कहते हैं बिज्जी! वे ताउम्र अपने लिखे वाक्यों को भी ऐसे ही सहलाते-नापते-जोखते रहे होंगे...शब्द और अर्थ का अचूक संगुंफन उनके गद्य में यों ही नहीं मूर्त हुआ होगा।

इधर तीन-चार दिन से नैना महारानी ने एक नया शगल पकड़ रखा है। वह कई बार बिना किसी की जानकारी में रहते घर में से निकल आती हैं और सीधे मेरे कमरे के इर्द-गिर्द मंडराने लगती हैं। मेरा कमरा सामान्य सतह से करीब 5-6 फीट की ऊंचाई पर अवस्थित है। कमरे में आने के लिए सीढ़ियां हैं और सीढ़ियों के बाजू, कमरे की लंबाई के साथ-साथ, एक प्लेटफॉर्मनुमा खुली चौकी है। नैना महारानी सीढ़ियां चढ़कर मेरे कमरे में नहीं आतीं। इस चौकी पर टहलती हैं और मेरी टेबल के सामने सदा खुली रहने वाली खिड़की में से मुझ पर नजर

रखती हैं। मैं बार-बार मीठे-मीठे बुलावे देता रहता हूं, ''नैना! आ जा...आ जा...अंदर आ जा... !''

वह नहीं आतीं। मैं बाहर जाता हूं, तो महारानीजी गर्दन झुका लेती हैं और एक-एक सीढ़ी उतरती हुई घर का रास्ता ले लेती हैं।

कई बार निर्मल या घर की कोई स्त्री नैना महारानी को ढूंढ़ने आती है और वे जाने से इनकार करती हैं। यह खेल पिछले तीन-चार दिनों से दिन में कई बार खेलती हैं वे! न होगी यह कोई उल्लेखनीय बात, पर इससे अधिक सुंदर और कुछ नजर भी तो नहीं आता।

अलबत्ता, आज सवेरे मेरे कमरे के सामने के किसी दूरस्थ पेड़ पर मुझे एक बड़े-से झुंड में मौजूद सफेद पक्षी नजर आए तो मैंने इस समय हस्बेमामूल महेंद्र बाबू की गाड़ी की सफाई कर रहे मोहनजी से पूछा था, ''मोहनजी, आपके गांव में इतने सारे सफेद कबूतर हैं!''

वे आए और अपनी दृष्टि पसारकर बोले, ''आपको जो दिख रहे हैं, वे कबूतर नहीं, बगुले हैं।''

होंगे! बगुले हैं तो जरूर बगुला-भक्ति भी होगी बोरूंदा में! पर मैंने तो कल सुबह ठीक-ठीक पहचान के साथ एक श्वेत कपोत-युग्म को प्रकाश के घर के इर्द-गिर्द के अनगिनत पेड़ों में से एक के शीर्षस्थ विराजे और प्रेमालाप करते देखा था। राजस्थानी में कहावत है—धोळो-धोळो सोई दूध! मतलब सफेद सो सारा दूध! मेरे लिए, सफेद सो सारे श्वेत-कपोत! असली कबूतर, बोरूंदा में डेरा!

पुनश्च :

आज मियां असद (बीकानेर वाले नहीं!) का एक शे'र अजीब ही संदर्भ में याद आ रहा है। उर्दू की ग़ज़ल विधा को समकालीन युग-सत्य से जोड़ने वालों की अनेकानेक शैलियां और वैयक्तिक एजेंडे उर्दू ही नहीं, हिंदी समेत अनेक भारतीय भाषाओं में देखे-पाए जा सकते हैं, जबकि लफ़्ज़ शे'र अरबी का है और इसका अर्थ है—प्रेमिका के बाल! बल्कि उसकी दो लटें। अलकाएं। ग़ज़ल सुंदरी है, शे'र उसके मुख पर झूलते-मंडराते दो बाल यानी शे'र। अब ऐसी रवायती चीज़ को ग़ालिब ने इस पुराने शे'र में यों बरता— *थी ख़बर गर्म की ग़ालिब के उड़ेंगे पुर्ज़े / देखने हम भी गए पे तमाशा न हुआ!*

पता नहीं तात्कालिक संदर्भ क्या रहे होंगे, पर नामवरसिंह जी का कोई एक आलेख मुझे बरबस याद आ रहा है, कदाचित् जिसका शीर्षक था—'प्रासंगिकता का प्रमाद'। वैसे इस शीर्षक में प्रयुक्त शब्द 'प्रमाद' का वास्तविक अर्थ गीता की एक पाद-टिप्पणी के अनुसार होता है : 'इंद्रियों और अंत:करण की व्यर्थ चेष्टाओं का नाम प्रमाद है।' बहरहाल, प्रमाद का अर्थ शिथिलता, आलस्य,

अवहेलना, असावधानी आदि भी मान लें, तो ऐसे 'प्रमाद' साहित्य में बड़े-बड़े मिलते हैं।

आज मुझे ग़ालिब का यह शे'र इसलिए याद आया कि आज राजस्थान में विधानसभा के अध्यक्ष रहे असाधारण लोकप्रिय वयोवृद्ध कांग्रेसी नेता परसराम मदेरणा के कल मनाए गए 91वें जन्मदिन की खबरें प्रायः सभी अखबारों में प्रमुखता से छपी हैं। हमारे बिज्जी के मदेरणा साहब वर्षों पुराने मित्र हैं और 'फुलवाड़ी' के पहले भाग की भूमिका भी उन पर केंद्रित है। पर ग़ालिब के शे'र की प्रासंगिकता यह है कि कोई छह महीने पहले मदेरणा परिवार ने घोषणा की थी कि 'अक्टूबर' में बड़ा राजनीतिक धमाका होगा। यह अक्टूबर है। 5 अक्टूबर को मदेरणा साहब का जन्मदिन अखबारी सुर्खियों के साथ मनाया गया। लेकिन वह धमाका न हुआ। मदेरणा की पुत्रवधू—जेलस्थ महिपाल मदेरणा की पत्नी और उनकी टिकटार्थी पुत्री—दिव्या ने कहा, "मदेरणा परिवार कट्टर कांग्रेसी है और रहेगा!"

टिकटों का फैसला अभी बाकी है। तमाशा हुआ नहीं। तो आइए, कहें, ग़ालिब ज़िंदाबाद!

7 अक्टूबर, 2013

आप महाराज हैं क्या?

आज सवेरे 8 बजे के लगभग मैं अपनी टेबल पर बैठा कल की अधूरी छोड़ी कहानी 'आंटा-बेड़ी' का अनुवाद कर रहा था। सामने की खिड़की खुली थी। नजरें उठ गईं। सफेद धोती-चोला पहने एक शिथिल-सा किंतु कद का लंबा आदमी नजर आया। होगा कोई महेंद्र बाबू का आसामी। मैं प्रायः अपनी सीमित परिधि में परिमित रहता हूं। विनोबाजी के शब्दों में—जीवन में एक परिमिति होनी चाहिए! पर घर के आवागमन के मुख्य द्वार से कोई उत्तर न मिलने से निराश वह व्यक्ति मुझे अपने कक्ष की तरफ आता दिखाई दिया।

मेरे कमरे के द्वार में से झांककर उसने पूछा, "महेंद्र-सा हैं क्या?"

मैंने अपना रटा-रटाया अलगाववादी उत्तर दिया, "घर में पूछें। वहीं पता चलेगा।"

वह सीढ़ियां उतरकर जाता नजर आया। उसके इस बार पुकारने पर घर में से किसी ने जवाब दिया शायद। वह फिर मेरे कमरे में आया। इस बार पूरा भीतर। उसकी देह भाषा से समझा मैंने, यह प्रतीक्षा करेगा। मैंने एक तरफ एक-पर-एक फंसाकर रखी प्लास्टिक की कुर्सियां दिखाईं, "कुर्सी ले लीजिए।"

वह बैठ गया। मेरी सोने की चारपाई पर आज के अखबार पड़े थे। वह

उन्हें उठा लाया। अखबार खोलते पूछा, "आप महाराज हैं क्या?"

मैं उसके सवाल का मतलब समझ गया।

तब तक वह फिर बोल पड़ा, "मैं तो आपके पास ही आया था...पिताजी ने कहा था, महेंद्र-सा के घर एक महाराज आए हुए हैं। सयाने आदमी हैं। उनको कल मंगलवार को ढाणी में पाठ के लिए कहना है!"

मैंने सहज भाव से पूछा, "आप गोकुल बा के बेटे हैं क्या?"

उसने कहा, "हां, उन्होंने ही भेजा है।"

अब इसका परिपार्श्व। असल में महेंद्र बाबू की माताजी के श्राद्ध के दिन जिन-जिन सज्जनों ने मेरे इस सरस्वती मंदिर को पावन-अपावन किया, उनमें पावनकर्ताओं के शीर्ष-स्थानीय गोकुल बा ही थे। बोरूंदा की निकटवर्ती ढाणी के कर्षक। चमकदार बुजुर्ग। शांत-धीर व्यक्तित्व। उस दिन हम तीन ही लोग थे जिन्होंने मद्यपान तो दूर, उसके लिए प्रयुक्त बर्तनों तक से अस्पृश्यता बरती थी। एक गोकुल बा, दूसरे महेंद्र बाबू और तीसरा खाकसार। पहले हंसराजजी भी सूखे थे। पर दोपहर से शाम घिरने को आई तो वे भी मद्य-मिलनसार होने से स्वयं को रोक न पाए। दो पेग से तरंगायित होने के बाद उन्होंने गोकुल बा को मेरा विस्तृत परिचय दिया। उसमें यह भी शामिल था कि मैंने अपने यहां आने के दूसरे-तीसरे महीने में ही कभी एक बार महेंद्र बाबू के कार्यालय-कक्ष में अपनी तरफ से प्रस्ताव रखकर 'सुंदरकांड' का पाठ किया था। हंसराजजी को उसमें आना ही था। मद्यमय होते ही मेरे उस जैसे-तैसे पाठ की स्मृतियां और भी मनोमय होकर उनके मतवाले मन में नाचने लगीं। गोकुल बा कहते ही मान गए। 'नौरतां (नवरात्र) में मंगलवार को करें पंडितजी...मेरी ढाणी को भी पवित्र!' उनके पुत्र रामचंद्र चौधरी यही बुलावा लेकर आज सवेरे-सवेरे आए थे।

पुनश्च :

आज बिज्जी की एक अत्यंत रोचक कथा 'भोळप' का अनुवाद सवेरे के कार्य-सत्र में किया था। एकदम पावन परिहास-कथा, बिज्जी के अपने असाधारण सेंस ऑफ ह्यूमर और विट की बानगी। 'फुलवाड़ियों' में ऐसी परिहास-परिसमृद्ध छोटी-बड़ी कितनी ही कहानियां हैं। दो-एक संग्रह तैयार हो सकते हैं बिज्जी के इस हास्यमेव जयते के। इस कथा में एक बनिया, तीन छोटे-छोटे बेटों का बाप, ग्यारह बरस की मुसाफिरी करने को परदेस जाता है। जाते समय बनियाइन को कड़ी हिदायतें देकर जाता है कि धन कमाने से भी ज्यादा मुश्किल काम कमाए हुए धन की हिफाजत करना होता है। वह उसके पीछे खर्चे में पूरी किफायतसारी बरते और ग्यारह बरसों के एक क्षण में भी कोई फिजूलखर्ची न करे। वह भोली भलीमानस पति के कहे को पत्थर की लकीर और मोक्ष का मार्ग समझकर चलती

है और अपने डेढ़ से लेकर साढ़े चार साल की आयु के तीनों पुत्रों को अनाज खाने की आदत छुड़वाकर इलाके की तरह-तरह की घास खाने का अभ्यस्त कर छोड़ती है। लोगों की, यहां तक कि अपने पिता और भाइयों तक के समझाने की भी कोई परवाह नहीं करती। हरा सूखा चारा खा-खाकर ये तीनों भाई ग्यारह बरसों में ही बलिष्ठ जवान हो जाते हैं। मुसाफिरी पूरी कर ग्यारह साल बाद बनिया घर लौटता है। बेशुमार दौलत कमाकर। पत्नी सोचती है, किफायतसारी के पृथ्वी-तल के इस आखिरी उदाहरण पर पतिदेव न जाने कितने खुश होंगे, पर पतिदेव तो सुनकर मुरझा गए। बोले, "तेरे में इन्सानों की आदत बदलने की इतनी बड़ी कुव्वत थी तो तूने इनको घास खाना क्यों सिखाया? अकाल पड़ने पर तो घास का भी अभाव हो सकता है। जरा सोचती, इन्हें घास की बजाय धूल खाना सिखा देती तो कितना अच्छा होता! कैसा भी अकाल पड़े, धूल का तो अंत आने से रहा...सच, तुम्हारा भोलापन (भोळप) तो मुझे किसी करवट चैन नहीं लेने देता!"

ऐसी अनेक बल्कि अनगिनत कथाएं हैं 'फुलवाड़ियों' में। उनके अलहदा और उम्दा संग्रह तैयार होने चाहिए।

पुनः पुनश्च :

अह...ऽऽ...! आज सवेरे का नाश्ता! मैं आज नहा-धोकर नितनेम उपरांत ठीक 7 बजे काम पर बैठ गया था। 9.30 हुए, नाश्ते का कोई 'खुर-खोज' नहीं। प्रातः 4 बजे शय्या त्यागी। भूख भयानक होने को आई तो मैंने बिज्जी के कक्ष की बाहर खुलने वाली खिड़की पर गुहार लगाई, "चिमनारामजी!"

उन्होंने आवाज सुनते ही अंदर से प्रत्युत्तर दिया, "आ जाओ...!"

मैं कमरे में पहुंचा तो बिज्जी अपनी हस्बेमामूल पोजीशन में पाट पर चित लेटे थे। जाग रहे थे, सो पाट के करीब जाकर कहा, "प्रणाम करूं सा!"

"कौन है भाई!" उन्होंने अपनी बुझी-बुझी-सी आंखें स्थिर करने की कोशिश करते कहा। मैंने नाम बताया, तो बोले, "बोलिए मालचंदजी, कैसे पधारे?"

मैंने कहा, "नाश्ता करने आया हूं।"

उन्होंने अपने छेड़ वाले राजस्थानी लहजे में कहा, "अठै कांई मांगे रे!" (मतलब—तेरी यहां कौन-सी लेनदारी हुई!)

मैंने हंसकर जवाब दिया, "मैं तो यहीं मांगता हूं, बड़ा हठी याचक हूं, द्वार से नहीं हटूंगा!" (काश, इन संवादों को मैंने जैसी राजस्थानी में बोला, उसे पूरा हिंदुस्तान सुन और समझ सकता!)

पर बिज्जी मेरी परिहास—परिपूर्ण ध्वनि—ध्वनि के व्यंजक-रस में डूबे और मेरे जवाब पर प्रसन्न हुए। यह था आज के प्रात का प्रातः प्रसाद।

तब तक चिमनारामजी आ गए। पूछा, "क्या कह रहे हैं वाभा?"

मैंने यह राम-हनुमान संवाद उन्हें सुनाया तो वे भी खिलखिलाए। तत्क्षण गए और मेरा नाश्ता लेकर आए—परांठे, दही, लहसुन की पिसी हुई चटनी और...और लोंदा भर मक्खन।

बिज्जी को नाश्ते का मीनू पढ़कर सुनाया गया। बोले, "चिमनिया, मक्खन मैं भी खाऊंगा...!"

और यह कितनी बुरी बात है कि यहां, बोरूंदा में मेरे पास 'गीता' तो है, पर ग़ालिब का 'दीवान' नहीं। दोनों किताबें एक ही तो काम करती हैं, मनुष्य को निस्संग, केवल अपने स्व के साथ रहना सिखाती हैं। एक अपनी गुरु-गंभीर और बौद्धिक शैली में, तो दूसरी अपने बेहतरीन पुरलुत्फ खिलंदड़ी अंदाज में। पर कॉमन चीज एक—दोनों को पढ़-पढ़कर मेरा स्व पिघलता है—बहने को...बह पड़ने को आतुर हो आता है।

8 अक्टूबर, 2013

आपको राई-रत्ती जान चुका हूं

आज नाश्ते के समय पाटासन पर विराजमान बिज्जी ने एक बड़ा अप्रत्याशित प्रश्न मुझसे पूछा। मैं सोफे पर था। नाश्ता अभी आया न था। बिज्जी के पास चिमनारामजी पाट पर ही बैठकर उनकी पीठ खुजला रहे थे।

उन्होंने यत्किंचित् मुख उठाकर कहा, "मालू! विचारधाराएं...।" और चुप।

मुझे हंसी-सी आ गई। जिस देह के 'अनासिर' का कुल वजन अब 40 किलो भी न हो, उसका चैतन्य इतना प्रखर!

डॉ. छगन मोहता बार-बार उद्धृत किया करते थे। उनकी एकमात्र बेजोड़ कृति 'संक्रांति और सनातनता' के एक संलेख में भी उद्धृत है—*ज़िंदगी क्या है अनासिर में जहूरे-तरतीब/मौत इन अजमां का परीशां होना।* शे'र शायद अकबर इलाहाबादी का है।

मतलब जिंदगी 'अनासिर' (पंचभूतों—क्षिति, जल, पावक, गगन, समीरा—किष्किंधाकांड, रा.च.मा.) में एक 'जहूरे-तरतीब' (सुव्यवस्था) का ही तो नाम है, और मौत? इन 'अजमां' अर्थात् तत्त्वों का परीशां होना! जीवन और मृत्यु की ऐसी दो-टूक परिभाषा विश्व-साहित्य में कहां मिलेगी?

बहरहाल, जब मैं अपनी हंसी लिये उठकर बिज्जी की चिरसंगिनी खाली गोल घूमने वाली कुर्सी पर उनके स्पर्श की सीमा में जा बैठा, तो उन्होंने पूछा, "तेरी विचारधारा क्या है?"

मैंने हंसने का लुत्फ उठाते कहा, "आप तो कबीर के बड़े मुरीद रहे हैं;

'दूजो कबीर' कहानी लिखी है, मैं उसी कबीर का पंथानुयायी हूं—कबीरपंथी!"

वे प्रतिक्रियाविहीन चेहरा लिये मुझे ताकते रहे।

मैंने सस्वर कबीर की साखी सुनाई उन्हें— *कबीर कुतिया राम का, मुतिया मेरा नाम। गले राम की जेवड़ी, जित खेंचे तित जाम!*

वे फिर भी चुप और भाव-निस्पंद!

मैंने कहा, "आपकी 'फुलवाड़ियों' के विचारधारात्मक परिप्रेक्ष्य का एक विस्तृत अकादमिक अध्ययन होना चाहिए।"

फिर भी बंदा अविचल।

मैंने फिर कहा, "आप तो मार्क्सवादी रहे हैं, लेकिन मेरा उसके दार्शनिक विचार—द्वंद्वात्मक भौतिकवाद—में विश्वास नहीं। मेरा भक्तिमार्गी चित्त इस दर्शन की पदार्थ-प्राथमिकता से विचलित हो जाता है। हां, मार्क्सवादी दर्शन के परम हेतु—लोकमंगल—का मैं भी आप जैसा ही अनुगामी हूं।"

अब वे थोड़ा-सा हंसे। पूछा, "नवरात्र का व्रत रखता है?"

मुझे याद आया, आज चौथा नवरात्र है। मैं सोचता ही रह गया, वे बोले, "मैं तो पूरे नौ नवरात्रे रखता हूं।"

पवित्रम झूठ और पवित्रम विनोद! तभी उनके चिरसंगी चिमनारामजी ने उनके झूठ का मजा लेते गर्दन झुकाकर पूछा, "हूंऊ...! आप नहाते कब हैं वाभा?"

बिज्जी ने अपना शताधिक बार दोहराया झूठ फिर पूरे आत्मविश्वास से दोहराया, "कभी रात को अढ़ाई बजे, कभी तीन बजे, कभी-कभी उठने में देरी हो जाती है तो तड़के चार बजे!"

मैंने कहा, "आपकी एक कहानी में एक धोबिन होती है। वह भी तैरने की बड़ी शौकीन होती है, लेकिन किसी के सामने नहीं तैरती। बड़े तड़के अंधेरे-अंधेरे ही तैर लेती है। किसी को पता नहीं चलने देती। लोग तो बस उसे तालाब या नदी पर कपड़े पछीटते ही देखते हैं...है न!"

बिज्जी थोड़ा सा मुस्कुराकर गर्दन हिलाते हैं।

मैं पुरलुत्फ लहजे में कहता हूं, "अब आपका कोई भेद मुझसे नहीं छिपा।

आपकी 'फुलवाड़ियों' का अनुवाद करते-करते आपको राई-रत्ती जान चुका हूं।"

अबकी वे सच्चे चकित भाव से मुझे देखते हैं।

मैं फिर उनका दिल बहलाने की सच्ची नीयत से कहता हूं, "महाभारत के लिए ख़ुद व्यासजी ने भी बड़बोलेपन में कोई कसर नहीं छोड़ी। और उनका कहा झूठा भी नहीं प्रतीत होता, कि जो महाभारत में है, वह सर्वत्र है और जो महाभारत में नहीं, वह कहीं भी नहीं।"

वे रस लेते जान पड़ते हैं।

इस बीच मेरा नाश्ता आ जाता है। द्वार पर घर की कोई बहू दस्तक दे रही है। चिमनारामजी अपनी घायल टांग को सहेजते से द्वार तक जाते हैं और नाश्ते की थाली थाम लेते हैं। मैं सोफे पर नाश्ता ग्रहण करने जाने से पहले बिज्जी से पूछता हूं, "आपकी इजाजत हो, तो आपकी तरफ से ऐसा एक बयान 'फुलवाड़ियों' के लिए भी जारी कर दूं?"

वे कहते हैं, "तू अपनी तरफ से ही कर दे...!"

चिमनारामजी मुझे धकेलते हैं, "नाश्ता ठंडा हो जाएगा—प्याज की नमकीन पूड़ी लगती है...न अचार चाहिए, न सब्जी। लीजिए!"

सी.पी. साहब रूसी नामों की तर्ज पर आज भी चिमनारामजी को चिमनोव्स्की कहकर बुलाते हैं। ठीक है, दोस्तोयव्स्की हुए होंगे रूस में, यहां बोरूंदा में तो हमारे अत्यंत प्यारे चिमनोव्स्की विराजमान हैं, अनन्य बिज्जी स्नेही!

9 अक्टूबर, 2013

मोरा बाला चंदा का जैसा हाला रे!

गीता पढ़ता हूं, रोजाना सुबह-शाम और उसमें प्रयुक्त शब्दों पर रस ले-लेकर विचार करता हूं। कहें रसमय चिंतन, रसीला चिंतन। कहा भी गया है—रसौ वै स। (इसका शुद्ध पाठ किसी संस्कृत-ज्ञानी से पूछकर लिखना पड़ेगा) इसी तरह एक और शब्द मुझे सोचने पर मजबूर करता है। 'एल.आई.सी. ऑफ इंडिया' वालों के जाने किस आदिपुरुष ने उनका आद्यावधि प्रयुक्त सूत्र-वाक्य 'गीता' से चुना। देखिए, मेरे चैतन्य की सुंदरतम घटना। यह श्लोक मुझे याद ही हो गया है : *अनन्याश्चिन्तयन्तो मां ये जनाः पर्युपासते। तेषां नित्याभियुक्तानां योगक्षेमं वहाम्यहम् ॥* मिल गया न 'एल.आई.सी.' वालों को 'योगक्षेम वहाम्यहम्!' उन्होंने योगक्षेम के म पर से बिंदी हटा दी या वह काम में लेते-लेते घिस गई, पता नहीं। क्या पता, लगाते भी हों, ठीक से लगती न हो, या फिर किसी क्रिया-प्रतिक्रिया की चपेट में आकर कान के पीछे जा लगती हो? कौन जाने, सद्गृहस्थ पतियों-पत्नियों से पूछिए, ये बिंदी अगली सुबह कहां-कहां पाई जाती है अथवा बरामद होती है। आपने दिलीप कुमार की अमर फिल्म 'गंगा-जमना' तो देखी होगी! देखी है, तो लता का कोयल को भी शर्मिंदा करने वाला वह कूहू-गीत भी याद होगा— *ढूंढ़ो ढूंढ़ो रे बालमा, मोरे कान का बाला! मोरा बाला चंदा का जैसे हाला रे!...ढूंढ़ो ढूंढ़ो रे बालमा...!*

अशोक वाजपेयी ने साहित्य अकादेमी में ठीक भाषण दिया, "इतनी फुर्सती तौर-तरीकों वाली हिंदी ससुरी इस आती दुनिया में टिकेगी कहां?"

लोग अमिताभ बच्चन को विमुग्ध होकर देखते हैं, हाय, कितनी खांटी हिंदी

बोलते हैं! प्रेमचंद से पेश्तर अमीर खुसरो, ग़ालिब और यहां तक कि गांधी के देश में हिंदी ससुरी को यह दिन भी देखना बदा था? देश के मार्क्सवादियों से पूछिए, उनके पास तो हर सवाल का उत्तर होता है। और बिंदी तो आज मात्र उन्हीं के भाल पर तिलकित है—वृन्दा करात। बिज्जी ने चिमनारामजी को उनकी कुम्हार जाति के श्रेष्ठता-अहंकार से सावधान करते कहा था, दो-तीन दिन पहले—एक कुम्हारा सांप भी तो होता है! करात...तौबा-तौबा...काटने पर आदमी पानी न मांगे! चाहे कोई अपढ़ोत्तम योगगुरु ही क्यों न हो!

बहरहाल, आज मेरे बेटे की वाग्दत्ता हमारे घर की बहूरानी स्वाति ने एक सिफारिश के सिलसिले में 'पापा-पापा' करते मुझे फोन किया था। स्त्री-मुख से यह संबोधन सुनना मेरे मनुष्य जीवन की आदिमतम तृष्णाओं में एक कैसे है, इसका अन्वेषण मैं ख़ुद भी करना चाहूं, तो मुझे अपनी ही लिखी एक अति प्राचीन कहानी 'गुड़िया' पढ़नी पड़ेगी। कोई भी चाहे तो पढ़े। दूसरों के पढ़ने के लिए ही तो लेखक लोग कहानियां-उपन्यासादि लिखते हैं। चलिए, मैंने अपनी बहू-बिटिया का मित्रवर कमल रंगा के सांसारिक पुरुषार्थ के बल पर खूब हुक्म बजा दिया। उसको फोन करने की बजाय मैंने उसके भावी पति, अपने बेटे सुकांत को फोन कर कहा, "स्वाति से कहना, पापा ने दसवीं कक्षा में पास होने के लिए रटी हुई अपनी अंग्रेजी में लिखी जाने वाली छुट्टी में हस्ताक्षर से ठीक पहले लिखने योग्य जुमले—*Your's obidiently*—की तर्ज पर तेरा हुक्म बजा दिया है।"

वह हंसा, फिर कहा, "आप ही उसे अपनी स्टाइल में एसएमएस करके बता दें, उसको बड़ा मजा आएगा।"

मैंने कहा, "तेरी मां कहती है, मैं किताबी आदमी हूं, एक पुरानी किताब में जल्दबाजी के खिलाफ भी एक दोहा है—*धीरे धीरे रे मना, धीरे सब कुछ होय। माली सींचे सौ घड़ा, रुत आए फल होय*। तेरे साथ करने वाले स्तर पर उसके साथ बात करने की रुत तो आने दे!"

वह फिर हंसा और हंसकर हथियार डाल दिये।

हथियार डालने की क्रिया हंसकर की जाए तो वह मूढ़ पराक्रम को परास्त कर वरेण्य हो जाती है। बहरहाल, उसने बताया, अपने किसी दोस्त को कहकर उसने अपनी मां को घर की गाड़ी इस महीने की सड़क पर यत्किंचित् और आगे धकेलने के लिए तीन हजार रुपए भिजवाए हैं। मैंने अपनी दीनता का बयान किया, "मैं मांगूंगा तो देने में महेंद्र बाबू क्षण-भर की देरी न करेंगे, पर बेटा, 'फुलवाड़ियों' का काम समापन पर है, शेष सारी रकम एक साथ ले चलूं तो अपने घर की इस वर्ष की दिवाली सचमुच की दिवाली हो जाएगी!"

उसने कहा, "हां, पापा! यही ठीक है...पर आप भुगतान कैश में ले लेना!" उसने बताया कि कोई खबर पढ़ी है, सुप्रीम कोर्ट ने *Verdict* दिया है—एटीएम

के बारे में। उससे दिक्कत हो सकती है।

मैंने कहा, "इतनी बातें मैं जानता नहीं...और महेंद्र बाबू तो धन-जगत् के तुमसे कहीं-कहीं-कहीं बहुत बड़े होनहार ठहरे! उनको तेरा कहा बता दूंगा तो वे ही कोई तरीका निकाल देंगे!" और मैं अपनी बुद्धि के मसखरेपन से चकित रह गया। कहें—उसके रस-पक्ष से अभिभूत हो गया, जब अपने को उसे यह खुलासा देते पाया, "बेटा, गीता में लिखा है— *अनन्याश्चिन्तयन्तो मां ये जनाः पर्युपासते। तेषां नित्याभियुक्तानां योगक्षेमं वहाम्यहम्॥* वह चकराया ही होगा। मैंने संभाला, "तू तो इतना समझ ले, भारतीय कानून-जगत् का शब्द है न अभियुक्त, इसका अर्थ तो तू भी खूब जानता है...इस श्लोक में भगवान ने कहा है कि हमेशा मेरे साथ चिपके रहने वाले, संसार-दृष्टि से ये जो रोज के अपराधी हैं न, नित्य अभियुक्त, उनके योगक्षेम का वहन अर्थात् उनके पास जो है उसकी हिफाजत और उनको जो चाहिए उसका जुगाड़, मैं करता हूं। धन के मामले में मेरे जैसे दसवीं फेल के बारे में भी भगवान ही जानते हैं। अपराधी अभी 'क्वालिफाइंग' परीक्षा ही दे रहा है, और वह बेचारा परीक्षा-कक्ष में है, इतना तो वे कर ही देंगे!"

गीता के श्लोक की ऐसी रससिद्ध व्याख्या मानो मैंने नहीं की, कोई और ही बोल गया मेरे मसखरे मुंह से। भगवानजी, अपने पर अहंकार करने की आपकी मनाही है, फिदा होने की तो नहीं! ऐसा आत्मरस तो वर्जित नहीं करते न आप? न सही 'व्यवसायात्मिका', अपने होने मात्र का परम रस लूटती ऐसी संसार-निर्लोभ बुद्धि क्या सराहनीय नहीं? ऐसी दुर्बुद्धि के मेरे आद्याचार्य परम श्रद्धेय प्रातःनिंदनीय श्रीमान मिर्ज़ा ग़ालिब भी तो कह गए— *नाकर्दा गुनाहों की हसरत की मिले दाद / या रब गर कर्दा गुनाहों की सज़ा है...*। मैंने जो गुनाह नहीं किए और करने की हसरत रखी, उस 'हसरत' की तो तारीफ करें भगवन्! अगरचे आपके यहां मेरे किए गए गुनाहों के लिए दंड का प्रावधान तो है ही! मेरा खयाल है, मुल्के-हिंदुस्तान के ये पांच सुखनवर, सरल हिंदी में कविगण, अल्लाताला को भी बड़े पसंद आते होंगे—कबीर, तुलसी, सूर, ग़ालिब और रवींद्रनाथ टैगोर...। मीरा के पसंद आने की तौर खैर, कन्हैयालाल की अपनी वजहें भी हो सकती हैं। आमीन!

पुनश्च :

लतीफागो इंसान ठहरा। सोते-सोते लतीफा याद आ गया। वह भी मियां-ए-मरहूम मिर्ज़ा ग़ालिब का। उनके अपने युग में तो 'मिर्ज़ा' कहने से ही काम चल जाता था। पर अब वे पानी मुल्तान गए! बहरहाल अयोध्या प्रसाद गोयलीय (प्रकाशक : ज्ञानपीठ या हिंदुस्तानी अकादमी?) द्वारा लिखित ग़ालिब की

जीवनी में यह किस्सा दर्ज है : माहे-रमजान में एक मौलवी ग़ालिब से मिलने आया। वे अपनी कोठरी में अकेले बैठे 'गंजीफे' के पत्ते मिला रहे थे। मौलवी ने कहा, "लाहौल-विला-कुव्वत, इस पाक महीने में तो शैतान भी हरकत नहीं करता, और आप हैं कि गंजीफा खेल रहे हैं!" ग़ालिब ने जवाब दिया, "बेशक! लेकिन शैतान जब कुछ नहीं करता तो कहीं बैठा भी तो रहता होगा। यह वही कोठरी है, जहां माहे-रमजान में शैतान पूरे महीने आराम फरमाता है।"

नवरात्र के प्रदर्शनी शोर-शराबे से तंग आकर मां कहां आराम करती है? यहां तो नहीं? मेरे इस एकांत परिसर में?

10 अक्टूबर, 2013

पर्यायवाची लिखने के बाद भी रोता है रे!

बिज्जी दो दिन से बड़े अन्यमनस्क लग रहे हैं—मुख विवर्ण, आंखें निस्तेज और देह की बची-खुची गतियों में भी एक अनुत्साह-सा। आज नाश्ते के लिए गया तो चिमनारामजी उनके ऐन बाजू बैठकर उन्हें दूध के साथ सेब को काटकर मिक्सी में चला देने पर बनने वाला सर्वथा 'अनऑर्थोडोक्स' शेक पिला रहे थे। इसे बिज्जी जूस कहते हैं और कई बार स्नेहावेग में आकर मेरे मत्थे भी मढ़ देते हैं। गाय के ठंडे दूध में सेब की यह घोटाई, कभी कर देखिए, पीते वक्त बला की घुटन पैदा करती है, पर बिज्जी को पसंद है। वैसे इसकी भोजन गुणवत्ता तो खैर बेजोड़ है ही। वे बड़े निस्संग भाव से चिमनोजी के कराए कटोरा-अधर सम्मिलन पर एक-एक घूंट 'जूस' पी रहे थे। पास में एक सिंका हुआ पापड़ रखा था। मैंने आकर हस्बेमामूल पांव छुए और कहा, "प्रणाम करूं-सा...।"

आंखें बस कांपी भर। न उठीं, न गिरीं। बोले तो कतई नहीं।

मैं सोफे पर जा बैठा। चिमनारामजी ने उनके दाएं कान के एकदम करीब अपना मुंह ले जाकर किंचित् जोर से कहा, "मालजी प्रणाम कर्यौ, जबाब क्यूं नीं दियौ?"

फिर भी चुप।

मैं सोफे पर बैठा अपने नाश्ते की प्रतीक्षा करने लगा। तब तक वे खा-पी चुके। चिमनारामजी ने प्लास्टिक के एक धामे में उन्हें कुल्ला भी करवा दिया। मैं उनके निकट की कुर्सी पर जा बैठा। आमतौर पर सवेरे कमरे में जाने पर उनका मुझसे पहला सवाल होता है, "कौन-सी कहानी कर रहा है?"

आज चुप।

मैंने ही कहा, "बारहवां भाग पूर्ण होने को है। आखिरी कहानी चल रही है—'ठग की साहूकारी'। यह हिंदी में छपी कहीं?"

उन्होंने गर्दन भर हिलाई, इनकार में।

मैंने प्रतिवाद किया, "इतनी धाकड़ कहानी तो हिंदी में छपनी चाहिए थी।"

नो कमेंट।

चिमनारामजी हाथ के सारे काम खत्म कर उनके बाजू आ बैठे। पीठ खुजलाने लगे। मैं चिमनारामजी से बतियाने लगा। वे चुप। यह एक असंभव-सी चुप्पी हुई उनकी। कोई दो लोग या ज्यादा भी, उनकी उपस्थिति में उन्हें शामिल किए बगैर बात नहीं कर सकते, उनका यह तरीका आजीवन देखा है मैंने। कोई बात, गुन-गुन, हंसी उनके कानों में पड़ी नहीं और उन्होंने पूछा नहीं, "क्या बात कर रहे हो भाई...मुझे भी तो बताओ।"

हाल के दिनों में इस पर चिमनारामजी उच्चैःश्रवा परिमाण पर जाकर कहते हैं, "कोई बात नहीं है...।"

मां, यह क्या हो रहा है मुझे? इतना उद्वेग क्यों मुझमें, सो भी बिना किसी तात्कालिक कारण के? भगवन्, आपने गीता में तो कह दिया, पर अब कैसे पता चले कि कौन-सा गुण किस गुण में बरत रहा है? 'गुणा गुणेसु वर्तन्ते'! भगवन्, कोई 25 वर्ष पहले, मैंने इसी बोरूंदा में अपने आज जैसे ही चित्त-विक्षिप्त प्रवास में कोई एक सप्ताह गुजारा था। मैंने अपनी तब की उम्र को सर्वथा शोभनीय उत्कंठा और महत्त्वाकांक्षा पर सवार होकर आर.ए.एस. (राज्य सेवा) की परीक्षा दी थी। शायद 1989-90 ई. की बात है। पहले ही प्रयास में लिखित परीक्षा पास कर साक्षात्कार के द्वार पर जा पहुंचा था। बिज्जी उन दिनों तक मुझसे प्यार करने लगे थे। उनकी कहानी पर आधारित प्रकाश झा कृत फिल्म 'परिणति' श्रीडूंगरगढ़ में 6-7 महीने के स्थायी डेरों वाले लंबे शूटिंग शेड्यूल के साथ शुरू होकर प्रदर्शित भी हो चुकी थी। उस फिल्म की और झा बंधुओं—प्रकाश झा और उनके अनुज प्रभात झा, जो आजकल कहीं पाए नहीं जाते—की कहानी फिर कभी।

इसी अवधि में मेरा मात्र सप्ताह-भर में जिद पर सवार होकर लिखा गया उपन्यास 'पर्यायवाची' भी प्रकाशित हो चुका था। बिज्जी इस उपन्यास पर इस कदर मुग्धाधिमुग्ध हुए कि मिलने पर अपनी अतिवादी शैली में यों बधाई दी, "इस उपन्यास में तो तूने मुझे ही मात दे डाली।"

तो इस उपन्यास के प्रकाशन के अगले दो-तीन वर्ष की ही बात है। लिखित परीक्षा पहले ही प्रयास में पास कर मैंने अपनी प्रादेशिक प्रशासनिक सेवा का साक्षात्कार दिया और अनुत्तीर्ण रहा। मेरी सिफारिश मात्र बिज्जी। मेरे साक्षात्कार बोर्ड के प्रमुख, राजस्थान के एक सेवानिवृत्त सम्माननीय आई.पी.एस. अधिकारी स्व. श्री भवानीमल माथुर। बिज्जी के अनन्य मुरीद। बिज्जी ने कहा था मुझसे, "मैंने भवानी को कह दिया, मेरा एक भतीजा भी साक्षात्कार दे रहा है, लेकिन

मालचंद तिवाड़ी मेरे बेटों से भी बढ़कर है!''

बिज्जी न सही, भवानी साहब रहे होंगे दुनियादार। बिज्जी के भतीजे का प्रशासनिक सेवा में चयन हुआ, मेरा अधीनस्थ सेवा में। मैं बना शिक्षा विभागीय बाबू से बदलकर सहकारी निरीक्षक। जीवन की एक भीषण भूल—इस पद पर ज्वाइन करना। पर वह अलग अध्याय। बस, इसी निराशा का मारा मैं मनोरोग के कगार पर जा पहुंचा और जिसे कहते हैं—हवा-पानी बदलना—उसके लिए रूपायन संस्थान, बोरूंदा आ पहुंचा। इधर मैं मासूम, उधर तब यह बमुश्किल 10 से 12 या अधिकतम 15 हजार मनुष्यों की आबादी वाला ग्राम बोरूंदा मासूम। आज बिज्जी अपने चेतन-अचेतन के झूले में जिन परिजनों के आतंक और अवहेलनाओं के दुःस्वप्न झेल रहे हैं, तब उन्हीं में से एक को बोरूंदा का सरपंच बनाने के प्राणपण संकल्प के साथ इस कदर लगे हुए थे कि मेरी उनसे पूरे सप्ताह मुलाकात भी न हो पाई। मेरे मित्र बिज्जी-पुत्र सदैवजी तब वर्तमान थे। वे मुझे संभालते-बहलाते रहे। चुनाव संपन्न हुआ। बिज्जी जिसे जिताना चाहते थे, जीत गया। पहली फुर्सत में वे मुझे संभालने आए तो मैं उनके सामने रो पड़ा। आज बिज्जी के उसी दिव्य-दर्शन का स्मरण कर रहा हूं। बिज्जी ने मुझे मेरे रोने पर अपनी मौलिक लोक-शैली में यों फटकारा था, ''भोड़ा रोवै कांई रे! थूं कै तो बीस आर.ए.एस. अफसरां नै रूपायन (संस्थान) में राखूं...रोटियां घालूं, आवला चावला करूं...माथै बैठाऊं...तोई जे बीसूं मिलनै 'पर्यायवाची' जैड़ो उपन्यास लिख दे तो म्हनैं 'फोट' कै दीजै...'पर्यायवाची' लिख्यां पछै ई रोवै रे...। धिक्कार है थनै!''

बिज्जी के इस कौल के हिंदी अनुवाद से कल का पन्ना शुरू करूंगा। पर यह लिखकर सारी उमड़-घुमड़ कुछ शांत-सी हो गई। पूर्णमदः। पूर्णमिदम् पूर्णात् पूर्णमुदज्यते/पूर्णस्य पूर्णमादाय पूर्णमेवावशिस्यते...शांतिः शांतिः शांतिः।

11 अक्टूबर, 2013

करणी समौ न देवता, गीता समौ न पाठ

कल का कौल मुझे याद है। राज्य सेवा का प्रशासनिक अधिकारी बनने में विफल रहने पर बिज्जी द्वारा किया गया मेरा नागरिक नहीं, नितांत निजी और अंतरंग अभिनंदन राजस्थानी से हिंदी में लिखने पर इस प्रकार पढ़ा जाएगा, 'भोड़ा (एक भीमकाय गाली का लघुतम संस्करण) रोता क्या है रे! तू कहे तो बीस आर.ए.एस. अफसरों को छह महीने तक रूपायन संस्थान (बोरूंदा स्थित) में रखूं, रोटियां खिलाऊं, मनुहारें करूं, सिर पर बिठाऊं...तो भी वे बीसों मिलकर 'पर्यायवाची' जैसा उपन्यास लिख दें तो मुझे 'फोट' (धिक्कार!) कह देना! 'पर्यायवाची'

लिखने के बाद भी रोता है रे...! लानत है तुझे!'

यह तो हुई कल की बात। कल रात राजस्थानी के दो लेखक, मित्र-द्वय, श्री भरत ओला और ओम पुरोहित 'कागद' बिज्जी और मेरे साझे मेहमान बनकर आए। जोधपुर आए थे। कोई सरकारी प्रशिक्षण था। विधानसभा चुनाव (शीशारूढ़!) के सिलसिले में। दोनों सरकारी शिक्षक ठहरे। पर कहा, हमें जोधपुर स्थित राष्ट्रीय साक्षरता मिशन के राज्य संदर्भ केंद्र ने बतौर लेखक बुलाया था। अच्छी बात। पर एक पत्थर में दो पक्षी ढहाने या एक तीर में दो शिकार करने वाली जॉन-कांट-मिल नामक पश्चिमी दार्शनिक त्रयी का अंग्रेजों और अंग्रेजी के शासन में भारतवर्ष को मिले गुणकारी प्रसाद का उपयोगितावादी जीवन-दर्शन—कि उन्होंने इसी यात्रा में बिज्जी-दर्शन का भी कार्यक्रम बना डाला। समकालीन भारतीय नागरिक की शायद यही सबसे बड़ी विडंबना है कि वह सर्वथा आत्महीन व्यवहार करने पर उतारू है। नंदकिशोरजी की एक खौफनाक कविता है—'आत्मकथा'। आत्मकथा लिखने न लिखने की दुविधा पर! लिखने बैठो तो सहसा पता चलता है, आत्म को तो जिया ही नहीं, फिर कैसी आत्मकथा? ईसा मसीह के अंतिम शब्दों में—वे नहीं जानते कि वे क्या कर रहे हैं! दोनों मित्र अपनी नव-प्रकाशित पोथियां लेकर आए। बिज्जी के हाथों लोकार्पण हो जाए। खबर बन जाए। राम ने तो एक अहल्या का उद्धार किया, पर साहित्य की पतिताएं राह-राह भटकती मिलती हैं, कोई राम दिख भर जाए! चाहे नामवर सिंह हों, चाहे अशोक वाजपेयी, चाहे विजयदान देथा, अहल्याएं अहल्योद्धार के लिए हर दोराहे-चौराहे पर नत-शिर खड़ी मिलती हैं।

बहरहाल, सवेरे चिमनारामजी ने बिज्जी को मना-मुनूकर राजी किया और उनके अंग-अंग को गरम पानी में भीगे तौलिये से रगड़-पोंछकर चमकाने के बाद एकदम लोकार्पण-कर्ता बनाकर व्हील-चेयर पर बिठा दिया। बिज्जी एकदम पस्त, प्राय निश्चेष्ट! किताबें उनकी गोद में अटका भर दी गईं। फोटो खिंचे, फेसबुक पर लगे, ई-मेल हुए और समाचार विश्वव्यापी हो गया। यह जो हिंदी का 'सम' उपसर्ग है, इसके साथ जितना दुराचार इस 'समाचार' शब्द में होता है, और कहीं नहीं। वैसे तो, अर्थ की गंभीरता में, सम्यक् रूप से किए गए आचार को ही 'समाचार' कहा जा सकता है। 'विष्णुसहस्रनाम' की फलश्रुति में एक श्लोक भी है : *सर्वागमानामाचारे आचारो परिकल्पते। आचारप्रभवोधर्मः धर्मस्यप्रभु अच्युतः॥*

पुनश्च :

आज सवेरे सुकांत का फोन आया था, करीब 9.30 बजे। कहा, ''पापा, दिल्ली में तो भारी बारिश हो रही है। दिल्ली रुकी पड़ी है। जगह-जगह ट्रैफिक जाम।

सब-कुछ जलजलाकार।''

और अपराह्न 4 बजते-बजते यहां भी घटाएं घिर आईं। मित्रों को 12.30 की बस पकड़वाकर तुरंत काम पर आ बैठा था। कब 4 बजने को आए, पता न चला।

अचानक मेरे कक्ष के द्वार पर चिमनारामजी की आवाज सुनाई पड़ी, ''क्या अंदर बैठे हो मालजी! देखो, कैसा मेह उमड़ा है...आपको यह बादलों का सिंहनाद सुनाई नहीं देता?''

बाहर झांककर देखा, तो एक दिशा में (बोरूंदा में मैं एक ही दिशा—'फुलवाड़ियों' के हिंदी अनुवाद के सिवाय—निर्णय के चक्कर में ही नहीं पड़ता!) सचमुच *'कबहुं नयन मम सीतल ताता। होइहहिं निरखि स्याम मृदु गाता'* वाले सीता-प्रश्न का परिदृश्यात्मक उत्तर सम्मुख खड़ा था। पर चिमनारामजी गगन के इस नील-गात को देखकर भयातुर और चिंतातुर हो रहे थे। हमारे मार्क्सवादी मित्र, कोना-पसंद, प्रेमचंद में अपनी पसंद का कोना उनके इन शब्दों में ढूंढ़ते ही रहे हैं कि 'बादलों को देखकर होने वाली मानवीय प्रतिक्रियाओं में एक किसान और एक खाए-अघाए जमींदार की प्रतिक्रियाएं भिन्न-भिन्न होंगी ही!' शुद्धिमार्गी शिक्षक-गण, मैंने लटकती कॉमाओं (Inverted comas) में प्रेमचंद के शब्दों को नहीं, अभिप्राय को रखा है, त्रुटि हो तो क्षमा करें! अस्तु, उन्हें एक बोरूंदाई भारतीय किसान के रूप में चिंता खाए जा रही थी कि आज अगर बेमौसम पानी पड़ गया तो पिछले दिनों की बेवक्त बरसातों के बावजूद उनके खेत में बची रही फसल चौपट हो जाएगी। कल ही उन्होंने मुझे बताया था कि आज उनके घर की स्त्रियों की देखरेख में कृषि-मजदूरों ने ज्वार निकाला और वह तीस मन के करीब उतरा है। शुक्र अल्लाताला का कि बूंदाबांदी हुई, पर बोरूंदा में बरसात न हुई।

चिमनारामजी ने ही बताया कि महेंद्र बाबू रात भर अपने परिवार के खर्चे पर बोरूंदा के एक मंदिर में भगवती जीण-माता के जागरण में रतजगा करने के बाद आज सुबह-सवेरे पांच बजे अपनी गाड़ी लेकर सुवाप गए हैं।

सुवाप, जोधपुर जिले की तहसील फलौदी का एक नन्हा-सा गांव। यहीं पर शारदीया नवरात्र की सप्तमी को लगभग छह सौ वर्ष पहले जगज्जननी करणी माता का जन्म हुआ था। बीकानेर राज्य की स्थापना में करणी माता का आशीर्वाद माना जाता है। दुर्गा की लोक-अवतार भगवती करणी चारण जाति में उत्पन्न एक कन्या थीं जिनका विवाह बीकानेर से 32 किलोमीटर दूरस्थ ग्राम देशनोक में देपावत चारणों के घर में हुआ। देशनोक में ही उनका देवी स्वरूप उद्घाटित हुआ और लोकश्रुत इतिहासानुसार बीकानेर नगर के संस्थापक राव बीका ने उनका प्रत्यक्ष आशीर्वाद प्राप्त कर बीकानेर नगर की स्थापना की।

मुझे अपना समूचा जीवन ही मां करणी के प्रसाद से संपन्न व प्रसादमय, अनेकशः अनुभूत हुआ है। एक प्रसंग मैं कभी नहीं भूलता। राजस्थानी भाषा, साहित्य एवं संस्कृति अकादमी के पुरस्कारों की घोषणा हुई थी। मेरी किताब 'उतर्यौ है आभौ' भी कतार में थी। कोई पुरस्कार न मिला। मेरे अग्रज मित्र, स्वर्गवासी मूलदान देपावत, देशनोक निवासी चारण थे। मुझसे अगाध स्नेह करते थे। और किसी के सामने नहीं, बस केवल उनके सामने मैं अपने लेखकीय पराजयबोध से विगलित होकर रो पड़ा था।

उन्होंने भी कमोबेश बिज्जी ही के रवैये में डांट पिलाई थी, ''रोवै कांई रे...! और लोग तो मां के सामने पल्लू बिछाकर याचना करते हैं, पर मैं तो देपावत चारण हूं, मां की संतान...मुझे अधिकार है कि पल्लू बिछाकर नहीं, मां का पल्लू पकड़कर जिद करूं...समझ ले, आज से मैंने तेरे लिए मां का पल्लू पकड़ लिया।''

और अगले ही साल, वर्ष 1997 ई. में, मुझे अपनी चालीस वर्ष की आयु पूरी होने के पेश्तर, दो पुरस्कार एक साथ मिले—साहित्य अकादेमी, नई दिल्ली का राजस्थानी पुरस्कार और उसी राजस्थानी भाषा, साहित्य एवं संस्कृति अकादमी का 'गणेशीलाल व्यास उस्ताद पद्य पुरस्कार', सो भी उसी किताब 'उतर्यौ है आभौ' पर! ऐसी मां-कृपाओं की अनेक अनुभूतियां हैं।

आज शारदीया नवरात्र की सप्तमी है। मां का हैप्पी बर्थडे। मां, चरण-वंदन! 'मोती समौ न ऊजळौ, चंदण समौ न काठ। करणी समौ न देवता, गीता समौ न पाठ!' मां, मार्ग प्रशस्त कर! संसार-यात्रा को सुगम कर!

12 अक्टूबर, 2013

राम-राम मालू!

आज बिज्जी ने लेटे-लेटे ही पूछा था मुझसे, ''कौन-सी कहानी कर रहा है?''

यह उनकी कदाचित् आखिरी संसार संलिप्ति है। कोई इसे 'मोह' भी कह सकता है। कभी-कभी मुझे भी शिकायत होती रही है, खासकर उन दिनों में, जब वे अनुवाद सुनने की जिद पर अड़ जाते थे। पर अब कुछ-कुछ समझ में आ रहा है कि जिसे वैराग्य अथवा वीतराग अवस्था कहते हैं, जिसको ठीक ही उच्चतर स्थान भारतीय चित्त-मन में हमारे मनीषियों ने दे रखा है, वह मामला इतना स्थूल नहीं। कोई ईश्वर के लिए वैराग्य साधे या किसी सर्जनात्मक कर्म—जो स्वाभाविक रूप से ही ईश्वरीय कर्म ही होगा—को ईश्वर के स्थान पर रखकर साधे, कदाचित् बात एक ही हो जाती है। आज लेटे-लेटे ही, पता नहीं किसे अपने निशाने पर लेते हुए—राम को या मुझको—मुझे बिज्जी ने अपना सस्वर

अभिवादन ज्ञापित किया, ''राम-राम मालू!''

उनके निरीश्वरवादी आत्मदर्शन में यह राम कहां से आया? यह सुबह नाश्ते के वक्त की बात थी। वे अपना पसंदीदा जूस पी चुके, तो सामने खाली पड़ी कुर्सी का 'हैंड रेस्ट' ठकठकाने लगे। यह मेरे लिए संवाद का निमंत्रण था। मैं जा बैठा वहां।

चिमनारामजी ने उनका मुंह छोटे तौलिये से पोंछकर पूछा, ''और...और क्या लाऊं?'' वे बिज्जी से छेड़खानियां कर-करके शायद अपने साथ-साथ बिज्जी को भी जीवन-रस से सींचने का बिना सोचा-समझा प्रयत्न करते रहते हैं।

''पापड़... !'' तय मीनू का अंतिम आइटम।

चिमनारामजी पापड़ लेने को उठे तो मुझे पास बुलाकर चुपचाप बैठे बिज्जी को निर्देश-सा दिया, ''मालजी को बुलाया है, तो बातें तो कीजिए! चुपचाप क्यों बैठे हैं?''

बिज्जी ने एक क्षणांश की भी देर किए बिना चिमनारामजी से कहा, ''विषय बता...बातचीत का कोई विषय तो हो!''

मुझे बरबस हंसी आ गई। मैंने उन्हें सुनाई दे, उतना ऊंचा सुर साधकर कहा, ''विषय से तो मनुष्य को दूर रहना चाहिए...मैं ठहरा ब्राह्मण, मेरे पुरखे तो यही कहते रहे!''

बिज्जी फिर भी चुप।

मैंने उन्हें बताया, ''नोबेल पुरस्कार की घोषणा हो गई। कनाडा की 82 वर्षीय कथाकार एलिस मुनरो को मिला है। उसे साहित्य-जगत् में 'कनाडा की चेखव' कहा जाता है, यद्यपि रूसी कथा-पुरुष अंतोव चेखव को बिज्जी आजीवन अपने तीन गुरुओं—शरत, रवींद्र और चेखव—में शुमार करते रहे हैं, पर इस वक्त नाम सुनकर कुछ न बोले। बीच में महेंद्र बाबू भी एक अन्य मिलने वाले के साथ बिज्जी-कक्ष में आए। उनके चरण छूकर प्रणाम किया। उनसे पूछा, ''बातों का लुत्फ उठा रहे हैं, जी'सा!''

पुनश्च :

आज सवेरे नाश्ते के पहले बिज्जी के पौत्र, मेरे स्वर्गवासी मित्र सत्यदेवजी के बेटे निर्मल ने उनकी शुगर भी जांची थी। प्रिकर से उनकी अंगुली के सिरे पर उनका एक बूंद खून छलकाया और 'ग्लूकोमीटर' में स्ट्रिप की नोक वहां छुआ दी। शुगर का स्तर आया मात्र 75 अर्थात् देह में मिठास के स्तर पर बिज्जी पूरी तरह निरोग। वे पिछले करीब बीस-पचीस सालों से 'डायबिटिक' हैं, पर चीनी के रोगी नहीं। उन्होंने कभी कुछ खाना नहीं छोड़ा। बस, दवाएं समय पर लीं और अपनी दिनचर्या को सुचारु रखा। चिकित्सा-विज्ञान चाहे तो शोध करे, पिछले

एक साल से तो वे शुगर की कोई दवा भी नहीं खा रहे। सीधा सूई से इंजेक्शन लगाने की नौबत तो खैर, कभी आई ही नहीं। सामान्य 60 से 110 की रेंज में शुगर का ऐसा स्वस्थ स्तर तो कदाचित् उनकी उम्र में किसी टेनिस के खिलाड़ी का भी नहीं मिलेगा। उनके दाएं हाथ पर अंगूठे और तर्जनी के क्षेत्र में ऊपर कलाई की तरफ एक लाल चकता पहली बार उभरा दिखाई दिया है। चिमनारामजी कहां चांस लेने वाले! उनके बुलाए बिज्जी के भतीजे सेवानिवृत्त चीफ मेडिकल हेल्थ ऑफिसर श्री भीमदान देथा उनको देख भी गए और एक ट्यूब भी भेज चुके।

"ब्लड प्रेशर?" मैंने निर्मल से पूछा।

उसने कहा, "थोड़ा कम रहता है, बढ़ा तो कभी भी नहीं!"

वाह! यह वरेण्य निरुद्वेगता है। मैं अपने तीस साल के लंबे वक्फे में एक क्षण भी खोजकर नहीं निकाल सकता, जिसमें मैंने बिज्जी को उद्वेग में देखा हो। गीता का श्लोक है—*युक्ताहार विहारस्य युक्तचेष्टाय कर्मसु। युक्त स्वप्नावबोधस्य योगो भवति दुःखहा॥*

इसका अर्थ गीता प्रेस, गोरखपुर कृत : दुखों का नाश करने वाला योग तो यथायोग्य आहार-विहार करने वाले का, कर्मों में यथायोग्य चेष्टा करने वाले का और यथायोग्य सोने तथा जागने वाले का ही सिद्ध होता है। (गीता, अध्याय 6, श्लोक 17)।

मैं विनम्रता से पूछता हूं, आपमें से कोई भी, जो बिज्जी को विगत बीस-पचीस वर्षों के रात-दिन के संग-साथ से जानता हो, क्या बता सकता है कि बिज्जी अगर ऐसे ही नहीं तो और कैसे नजर आए आपको?

आज 'फुलवाड़ी, भाग-12' का अनुवाद भी दाखिल-दफ्तर हुआ। मतलब मामले को एफ.आर. लगी। आज निर्मल ने मुझ पर बड़ा उपकार किया। वह अंधेरा घिरने पर नैना महारानी को ढूंढ़ता आया था। मैंने अपने कमरे की चौकी पर महारानीजी को भूतल पर बिराजे पाया तो पूछा, "टॉफी लोगी?"

उसने बंधी बांध रखी है। पिछले तीन-चार दिनों से मेरे कमरे के कई-कई चक्कर लगाती है और एक बार मेरी उसी के लिए लाई हुई 'टॉफी' स्वीकार कर अनुगृहीत कर देती है। आज अष्टमी है। घर से खबर थी कि चंदा ने खीर, पूड़ी और हवेजी (चने की दाल की तरकारी) बनाकर कन्या-भोजन का आयोजन रखा है। यह पिछले कई वर्षों में हमारा दोनों नवरात्रों का बड़ा प्रिय 'फीचर' है। छी:! फीचर! मुझ पर सरलता का यह विकटतम दबाव?

चंदा कोई दो महीने पहले सुकांत की सेकंड हैंड ह्यूंडई सैंट्रों में उसके साथ दिल्ली गई थी। सप्ताह भर बाद लौटी तो आज ही के दिन के लिए बेटे के साथ जाकर लाजपत नगर सेंट्रल मार्केट में की गई अपनी शॉपिंग में इन भगवती कन्याओं के प्रसादार्थ खरीदी गई सामग्री मुझे सबसे पहले दिखाई थी। बिज्जी

की भाषा में 'न न हों जैसे हेड बैंड...ये, वो...' क्या करूं, इस हेड बैंड से आगे मुझे कुछ याद ही नहीं आ रहा। तो आज वह हमारी लाड़ली पड़ोस-पौत्री नेत्री चारुलता के नेतृत्वशील प्रयास से हमारे घर पहुंची 10-12 छोटी-छोटी कन्याओं और लगे हाथ दो-चार अल्पकाय भैरवों को भी खीर-पूड़ी खिलाकर उन्हें इन उपहारों से लादेगी और जगत्माता को सिर्फ अपने घर, अपने पति, अपने पुत्रों आदि पर प्रसन्न होने की गुहार लगाएगी।

स्वार्थ, परार्थ और परमार्थ—बड़ी जटिल यात्रा है। मैंने अपने एक भू-व्यापारी मगर घोषित सत्संगी मित्र को हमारे बीकानेरी गुरु डॉ. छगन मोहता की किताब 'संक्रांति और सनातनता' में से उन्हीं का कहा एक अंश पोस्टकार्ड पर लिख भेजा था। वह अंश इस प्रकार था और है भी :

'अध्यात्म की यात्रा के तीन चरण होते हैं—स्वार्थ, परार्थ और परमार्थ। स्वार्थ के लिए कुछ करना नहीं पड़ता। वह तो स्वभावगत है। परार्थ साधना पड़ता है। अपने 'स्व' से इतर के लिए कितना जी रहे हैं, यह देखना पड़ता है। तब बारी आती है परमार्थ की। जो मनुष्य इन तीन सोपानों को जाने बिना 'स्वार्थ से सीधे परमार्थ' पर छलांग लगाता है, वह छल करता है—एक प्रकार का आध्यात्मिक छल!'

निर्मल और नैना महारानी का प्रसंग कल। शुभरात्रि!

29 अक्टूबर, 2013

फिर बेतलवा डाल पर!

फिर बैतलवा डाल पर! मैं आज दिन के 1.30 बजे बीकानेर से दिल्ली, श्रीडूंगरगढ़, पुनः बीकानेर, जोधपुर होता हुआ बोरूंदा पहुंच गया। आया तब घर में कदम रखते ही सबसे पहले बाहर पाटे पर बैठे चिमनारामजी से मुलाकात हुई। बताया, बिज्जी सो रहे हैं। मैं भी थका हुआ था, आते ही खाना खाकर सो रहा। पौने पांच बजे जगा। पलंग से उठकर कमरे के द्वार पर गया, तो फिर चिमनारामजी बाहर टहलते नजर आए। पता लगा, बिज्जी ने आज दिन का खाना नहीं खाया; सोते ही रहे। मेरे सूटकेस में थोड़ी रम रखी थी, पौने पांच का वक्त हो रहा था, मैंने चिमनारामजी को दावत दे डाली। वे आए। मैंने उनका पेग बनाया। अपने लिए एक कड़क चाय की कामना की और हम दोनों बातों में मशगूल हो गए। मैंने उन्हें अपनी भागमभाग भरी यात्रा की तफ्सील बताई।

बीकानेर से मैं सुकांत के साथ दिल्ली चला गया था। वहीं मधु आचार्य 'आशावादी', कार्यकारी संपादक, दैनिक भास्कर, बीकानेर का फोन आया। कहा, भाई साहब, आपको इस बार आना ही पड़ेगा।

वह कृतज्ञता-रूपी भावना से बीमारी की हद तक ग्रस्त है। आज वह बीकानेर

'दैनिक भास्कर' का संपादकीय सर्वेसर्वा है, लेकिन एक समय था जब मात्र एक रिपोर्टर था। उसी दौरान भास्कर ने मुझे एक एसाइनमेंट दिया था। रोजाना अखबार के दफ्तर में अलहदा बैठकर अखबार की समीक्षा करने का। यह गोपनीय प्रतिवेदन मैं तत्कालीन कार्यकारी संपादक श्री राजेश उपाध्याय को सौंपता। वे इसे 'भास्कर' के प्रधान कार्यालय भोपाल अग्रेषित करते। मैं अपने स्वभावानुसार 'भास्कर' के बीकानेर में तैयार पन्नों की रस ले-लेकर समीक्षा करता। लाल स्याही से लिखने का आग्रह था। आठ-दस पन्ने रोजाना। खबरों के साथ संवाददाताओं के नाम न होते। मैं अपनी चुटकुलेबाज शैली में एक-एक खबर की चिकौटियां काटता। उस्तादों के जबानी अमल के हवाले देता। काव्यांश, शे'र और लतीफे दर्ज करता। अखबार ने उन्हीं दिनों अपने कार्मिकों के मोटिवेशन के लिए बड़ी स्वस्थ प्रतिस्पर्धात्मक योजना चला रखी थी। प्रति सप्ताह एक रिपोर्ट का चयन होता और उसके रिपोर्टर को 750 रुपए का नगद इनाम मिलता। नीरज, मनमोहन, धीरेंद्र, मधु, हरीश आदि सब अपना उत्साह और हुनर आजमाते। मधु कुछ पीछे छूट रहा था, तो मैंने उसकी हौसला-आफजाई की और उसकी पर्यटन विषयक एक रिपोर्ट के 'इंट्रो' को हल्का-सा ट्विस्ट भर दे दिया। कभी-कभी मैं उसके साथ दैनिक अखबार की रिपोर्ट में भाषा, वर्तनी, विषयवस्तु के ज्ञान आदि की चर्चा भी कर लेता था। यह कोई ऐसी बात न थी कि वह मुझे अपना उस्ताद ही मान बैठे। ऐसा मैं अपने स्वभाववश किसी भी मान-आदर देकर बात करनेवाले अपने से छोटे शख्स के साथ करता। लेकिन मधु जब सीढ़ियां चढ़ते-चढ़ते 'भास्कर' के बीकानेर संस्करण के सर्वोच्च पायदान पर आ गया, तो सार्वजनिक रूप से मेरा गुरु-ऋण स्वीकार करने लगा। अपने तमाम उद्दाम दबदबे वाले ओजस्वी व्यक्तित्व के बावजूद उसके मन का यह कदाचित् अत्यंत संस्कारी और सुंदरतम पक्ष है कि वह अपने सिखाने वालों में छोटे-बड़े या कम-ज्यादा का मात्रात्मक भेद कभी नहीं रखता।

कांग्रेसी नेता और संप्रति बीकानेर नगर निगम के महापौर श्री भवानीशंकर शर्मा को वह अपनी पत्रकारिता का प्रथम गुरु मानता है, क्योंकि बरसों पहले उन्होंने ही उसे अपने संपादक रहते 'दैनिक राष्ट्रदूत' बीकानेर में 'रिपोर्टर' रखा और खबर लिखना सिखाया था। लगभग वही मान मुझे देने लगा।

उससे भयभीत रहने वाले बड़े-बड़े राजनेताओं की उपस्थिति में वह अपना स्थान छोड़कर मेरे चरणों का स्पर्श करने को लपकता है, तो मैं उसे समझाता भी हूं कि वह ऐसा न करे। पर वह उद्दाम दुर्दमनीय भावना-मानव कब किसकी सुने?

"उन्हीं को तो दिखाना चाहता हूं कि मैं भी झुकता हूं, मुझे भी झुकना आता है, पर इनमें से एक भी मुझको नहीं झुका सकता!"

अब क्या करूं? अच्छा, जैसा तू ठीक समझे! अब इस सुंदर कृतज्ञता भाव

की मैं भी कैसे अवहेलना करूं? मैंने कहा, "पर मधु, 25 अक्टूबर को मुझे इंडिया हैबिटेट सेंटर के 'फेस्टीवल ऑफ लैंग्वेजेज' के सत्र में अपनी भूमिका निभानी है, तदंतर 28 अक्टूबर को जोधपुर में मरुधरजी मृदुल की प्रथम पुण्यतिथि पर आयोजित कार्यक्रम में हिंदी महाकवि केदारनाथ सिंह और उर्दू के महबूब शायर शीन क़ाफ़ निज़ाम के साथ शिरकत करके अपनी राजस्थानी की पताका फहरानी है। मेरा दिल्ली से 27 की रात सीधा जोधपुर के लिए मंडोर एक्सप्रेस में आरक्षण है।"

उसने कहा, "आप तो जानते हैं, यह रेल की टिकटों की उथल-पुथल आपका छोटा भाई पलक झपकते कर सकता है।"

ले भाई, तू जीता, मैं हारा! सो 26 को सायंकाल बीकानेर, 27 को सवेरे श्रीश्याम महर्षि के नागरिक अभिनंदन में श्रीडूंगरगढ़ और 28 को जोधपुर में रात 10 बजे तक चले मृदुल-स्मृति प्रसंग में शामिल होने के बाद आज दिन के डेढ़ बजे बोरूंदा पहुंचा। है न सिंहासन बत्तीसी वाला मामला!

बेताल ने कहा, "हे राजन्! तूने जानते-बूझते हुए भी मेरे प्रश्नों का उत्तर न दिया तो तुम्हारे सिर के टुकड़े-टुकड़े हो जाएंगे।"

राजन् ने सारे उत्तर दिये और फिर बेतलवा डाल पर!

30 अक्टूबर, 2013

बिज्जी पर क्या गुज़र रही है?

कल बिज्जी ने दोपहर का खाना नहीं खाया था। चिमनारामजी मेरे यहां से दो पेग लगाकर जाते समय बिज्जी के रात की पाली के सेवक नींबोजी को हिदायत देकर गए थे कि रात का खाना उन्हें जल्दी खिला दे।

जबानदराज नींबोजी ने देर तक बेवजह जबान चलाने के बाद कहा, "ठीक है, रोजाना मैं शाम को घर जाने के बाद 8.30 बजे लौटता हूं, आज 8 बजे आ जाऊंगा। जी'सा (बिज्जी) को खाना खिला दूंगा।"

मैंने भी नींबोजी से कह दिया कि जब बिज्जी खाना खाने के लिए पाट पर बैठें, तो मुझे भी बुला लें। मैं कल आया तब वे सो रहे थे।

रात को नींबोजी के बुलाने पर मैं गया। बिज्जी बेहद निढाल और पस्त। मेरे आगमन पर भी सर्वथा अचंचल। लेकिन उनका दाहिना हाथ कांप रहा था। नींबोजी उनकी पीठ को घुटने की टेक लगाए उनके पाट पर बैठे थे। यह नींबोजी नामक गड़रिया अपने इस अहोभाग्य से सदा-सर्वदा अपरिचित ही रहेगा।

मैंने बिज्जी से बातें करने की कोशिश की। बताया, सवेरे चिमनारामजी के फोन पर आपसे केदारनाथ सिंह जी की बात कराई थी...वे उदास चुप्पी में गर्क।

मैंने पूछा, ''केदारजी, केदारनाथ सिंह, आपके पुराने दोस्त...मेरे साथ जोधपुर में थे...मरुधरजी मृदुल की पहली पुण्यतिथि पर आयोजित कार्यक्रम में आए थे। आप उनको जानते हैं?''

बिज्जी ने गर्दन आगे झुकाकर हां भरी और तत्क्षण धीरे से बोले, ''कवि!''

मैंने कहा, ''हां, कवि केदारनाथ सिंह...!''

बिज्जी फिर चुप।

मैंने कहा, ''केदारजी ने मरुधरजी के कविता-संग्रह 'आस-पास' की भूमिका लिखी है, आपको याद है? आपने ही तो केदारजी से लिखवाई थी?''

बिज्जी ने फिर गर्दन भर हिला दी।

तब तक निर्मल—उनका पोता—खाना ले आया। एक तासली (बड़ा कटोरा) में मूंग-दाल की खिचड़ी, दूध में घुली हुई। निर्मल ने कटोरा उनके मुंह से लगाया तो उन्होंने मुंह पीछे सरकाया। निर्मल ने पूछा, ''गरम है दादा?''

बिज्जी ने फिर गर्दन से हां भरी थी।

निर्मल कटोरा चला-चलाकर खिचड़ी ठंडी करने लगा। मैं बिज्जी के इस 'ब्यालू' (रात्रिभोज) का वीडियो अपने फोन में रिकॉर्ड करने लगा। जब उन्होंने खा लिया, मैंने पूछा, ''मैं अपने कमरे में जाऊं?''

इस बार उन्होंने स्पष्ट मना किया, ''बैठ!''

मैं बैठ गया। पांच-सात मिनट में ही वे मुंह साफ करने के लिए निर्मल द्वारा खिलाई गई कोरी दो चम्मच सब्जी खाकर अधीर दिखने लगे। निर्मल ने पूछा, ''सुला दूं, दादा?''

फिर उनकी गर्दन हां में हिली। और उन्हें सुला दिया गया।

आज बिज्जी की 'फुलवाड़ियों' के 11वें भाग की एक कहानी 'सुलक्षण भाई' का अनुवाद पूरा किया। उसमें एक मगरमच्छ जीते-जीते थक चुका है और विधाता से अपनी मृत्यु का उपाय जानना चाहता है। एक वाक्य है, 'आठों प्रहर पड़े-पड़े मैं जीने की कितनी उमंग संजोए रखूं?' यह तो मृत्यु से वंचित बूढ़े मगरमच्छ का संवाद है। पता नहीं, ख़ुद बिज्जी पर क्या गुजर रही है? वे भी तो आठों प्रहर खाट या कि अपने पाट पर बिछे हवादार बिस्तर पर लेटे ही तो रहते हैं! कई बार मैं ख़ुद अपने को उनकी मृत्यु की कामना करते पाता हूं और अपराधबोध से सिहर-सा उठता हूं। फिर मां से प्रार्थना करने लगता हूं, 'मां, केवल 6-7 कहानियां शेष हैं 'फुलवाड़ियों' का अनुवाद संपूर्ण होने में! बस, इतनी मोहलत और दे दे!'

अगर सुकांत के श्वसुर और चचिया श्वसुर के दुराग्रह की हद छूते आग्रह के आगे झुककर बीकानेर न जाता, तो अब तक मैं कृतकार्य हो चुका होता। बीकानेर गया। दुख उठाए। अधीर होकर सुकांत के साथ दिल्ली चला गया।

वहां सुकांत का अराजक कमरा संवारता रहा। 25 अक्टूबर को 'हैबिटेट सेंटर' के 'फेस्टीवल ऑफ लैंग्वेजेज' में अपना काम बढ़िया ढंग से अंजाम दे सका, इतना ही संतोष।

पर दिल्ली में एक अच्छी बात हुई। एक दिन अपने रूठे बेटे निर्मल, सुकांत के बड़े भाई, को एसएमएस लिख भेजा। वह तो कठोर चट्टान से पिघलकर पारे-सा मेरी गोद में आ लुढ़का। 26 अक्टूबर को बीकानेर गया तो वही लेने आया। उसके और मेरे बीच का एक महीने का लंबा अबोला खत्म हुआ।

फिर सुकांत की 18 नवंबर को प्रस्तावित कोर्ट-मैरिज पर उससे चर्चा की। वह मान गया। कहा, ''पापा, आपकी खुशी के लिए मैं कुछ भी कर सकता हूं।''

अब वही अपने छोटे भाई की शादी की तैयारियां कर रहा है। पूरा घर झाड़-झंखाड़कर चमका चुका। सुकांत से भी अपनी पहल से अबोला खत्म कर लिया। आज शायद वह एक दिन के लिए दिल्ली जाएगा। अपने लिए कपड़े और घर सजाने के लिए चांदनी चौक से कुछ खरीदारी करने। इसी शादी के धन-प्रबंधार्थ मैंने अपने दो मित्रों को फोन किया। दोनों ने ही कहा, एकाध दिन में बताएंगे। मुझे तो अपेक्षा थी कि तत्क्षण मुझे निश्चिंत कर देंगे।

खैर...हां, यहां इतना जरूर दर्ज करना चाहता हूं कि इनमें से एक परम आध्यात्मिक मित्र एक सरकारी कॉलेज में हिंदी का लेक्चरर है, लेकिन उसका मुख्य धंधा जमीनों की खरीद-फरोख्त है। कोई महीने पूर्व मुझे फोन पर बताया था कि वह विगत पांच बरसों से प्रति वर्ष 35 से 40 लाख रुपए जमीनों के धंधे से कमा रहा है। मैंने अपनी धनार्जन संबंधी अयोग्यता का जिक्र किया, तो उसने प्रायः भावुक स्वर में कहा था, 'मालूचंद, तुझे जब भी जरूरत पड़ेगी, समझना, मेरा कमाया यह धन तेरा ही है।' आमीन!

31 अक्टूबर, 2013

यह मुझसे उम्र में बड़ा है!

आज दिन भर बार-बार दोनों बेटों—निर्मल और सुकांत—के फोन दिल्ली से आते रहे। कितना सुखद है कि दोनों भाई दिल्ली में हैं, सुकांत की शादी की खरीदारी में मशगूल! पिछले एक-डेढ़ महीने घर किस झंझा का शिकार रहा, अब विश्वास ही नहीं होता। मां ने सोच लिया होगा कि इस निरवलंब को अपनी कनिष्ठा के कण-मात्र का अवलंब देना ही होगा। सुकांत ने शादी के कार्ड का 'ब्लैकबेरी मेसेज' भेजा। किंचित् गहरे आसमानी रंग का सादा कार्ड और सादा लिफाफा। फिर फोन पर बात हुई। मैंने कहा, ''बेटा, डर है, तुम्हारी मां कार्ड के रंग पर एतराज न करे! कोई मेजेंटा, लाल या गुलाबी रंग की शेड देख लेते!''

पीछे से बड़े बेटे निर्मल की आवाज सुनाई पड़ी, "पापा से कहो, इस पर सिल्वर कलर में टेक्स्ट मैटर छपेगा तो गोटे-किनारी की सुहागिन साड़ी सरीखा खिल जाएगा।"

मैंने कहा, "ठीक है बेटा, मैं शंकरसिंह के पास में बैठकर टेक्स्ट कंपोज करवा लूंगा और देखना, कार्ड एकदम बेजोड़ होगा!"

मेरी किसी संतान की पहली शादी है। सो भी छोटे बेटे की। बड़ा तैंतीसवें में है और जिंदगी के थपेड़े खा रहा है। छोटा कामयाब है, फिर भी दिल्ली महानगर में जगह बनाने की लड़ाई लड़ रहा है। बस, इतना ही। यह आम हिंदुस्तानी की कहानी है। इसमें नया क्या! अंग्रेजी में बड़ी अच्छी कहावत है—*Every man's work is no man's work!* चलिए, जाने दीजिए। यह मेरा निजी सुकून है। जिनसे, जिन दो इष्ट-मित्रों से आर्थिक मदद की गुहार लगाई, उनमें से किसी का फोन नहीं आया। न आए। राजस्थानी में कहावत है—जेठ के भरोसे बेटी थोड़े ही पैदा की है! बेटे-बेटी तो इन्सान जगज्जननी के भरोसे ही पैदा करता है।

आज बिज्जी की एक अद्‌भुत कथा का अनुवाद आरंभ किया। पुत्र-स्थानीय प्रियवर संजीव का स्विट्‌जरलैंड से फोन आया था। किसी देश-प्रदेश अथवा अपने नगर के वासी ने कभी मुझसे जितनी लंबी बात फोन पर न की होगी, उतनी लंबी बात उसने की। मुद्‌दा कुछ भी नहीं। बस, वह अपने 'सर' से बात करना चाहता था। मुझे उसकी सांस में किंचित् भारीपन सुनाई पड़ा, तो मैंने पूछा था, "संजीव, तुम क्या कर रहे हो? तुम्हारी सांस फूली-फूली मालूम पड़ रही है।"

उसने कहा, "सर, पहले मैं एक पहाड़ी ढलान चढ़ रहा था और अब उतर रहा हूं। वैसे आपको जितनी सुनाई दे रही है, मुझे उतनी फूली हुई सांस महसूस नहीं हो रही। इस फोन नामक मशीन पर आवाजों का ब्योरा कई बार जरूरत से ज्यादा साफ सुनाई पड़ता है," कहकर वह हंसा।

उसने अपने कई सुख-दुख मुझसे साझा किए। असल में मैं उसका 'संगे-सबूर' हूं, इस्लामी मान्यता के अनुसार एक ऐसा पत्थर जिसे आप तब तक सारे दुख कह सकते हैं जब तक कि वह अपना सब्र तोड़कर फट ही न पड़े।

आज नाश्ते के वक्त बिज्जी ने दिल खुश कर दिया। हस्बेमामूल मैं 9 बजने में पांच मिनट शेष रहते अपने नित्यकर्मों से निवृत्त होकर नाश्ता करने उनके कमरे में जा पहुंचा था। मैंने उनका चरण-स्पर्श किया। वे कुछ न बोले। चिमनारामजी उनको दूध के साथ एक पूरा सेब मिक्सी में चलाकर बनाया हुआ कथित जूस पिला रहे थे। आज शायद सेब को छिलके सहित चला दिया गया था। 'जूस' सदा की तरह पीताभ चांदनी जैसे चित्ताकर्षक रंग की बजाय ललछौंहा-सा नजर

आ रहा था। मुझे मितली-सी लगी, पर बिज्जी को पसंद!

बहरहाल, मेरे चरण-स्पर्श पर बिज्जी ने आंख को हलकी जुंबिश देकर मुझे देखा भर और कुछ न कहा तो चिमनारामजी ने उन्हें अपने कृत्रिम नाराजगी वाले स्वर में टोका, "मालूजी ने आपके पांव छुए, प्रणाम किया, आपने मुंह से बोलकर आशीष क्यों नहीं दिया?"

बिज्जी ने अपनी अखंड गंभीरता के साथ अप्रत्याशित स्पष्टता से राजस्थानी में कहा, "ओ म्हारा सूं उमर में मोटौ है!" (मतलब—यह मुझसे उमर में बड़ा है!)

मेरा और चिमनारामजी का कहकहा एक साथ फूटा।

जब उन्होंने सेब का जूस पीने के बाद चिमनारामजी द्वारा हाथ से तोड़-तोड़कर उनके मुंह में रखे टुकड़ों की शक्ल में लगभग आधा पापड़ भी खा लिया, तो मैं अपने नाश्ते के इंतजार में उनके ऐन करीब ही जा बैठा।

उन्होंने लंबी चुप्पी के बाद पूछा, "कौन-सा भाग कर रहा है?"

मैंने बताया, "आखिरी लेकिन ग्यारहवां...इस बार ऊपर से चला था। पहले तेरहवां किया, फिर बारहवां और अब ग्यारहवां!"

वे एकदम निस्संग!

फिर मैंने उनको बताया कि राजेंद्र यादव नहीं रहे! उन्होंने नजरें उठाईं तो मैंने बताया, 'हंस' के संपादक...आप तो खूब जानते हैं, याद आया?"

वे कुछ न बोले।

मैंने यह भी पूछा कि क्या आपको 'आगोतर रै लेखै' कहानी याद है? एक बनिया अगले जन्म के भरोसे लोगों को रुपए उधार देता है...!

उन्होंने ना में गर्दन हिला दी।

मैं उनकी अनुमति लेकर अपने कमरे में आ गया। आमीन!

1 नवंबर, 2013

एहसान मेरे दिल पे तुम्हारा है दोस्तो!

आज बिज्जी ने एक शब्द न उच्चारा। नाश्ते के वक्त गया तो पाट पर बैठे थे। चिमनारामजी उनको मुझसे भी पहले नाश्ता करवा चुके थे। वही हजारीप्रसाद द्विवेदी के प्रिय शब्द 'दलित-द्राक्षा' की तर्ज पर 'दलित-सेब' का दुग्ध-प्रगाढ़ मिश्रण। और आधा पापड़ जिसमें से आधा चिमनारामजी अपने दंतविहीन मुख के हवाले कर मसूड़ों से मसल-मसलकर उदरस्थ कर लेते हैं। बिज्जी उदासीन अखाड़े के महंतजी की तरह सर्वथा भावहीन चेहरा लिये मुझे देखते भर रहे। मैंने चिमनारामजी का ध्यान उनके इस अबोले की ओर दिलाया। उन्होंने भी कहा, नहीं बोल रहे। फिर उन्होंने बताया कि सवेरे जब वे उन्हें उठाने आए तो जबरदस्ती

बुलवाया था। पूछा था, "नींद आई ?" बिज्जी ने गर्दन हिलाकर हां भरी तो चिमनारामजी ने नाराजगी प्रकट की, "गर्दन से नहीं, मुंह से बोलकर बताइए!"

तब बिज्जी ने कहा था, "हां, आई।"

बस, पूरे दिन में यही एक वाक्य। वाक्य—प्रदीप!

हां, चिमनारामजी ने यह भी बताया था कि जब उन्होंने तीन-चार बार पूछा कि बोल क्यों नहीं रहे, तो एक बार उकताकर यह भी कहा था, "जरूरत होती है तो बोलता हूं।"

हे भगवान, यह क्या हो रहा है ? जैनेंद्रजी की तो आवाज ही चली गई थी, बिज्जी ने यह मौन क्यों धारण कर लिया है ? कौन-सा भाग ? कौन-सी कहानी ? आज कुछ न पूछा। उनको देखकर करुणा उपजती है। वे जीवन भर पक्षी की तरह चहकने वाले इन्सान रहे हैं। सो भी अपनी वाणी में। चेखव ने नहीं कहा, हर पक्षी को अपनी वाणी में चहकना चाहिए ?

बहरहाल, आज सवेरे 4.45 पर शय्या त्याग कर उठ खड़ा हुआ था। फटाफट नित्यकर्म निपटाकर 7 बजे तो लिखने की टेबल पर बैठ गया था। कल की अधूरी छूटी कहानी 'आस्था' पूरी होते-होते 11 बज गए। फिर 'पागी' शुरू की। ये कहानियां अपेक्षाकृत कमजोर हैं, अत्यधिक सरलीकृत। मात्र संख्यावर्धक। इन्हें न भी लिखा जाता तो विशेष हानि न थी, पर 'फुलवाड़ियों' में संकलित हैं, सो मैं तो नहीं ही छोड़ सकता। सुबह उठते ही बाएं बाजू की खिड़की से गायों का दर्शन करता हूं और मुखजबानी याद प्रार्थना 'प्रातः स्मरामि गणनाथ बंधु सिंदूरपूर...' कर लेता हूं। और वह पौराणिक गुड-मॉर्निंग भी—'ब्रह्मामुरारि त्रिपुरान्तकारी भानु शशि भूमिसुतो बुधश्च...गुरुश्च शुक्र शनि राहु केतव...कुर्वन्तु सर्वे मम सुप्रभातम्...' सचमुच बड़ा सुंदर गुड-मॉर्निंग है जिसे किसी और से नहीं कहना होता। ख़ुद अपने से ही कहना होता है।

महेंद्र बाबू, दो दिन हुए, घर नहीं आए। बताया गया, परसों सवेरे मुंह-अंधेरे निकले थे। गए होंगे किसी सांसारिक प्रयाण पर। इधर मैं दुविधा में हूं—दीपावली पर घर जाऊं या न जाऊं ? चिंताग्रस्त भी कि बेटे की शादी के लिए अपने कौल मुताबिक तीन लाख रुपए जुटा पाऊंगा कि नहीं ? जिन दो मित्रों को फोन किए थे, आज दोनों के ही फोन आ गए। एक का बड़े सवेरे आया। कहा, "मालचंद, एक मोबाइल नं. नोट कर...!"

मैंने किए और पूछा, "ये तो तेरे ही नंबर नहीं हैं क्या ?"

मित्र ने कहा, "मेरे अंत में बासठ है, इसमें चौंसठ है। ये मेरे जमाता के नंबर हैं। मैंने उन्हें चेक दे दिया है। तू उनसे बात कर ले और वह खाता नंबर

दे दे जिसमें तू एक लाख पाना चाहता है!''

बस, दैट सिंपल। और कोई बात नहीं।

जंवाई-राजा ने कहा, ''चाचाजी, समय मिल गया तो आज, नहीं तो कल आपके नंबरों वाले खाते में यह रकम जमा करा दूंगा, निश्चिंत रहें!''

और हां, यह वही मित्र है जिसने मुझसे कहा था कि वह पिछले पांच सालों से 30-40 लाख रुपए प्रति वर्ष जमीनों से कमाता है और जब जरूरत पड़े, मैं उसके पैसों को अपने ही पैसे समझूं। और दूसरे मित्र? उन्होंने दोपहर में फोन किया। पहले खेद जताया कि कल समय न निकाल सके। फिर बताया, वे उधारी का धंधा करने वाले की दुकान पर ही बैठे हैं। फिर मुझे ब्याज की दर, गिरवी, प्रोमिजरी नोट, अग्रिम पोस्ट-डेटेड चेक आदि की शर्तें दुकानदार से पूछ-पूछकर बताने लगे।

मैंने बीच में टोका, ''मित्रवर, आप इस बात को यहीं छोड़ दीजिए।'' वे न माने। मैंने पूरा गोरखधंधा सुना। अंत में कहा, ''आप चिंता न करें...मैं ख़ुद ही देख लूंगा!'' कहा सो ठीक, पर देख क्या लूंगा? कोई 40-50 हजार तो 'फुलवाड़ी' का काम पूरा करने पर महेंद्र बाबू में ही मेरे निकलेंगे। मैं चाहता हूं, वे कुछ उधार इसमें मिलाकर मुझे डेढ़-दो लाख दे दें...पर वे नजर तो आएं!

पिछले दीपावली पर्व के इन्हीं दिनों मैं यहीं था। तब घर जाते उन्होंने मुझे बिना मांगे कई बख्शीशों से नवाजा था। मैं ना-ना करता रहा और उन्होंने...पर इस बार? उनकी उदारता उनके अपने मुंह से और दूसरों के मुंह से भी मैं पूरे वर्ष सुनता रहा हूं। उनके घर के सामने वाले मंदिर के निर्माण में 50,000/- के अंशदान की हां तो मैंने उन्हें अपने सामने भरते सुना था...फिर दिये भी। पत्थर भी लगा उनके नाम का...पर मुझे मेरे संकट में उन्होंने सहायता दी, तो मैं उनका नाम अपने हृदय-पटल पर ही अंकित कर पाऊंगा...बताइए, पत्थर भला कहां लगाऊंगा?

मैं तो भूला ही बैठा था। आज धन-त्रयोदशी थी। धन न सही, धन की खबर तो आई। उधार की मांग कबूल हुई। मित्र का फोन आया। कहा, तेरे बताए खाते में एक लाख जमा हो जाएंगे। 'एहसान मेरे दिल पे तुम्हारा है दोस्तो, ये दिल तुम्हारे प्यार का मारा है दोस्तो!'

याद आता है, जब मां ने अकस्मात् स्वर्गारोहण (19 मार्च, 2006, ऐन मेरे जन्मदिन पर!) कर दिया था तो गुरुवर अज़ीज़ आज़ाद एक साहित्यिक गोष्ठी से उठकर सीधे मेरे घर आ गए थे। अग्नि-संस्कार अगली सुबह करना तय रहा था। अशौच में चूल्हा नहीं जलता। मेरी मां शतायु होकर गई थी। पूर्णकाम। अखंड सौभाग्यवती। भरा-पूरा पौत्र-प्रपौत्र युक्त परिवार छोड़कर। शोक न था। मात्र

अशौच था। मैंने पड़ोसी श्रीयुत विश्वरतनजी जोशी के घर जाकर रात का खाना खाया था। खाते–खाते रोता रहा। मां कहती थी, ''तू भूख का बड़ा कच्चा है, व्रत–उपवास कभी मत करना!''

नहीं, मैं कभी व्रत–उपवास नहीं करता। नवरात्र में ख़ुद मां के उपवास भी नहीं। पर उस रात तो टूटकर भूख लगी थी। मैंने भरपेट खाना खाया था। फिर घर के बाहर आ बैठा।

मां की यह उसके घर में अंतिम रात्रि थी। मां का शव आंगन में पड़ा था। शुद्धीकृत। स्नानादि से निवृत्त। नगर–बहिरस्थ मित्रों को फोन किए जा रहे थे। मित्र थे, रिश्तेदार थे, परिजन थे, पर मुसलमान मात्र एक था—अज़ीज़ साहब! मैं रात पड़ते ही उन्हें कहने लगा था, ''गुरुजी, अब आप घर जाएं भले ही...आराम करें...सवेरे जितना जल्दी हो सके, आ जाएं!''

पर वे टस–से–मस नहीं। ज्यादा कहा, तो तमतमाने लगे। मैं चुप। करते–करते आधी रात ढलने लगी। मैंने फिर गुजारिश की, ''गुरुजी, आपने खाना भी नहीं खाया। घर पर सब इंतज़ार कर रहे होंगे...अच्छा नहीं लगेगा...!''

वे पस्त–से उठे और अपनी मोटर–साइकिल की ओर बढ़े। बीच रास्ते से मुझे पुकारा, ''मालचंद, इधर आ तो एक बार...!'' मैं गया। मुझे किनारे ले जाकर धीरे से पूछने लगे, ''तेरे पास पैसों का क्या इंतजाम है ? सुबह पांच–सात हजार तो तेरे पास होने चाहिए न! बस, इसी चिंता में बैठा हूं!''

सच कहता हूं, वह क्षण मैं भूलूं तो मुझे नरक में भी ठौर न मिले। बहुतेरे अपने थे, पर किसी को यह चिंता न थी। गुरुजी ने कहा, ''तेरे लच्छन मुझसे बेहतर कोई नहीं जानता...जो है सो अभी बता दे...कल को सुबह–सुबह मारा–मारा फिरेगा!''

मुझे रोते–रोते हंसी आ गई। कहा, ''गुरुजी, यह कोई संयोग ही है कि आज आपकी बहू के पास पूरे पांच हजार की नगदी रखी है...आप आराम से सोएं... वरना अब तक मैं आपको बतला न देता!''

और अज़ीज़ साहब आश्वस्त होकर चले गए।

फिर बारह दिन! श्रीडूंगरगढ़वासी मित्रवर बजरंग शर्मा को बताया। बोले, ''आप चिंता न करें। अभी क्या सूरते–हाल है ?''

मैंने कहा, ''दो–तीन दिन चिंता नहीं...।''

बोले, ''आप बेफिक्र रहें!''

यह वह वक्त था जब मैं स्वैच्छिक सेवानिवृत्ति लेकर घर बैठ चुका था। सरकार के खाते में मेरे तकरीबन 10 लाख पड़े थे, पर पास में कुछ न था। और तीसरे ही दिन मित्रवर प्रेम बुच्चा दिल्ली से अपनी गाड़ी में डूंगरगढ़ होते हुए बीकानेर आए। साथ में बजरंगजी और सत्तू भाईजी। सत्यदीप भोजक। भोजनादि

किया। जाने से पहले प्रेमजी ने थैले में से निकालकर अखबार के कागज में लपेटा एक बंडल मुझे पकड़ाया। उसमें पूरे एक लाख रुपए थे। मैंने इनमें से एक अठन्नी भी न बचाई और मां को बारह दिन लंबे उत्सव के साथ संसार से विदा कर दिया। पर वह गई कहां?

2 नवंबर, 2013

निवै तिलोकी नाथ, राधा आगळ राजिया!

कल दिवाली है, आज कानी दिवाली। पता नहीं, अन्यत्र कहा जाता है या नहीं, राजस्थान में रूप-चतुर्दशी को कानी दिवाली कहा जाता है। बचपन में हम इसको और भी हिकारत भरे नाम से बुलाते थे—काणती दिवाळी! लगता है, लोक के चित्त में दीपावली के पूरे त्योहार की कल्पना एक स्त्री के रूप में, मतलब कि विष्णु-पत्नी लक्ष्मी के रूप में रही है। यह कानी दिवाली वही तो नहीं जिसका कल्पना-चित्र हमें देवी लक्ष्मी के चित्रों में मादा उल्लू के रूप में मिलता है? इस अंध-लक्ष्मी को लक्ष्मी की सहोदरा बहन माना गया है। वह लक्ष्मी से अविभाज्य है। कहते हैं, इसको तीक्ष्ण, उष्ण, अम्लीय और रुक्ष भोजन बहुत प्रिय है। लक्ष्मी का तोष प्राप्त करने के लिए उसकी बहन की मिज़ाजपुर्सी भी नितांत जरूरी है। भारत में आसेतु दुकानदार रात को अपनी दुकान बंद करने पर बाहरी हिस्से में मिर्ची और नीबू लटकाया करते हैं। अलक्ष्मी मादा उल्लू है अर्थात् निशाचरी। वह रात को आती है और तीक्ष्ण-अम्लीय नीबू और मिर्ची से संतुष्ट होकर बाहर से ही लौट जाती है। आप अपनी लक्ष्मी के साथ शयन कर रहे होते हैं, वह आपको जरा भी डिस्टर्ब नहीं करती। यह प्रतिदिन का मामला है और काणी या काणती दिवाली पूरे वर्ष का। दिवाली से एक रात पहले आप 'अलक्ष्मी' की प्रार्थना करें कि वह कल आपको डिस्टर्ब न करे। यहां कल का अर्थ स्वत: ही संवत्सर हो जाता है। आप पूरे वर्ष रहें चैन से अपनी लक्ष्मी के साथ। रूपवती लक्ष्मी। रूप दिन में ही भास्वर होता है। मैंने बचपन में देखा है, बहनें और भाभियां रूप-चतुर्दशी को मुंह-अंधेरे उठकर नहाया करती थीं। नहाने से पहले स्नानघर में एक दीपक जरूर जलातीं। उनकी मान्यता थी कि रूप-चतुर्दशी को मुंह-अंधेरे दीपक की रोशनी में स्नान करने से उनके रूप में वृद्धि हो जाएगी!

स्त्रियों ने आजकल तो अनेक तरह के आयुध धारण करना सीख लिया, पर उनका आदिम शस्त्र तो रूप ही रहा है। मेनका, रंभा, उर्वशी आदि स्त्री-रूप की पराकाष्ठाएं ही तो हैं! कौन नहीं जानता कि उन्होंने पुरुषों की कौन-कौन-सी सत्ताओं को नहीं हिला दिया? राजबल, तपबल, धनबल—क्या-क्या न स्त्री-रूप के आगे नतशिर हो रहे?

राजस्थानी में एक बड़ा विलक्षण दोहा है जिसे कैलाश कबीर ने साहित्य अकादेमी के लिए तैयार किए बिज्जी के 'रचना-संचयन' की अपनी भूमिका में उद्धृत किया है :

हर कोई जोड़ै हाथ, कांमण सूं अनमी किसा।
निवै तिलोकी नाथ, राधा आगळ राजिया॥

हर कोई हाथ जोड़ता है; कामिनी के आगे झुकने से कौन इनकार कर सकता है? यहां तक कि तीन लोकों का नाथ कृष्ण भी राधा के आगे झुक जाता है।

अस्तु, इस बार तो गई, पर अगली बार के लिए मैं आह्वान करता हूं, हे स्त्रियो! अपने ब्रह्मास्त्र की धार कुंद न पड़ने दें! ब्यूटी पार्लरादि जाएं, मगर वर्ष में एक बार दीपावली से ठीक एक दिन पहले मुंह-अंधेरे, बाथरूम में दीपक जलाकर नहाएं जरूर! बेशक, कोई सौंदर्य-प्रसाधन न काम में लें, साबुन तक न हो भले ही, न ही हो तो अच्छा, केवल समशीतोष्ण जल से अपनी काया का प्रक्षालन कर लें। सूरज निकलेगा तो आपको साफ-सुथरा देखकर प्रसन्न होगा। वह पूरे वर्ष आप पर अपनी पराबैंगनी किरणें न फेंकेगा। यह है वार्षिक स्किन-क्रीम का फंडा! एक तरह का भाव-लेपन। अपना लक पहनकर चलें, न चलें, पर अपना भाव जरूर धारण कर चलें। हां, जरा पता भी लगाएं कि वह कुछ है भी या नहीं? सारा व्यापार 'धुप्पल' ही तो नहीं चल रहा? याद आए 'चित्रलेखा' और 'टेढ़े-मेढ़े रास्ते' और 'मुगलों ने सल्तनत बख्श दी' और जाने क्या-क्या और वाले भगवती बाबू। अपने भगवतीचरण वर्मा। उन्हीं का एक और उपन्यास है—'धुप्पल'। असल में 'धुप्पल' उपन्यास नहीं, एक पूरा जीवन-दर्शन है। हम जिए जाते हैं और पता नहीं चलता कि हम जी रहे हैं। फिर अचानक पता चले तो चले, न भी चले कि कोई और ही जी रहा था। जो गवाया गाया, जो कराया किया...महात्मा बुद्ध हो या गीता, सबने इस 'धुप्पल' से सावधान किया, पर हम न हुए! बुद्ध ने कहा—आत्मदीपो भव। गीता ने कहा, छठे अध्याय में—'उद्धरेदात्मनात्मानं नात्मानमवसादयेत्। आत्मैव ह्यात्मनो बन्धुरात्मैव रिपुरात्मनः॥' अर्थ न बताऊंगा। इधर मेरे उस्ताद श्री नंदकिशोर आचार्य ने एक नितांत सुंदर और मार्मिक कविता लिखी है जो उनके अब तक के प्रकाशित आखिरी संग्रह में है। आत्मकथा लिखने का सवाल खड़ा कर प्रतिप्रश्न करते हैं कि आत्म को जिया ही कब जो आत्मकथा लिखी जाए! जीते तो हम सिर्फ अहंकार हैं जो एक तरह से दूसरों का जीवन होता है। अहंकार का आत्म से क्या लेना-देना? उसका तो वजूद ही अन्य के परिपार्श्व पर टिका है। नहीं? कबीर ने इसीलिए चेतावनी दे दी :

मेरे गाये गायेगा तो खता घणेरा खायेगा।
मेरे सोझे सोझेगा तो तीन लोक को खोजेगा॥

चलिए, दीपावली मुबारक भी हो जाए। भरत ओला का एतद्विषयक लतीफा कल पेश करूं शायद!

7 नवंबर, 2013

एक भुजा खंडित

आज 3 बजकर 15 मिनट पर बोरूंदा स्थित 'सबल-निकेतन' अर्थात् बिज्जी के घर पहुंचा। 3 नवंबर, 2013, दीपावली की सुबह यहां से निकला था—त्योहार मनाने। और क्या मनाकर लौटा हूं? सिर मुंडित है, अलबत्ता 'खंडित भुज बीसा' नहीं। रामचरितमानस में विनत-विदुषी राक्षस-स्त्री त्रिजटा का सपना याद आता है : *खर आरूढ़ नगन दससीसा। मुंडित सिर खंडित भुज बीसा॥* अलबत्ता बीस न सही, पर सहोदर भाई की मृत्यु पर पृथ्वी तल के प्रत्येक जीवित भाई की एक भुजा तो खंडित होती ही है। मेरी मां के ज्येष्ठ पुत्र, मां की प्रथम संतान, मेरे पितृ-स्थानीय अग्रज श्री गिरधारीलाल तिवाड़ी दीपावली के अगले रोज, ठीक गोवर्धन पूजा के दिन अकस्मात् महाप्रयाण कर गए। वे बीमार थे, करीब एक महीने से। मुझे बार-बार सूचनाएं मिलती रहीं—वे कोठारी अस्पताल में भरती हैं...उन्हें छुट्टी मिल गई...वे अपने घर पर हैं...जीवन में पहले कभी न हुई उनकी वैसी सेवा और शुश्रूषा इस वृद्धावस्था और इस जरा-जीर्ण आयुष-काल में हो रही है...! मेरा उनके परिवार से लंबे अंतराल से अबोला रहा है। मेरा ही नहीं, मेरे पूरे परिवार का। जब मां की मृत्यु हुई, तब भी अबोला ही था। पर मां की मृत्यु पर मैंने सबको बुला भेजा। सब आ जुटे। मां की विदाई हुई। ज्येष्ठ भ्राता स्व. गिरधारीलालजी और मंझोले मदनलालजी, इन दोनों के परिवार बराबर वक्त पर पहुंचते रहे सो मैं समझता रहा, सब ठीक है। मां ने अपनी मृत्यु से परिवार मिला दिये। पता नहीं क्या गलती हुई? शायद यह कि मां की मृत्यु पर बारह दिन चलने वाले 'खीचड़ों' (कुटुम्ब भोजन) में उन्हें बुलाया न गया...पर ऐसा मैंने तो चाहा न था...मैं कम-से-कम अपने बड़े भाइयों की पुत्रियों और उनकी संततियों को तो हर हाल में बुलाना चाहता था।...पर हतभाग! मेरी सबसे बड़ी बहन ने सख्ती से मना किया तो मैंने इस कुटुम्ब-भोजन को अपनी बहनों के परिवारों तक ही सीमित कर दिया। पर मंझले और ज्येष्ठ, दोनों भाई मेरे पितृ-स्थानीय थे। मुझसे बात करते... । न की। अचानक बारह दिनों के अंतराल में, शायद पांचवें-छठे दिन 'पारीक सार्वजनिक संपत्ति ट्रस्ट, पारीक चौक, बीकानेर' के तत्कालीन अध्यक्ष श्री देवकिशन पांडिया उर्फ लालमोहनजी मेरे पास आए। मैं मां के ग्यारहवें-बारहवें दिन के कारज करने हेतु ट्रस्ट का भवन पहले ही बुक करवा चुका था। लालमोहनजी ने आकर चौंकाने वाली जानकारी दी। कहा, मेरे

ज्येष्ठ भ्राता की ज्येष्ठ पुत्री इंद्रा समान उद्देश्य से यही भवन बुक करवाने उनके पास पहुंची; अर्थात् कुल-माता को जिस पुत्र-परिवार ने विगत तीस-चालीस सालों में सिर दुखने के नाम पर एक एनासिन की टिकिया तक लाकर न दी, वह मेरी किसी अनजानी भूल-चूक के बदले उसका समानांतर मृत्युभोज आयोजित करेगा? मैंने शांत रहने और अपना कर्तव्य पूरा करने में ही भलाई समझी। वही किया भी। ट्रस्ट का भवन तो खैर उन्हें न मिला, पर उन्होंने मां का समानांतर मृत्युभोज किया। नौकरीपेशा भतीजी इंद्रा और भतीजे महेश के संगस्थ कार्मिकों के परिवारजनों सहित कोई डेढ़-दो सौ लोग जुटे। पता लगा, काफी तैयार भोजन व्यर्थ गया। सो तो ठीक। पर मेरा मन इन भाइयों और भतीजे-भतीजियों से सदा के लिए विषण्ण हो गया। इससे भी दुखद यह कि मेरे मंझले भाई श्रीयुत मदनलालजी तिवाड़ी क्यों सपरिवार इनके साथ हो गए? उन्हें तो मेरे सिर पर हाथ रखना था...!

मैं उम्र में अपने ज्येष्ठ स्व. भ्राता गिरधारीलालजी की ज्येष्ठ पुत्री अपनी भतीजी इंद्रा से करीब दो साल छोटा हूं...मतलब, मेरे इस 4 नवंबर, 2013 को दिवंगत हुए मेरे बड़े भाई मुझसे करीब 27-28 साल बड़े थे। यही भाई एक बार मेरे पास आए और कहा, "मन्नू (मेरा घर का नाम), तुम्हारे भतीजे बड़े हो गए...मैं भी बूढ़ा हो रहा हूं...मैं जिस पुश्तैनी घर में रह रहा हूं, वह आज भी पिताजी के नाम है। बच्चे उसकी *Release deed* करवाना चाहते हैं...तू दस्तखत कर देगा... ?"

उनके इस प्रश्न का उत्तर यह है कि एक मैं ही था जिसने न केवल अपने बीवी-बच्चों को नाराज कर उस *Release deed* पर *Registrar stamps* के समक्ष उपस्थित होकर सहर्ष हस्ताक्षर किए, वरन् उनकी प्रेरणा और दबाव से मां और दो बहनों को भी राजी किया...। पिता स्व. रामचंद्र तिवाड़ी की संपत्ति के *Hindu personal Law* के अनुसार मौजूद शेष दावेदारों में से किसी ने हस्ताक्षर न किए और वह *Release deed* मुकम्मल न हुई! वे ही मेरे बच्चे, मेरे ज्येष्ठ भाई की संतति, मेरी मां की मृत्यु पर ऐसे पराये साबित होंगे, मैंने सोचा न था...और अब वे 'भाईसा' भी न रहे। मेरा ईश्वर जानता है, मैं 'भाईसा' के बच्चों के मंगल के लिए अपने बच्चों के बराबर ही जतन करता रहा हूं और करता रहूंगा...पर अब उन्हें मेरे और मेरे परिवार के सिर पर जूता रखने की छूट कभी न दूंगा...।

पुनश्च :

चलिए, यह तो हुआ। अंग्रेजी की कहावत है ही : *Man proposes God disposes;* पर इससे पहले दीपावली, सुकांत की 18 नवंबर को प्रस्तावित शादी, धन, सुकांत के अग्रज निर्मल की हताशा और उद्विग्नता आदि कितने ही वात्याचक्र

थे, जो मुझे खूंटे से उखाड़ने में लगे रहे और मैं गांधीजी की तरह मात्र एक पुस्तक 'गीता' को पकड़कर टिके रहने की कोशिश करता रहा। दिल्ली में सुकांत के पास उच्चाट-अधीर और क्षत-विक्षत मन लिये टिका हुआ था कि एक दिन द्रवीभूत हो गया और रूठे बेटे निर्मल को एक एसएमएस लिख भेजा, 'बेटा, तुमसे बोले—बतियाए एक महीना हो गया...ऐसे में कुछ भी अच्छा नहीं लग रहा बेटा...मैं तुम्हें कैसे बताऊं कि मैं तुमसे कितना प्यार करता हूं!' उसका एसएमएस भी हाथोहाथ आया—'पापा, मैं आपसे बहुत प्यार करता हूं...मैं आपके प्यार के बिना खड़ा भी नहीं रह सकता... !' और बस, सब ठीक हो गया। इसी रूठे बेटे ने अपनी पहल से अपने छोटे भाई सुकांत को भी मना लिया और मेरे घर की एक-डेढ़ महीने पुरानी घुटन किसी बगीचे की सुरभित-सी बयार में बदल गई। फिर बड़े बेटे निर्मल की सुरीली भावप्रवणता और अप्रतिम पुरुषार्थ ने दीप-पर्व को, इस वर्ष के दीप-पर्व को, अभूतपूर्व सौंदर्य प्रदान कर दिया। निर्मल ने पहले कभी न हुई, ऐसी घर की सफाई की। फिर दिल्ली गया। छोटे भाई के साथ शादी और दीपावली की खरीदारी की।

8 नवंबर, 2013

वाभा...आंखें क्यों नहीं खोलते!

कल बिज्जी से मिलना न हुआ। बस, चिमनारामजी से हाल-चाल भर पूछे। हाल-चाल ठीक नहीं। चिंताजनक। आज चिमनारामजी ने आग्रह किया, "चलकर एक बार मेरे वाभा को संभालिए जरा...शायद आपके पुकारने पर आंखें खोलें।"

मैं गया। वे सोए थे, अपनी सदावंत अभय-मुद्रा में चित, पीठ के बल। उनके चेहरे पर मुझे यत्किंचित् सूजन महसूस हुई। आंखों के कोटर भी मानो भर आए हों। पलकें समतल-सी लगीं। आंखें जैसे त्वचा पर लगे दो समानुपाती 'कट' मात्र। एक नाक के बाएं। एक नाक के दाएं। ऊपर। मैंने पुकारा, "जी'सा...जी'सा...मैं मालचंद! मैं आ गया, आंखें खोलिए!"

मेरी आवाज उनके किसी अतल तक पहुंची शायद। आंखों के आसपास हरकत का एक उजाला-सा नजर आया, पर अगले ही पल ओझल।

चिमनारामजी उनके सिरहाने खाट के पीछे खड़े थे। उन्हें जोर-जोर से पुकारने लगे, "वाभा...आंखें क्यों नहीं खोलते...मालजी आए हैं न! क्या करते हैं फिर...ऐसे नहीं चलता वाभा!"

(यह मैं उनके राजस्थानी में कहे का हिंदी अनुवाद कर रहा हूं, इसमें वह अपनत्वभरी अनुगूंज नहीं जो चिमनारामजी के स्वर में बिज्जी के साथ उनके संवाद के दौरान मां की बोली में मौजूद ममता की तरह सदा विद्यमान रहती है।)

बहरहाल, मेरे बिज्जी से संवाद-प्रयास के दौरान ही महेंद्र बाबू आए। उनके हाथ में कलश और धूपबत्ती थी। वे नित्य एक या दो बार बिज्जी के कमरे में आते हैं, उनके सिरहाने लगी जोगमाया की छवि के सम्मुख धूप-दान करने! आज उनके मुख पर एक उम्मीद भी झलकी कि शायद जी'सा मालजी की आवाज सुनकर उठ बैठें! ऐसा न हुआ। मुझे तो लगा, बिज्जी आत्मलीन, अंतरलीन, आत्ममुख, समाधिस्थ वगैरह में से किसी एक या एकाधिक स्थिति से गुजर रहे हैं और एक शब्द है जिसका प्रयोग उनके मामले में करते मुझे बड़ी झिझक लग रही है; वह शब्द है—आत्माभिमुख। आत्मा-परमात्मा की उन्होंने अपनी 'फुलवाड़ियों' में ऐसी चटनी बांटी है कि मेरे जैसे अध्यात्ममार्गी को वह किंचित् निर्मम कोटि का सरलीकरण बेशक लगे कई बार, लेकिन उनकी चटनी के चटखारे पर मेरे मुंह से भी बरबस निकल ही पड़ता रहा है—वाह!

9 नवंबर, 2013

बस 'बातों की बगिया' पूरी हो जाए

मैं विगत एक वर्ष से बोरूंदा में हूं—बिज्जी की 'फुलवाड़ियों' का हिंदी अनुवाद करने के निमित्त से। बिज्जी ऐसा ही चाहते थे, मैं उनके गांव में उनके निकट परिपार्श्व में रहते हुए 'बातां री फुलवाड़ी' के 14 भागों में से अनुवाद से शेष रहे 10 भागों को हिंदी में अनूदित करूं। उनकी इच्छा को शिरोधार्य कर मैं सितंबर, 2012 में बोरूंदा चला आया था। तब से निरंतर मैं इसी काम में संलग्न रहा।

शुरू के दो महीने बीतते मुझे लगने लगा, बिज्जी के साथ गुजर रहे इन दिनों को दस्तावेज की शक्ल देनी चाहिए। बिज्जी का विलक्षण हास-परिहास, इस अशक्त शारीरिक अवस्था में भी उनका उत्कट जीवट, उनका मेरे प्रति अपरिमित वात्सल्य आदि कितनी ही बातें थीं जिन्हें लिखे जाने की दरकार थी। और मैंने लिखना आरंभ किया, एक रोजनामचे की शक्ल में। बिज्जी इसके पृष्ठ बड़े चाव से सुना भी करते थे और एक दिन इस भावी किताब का नाम भी सुझा दिया—'बोरूंदा डायरी'।

इधर 'फुलवाड़ियों' के अंतिम शेष भाग-11 का अनुवाद पूर्णता के पायदान पर आ पहुंचा है और उधर बिज्जी निरंतर जीवन से दूर सरकते प्रतीत हो रहे हैं। मैंने उनसे वादा किया था; बल्कि उन्होंने ही मुझसे वादा लिया था, "मेरे जीवित रहते अनुवाद-कार्य पूरा कर देगा? मेरे गले के हाथ लगाकर हां भर!"

आज से एक वर्ष पूर्व, जब यह कार्य आरंभ किया, यही संवाद उनके और मेरे बीच हुआ था। उनके नित्य-सेवक चिमनारामजी और कदाचित् स्वयं महेंद्र बाबू इस क्षण के साक्षी थे।

अलबत्ता मैंने उनके गले को हाथ न लगाया; फकत उनका दाहिना हाथ अपनी दोनों हथेलियों के मध्य थामकर उनकी ऊष्मा से आप्लावित-सा हो रहा था। यही मेरा वादा था।

कल इसके पूरा होने का क्षण होगा। उनकी जैसी स्थिति है, पता नहीं, कल वे मुझे पूर्णकाम कर पाएंगे अथवा नहीं!

आज सवेरे चिमनारामजी ने मेरे कमरे में आकर मुझसे आग्रह किया था, "मालजी, आज जी'सा ने हाचा चंचेड़्ज्यौ! थांरो नांव सुण्यां वै आंख टिमकारै...थां सूं अणूतौ मोह करै म्हारा वाभा!" (मालजी, आज जी'सा को ठीक से जगाने की कोशिश कीजिएगा! आपका नाम सुनकर वे आंखें खोलते हैं...आपसे अत्यधिक स्नेह करते हैं मेरे बड़े भाई!) और चिमनारामजी का चेहरा विषण्ण और उदास दीखने लगा था।

पूरे साल में, जब उनकी स्मृति और उनका चैतन्य दीप्त होता, उन्होंने अनेक बार महेंद्र बाबू से कहा, "महेंदर, यह फैसला तुम्हारा बहुत अच्छा रहा...मालचंद को गांव बुलाना ठीक रहा...!"

और पूरे वर्ष मैं उनका प्यार लूटता रहा। भांति-भांति की वार्ताएं, भांति-भांति के विनोद! एक अविस्मरणीय संवत्सर! ऐसा संवत्सर जिसका तिथि-वार से कोई लेना-देना नहीं...पतरे के बाहर, देशकालातीत मेरा यह वर्ष जाने किस काल ने नियोजित किया था! कल शायद बीत जाएगा यह। और वैसे बीतेगा भी नहीं, जैसे सूर्योदय और सूर्यास्त नहीं बीतते। चंद्रोदय और चंद्रास्त नहीं बीतते। काल के सातत्य के किस प्रवाह-बिंदु पर मिला उनसे मैं? सचमुच, 'क्या भूलूं, क्या याद करूं!'

अभी-अभी कैलाशजी, उनके ज्येष्ठता क्रम में दूसरे पुत्र, ने फोन करके डॉ. भीमदान देथा साहब को बुलाया है। डॉक्टर साहब आ चुके। वे उनके कमरे में हैं और उनके 'बॉडी पैरामीटर्स' की पड़ताल कर रहे हैं। उनके शरीर ने अब अन्न को अस्वीकार कर दिया है। चार में से किसी एक प्रकार का भी अन्न उन्हें स्वीकार नहीं। गीता में भगवान ने कहा है कि चार प्रकार का अन्न मैं ही पचाता हूं—चर्व्य, चौष्य, भौज्य और भक्ष्य! चबाने का, चूसने का, भोजन करने का और भक्षण करने का अन्न! नहीं, वे प्रायः तीन दिन से कोई अन्न स्वीकार नहीं कर रहे। चिमनारामजी और निर्मल ने आज भरपूर प्रयास किए। वे तरलतम पदार्थ को भी अपने गले से नीचे नहीं उतार पा रहे।

मैंने दोपहर में पूछा था चिमनारामजी से, "कुछ लिया जी'सा ने?"

उन्होंने गर्दन हिलाकर कहा, "पाछो आवै...गळा सूं हेटो ई नीं ऊतरै...!"

मैं निरंतर प्रार्थनारत हूं; मां, मेरी लज्जा रखना...बस, कल-कल का दिन। कल मेरा संकल्प, मेरा उनसे किया वादा पूरा हो जाएगा। मैं इसी के निमित्त संलग्न

हूं अहर्निश...अपनी समस्त सांसारिक प्रतिकूलताओं के बरक्स!

मेरे अपने सहोदर ज्येष्ठ भ्राता गिरधारीलालजी की मृत्यु हुए आज पांच दिन बीत चुके। मेरी पत्नी चंदा मेरा प्रतिनिधित्व कर रही है रोजाना बड़े भाई साहब के घर होने वाली बैठक में। जो मेरे दिवंगत भाई से परिचित तक नहीं, वे मेरे मित्र रोज इस शोक-बैठक में पहुंच रहे हैं मुझे सांत्वना देने। पर मैं यहां एक अलग ही सांत्वना की बाट जोहता कर्मरत हूं।

पत्नी ने फोन पर बताया, कल श्री ब्रजरतन जोशी, राजस्थानी लेखक शिवराज छंगाणी के अनुज तुलसीराम छंगाणी और पुत्र सुशील छंगाणी, राजस्थानी नाटककार सूरजसिंहजी पंवार, मेरे कई बालसखा आदि 'बैठने' आए थे। मुझे उपस्थित न पाकर क्या सोचा होगा उन्होंने? पर मैं कुछ नहीं सोच पा रहा, सिवाय इसके कि बिज्जी 'बातों की बगिया' (उनके द्वारा प्रस्तावित 'फुलवाड़ियों' का हिन्दी शीर्षक) उजाड़कर न चले जाएं! नहीं, मां मेरी सहाय करेगी। मैं कल या परसों उनकी जीवित काया के चरण-स्पर्श कर विदा होऊंगा यहां से।

10 दिसंबर, 2013 को भाई साहब की पूर्णकाम मृत्यु को हुए सवा महीना गुजर जाने पर मेरे कनिष्ठ पुत्र सुकांत का विवाह प्रस्तावित है। धन जुटाने की चिंता तो है ही, और भी जाने कितनी चिंताएं, पर भरोसा मात्र एक—मां जोगमाया! इतनी दूर लेकर आई मुझे, आगे भी तू ही धकेल देना मां! प्रणाम मां!

10 नवंबर, 2013

अलविदा बिज्जी

आज पृष्ठ की पहली पंक्ति मैंने खाली छोड़ दी है। जैसे उनकी कहानियों में अनेकशः आशंका जतलाई जाती रही है, आज सचमुच वैसा ही हो गया; सूरज आसमान से टूटकर गिर पड़ा—वे नहीं रहे! विजयदान देथा उर्फ बिज्जी ने आज 8:55 पर अपने गांव-घर बोरूंदा में अपनी अंतिम सांस ली। एकबारगी ऐसा लगा, जैसे दो भाषाएं मौन हो गईं, गूंगी हो गईं—राजस्थानी और हिंदी!

कैलाश कबीर, उनके मंझले पुत्र और मैं अलस्सुबह भ्रमण के लिए निकल पड़े थे। करीब 5-6 किलोमीटर लंबा प्रातःभ्रमण कर लौटे तो साढ़े सात बज चुके थे। कैलाशजी ने चाय मंगवाई और मैं अधूरी छूटी अंतिम से प्रथम कहानी 'नीलगायों के वश में' का अनुवाद पूरा करने बैठा ही था कि चिमनारामजी का व्याकुल स्वर सुनाई पड़ा, ''मालजी, कैलाशजी, आओ तो एक बार!''

हम दोनों लपककर बिज्जी के कक्ष में पहुंचे। बिज्जी अपनी उसी सदावंत अभय मुद्रा में चित लेटे नजर आए, मगर तत्क्षण ही प्रतीत हो गया कि वे अब निस्पंद हैं, निष्प्राण। मैंने झट से उनकी नाड़ी टटोली। कोई हलचल नहीं। आंखें

खोलीं तो पुतलियां भी स्थिर। यहां तक कि उनकी पलकों ने एक निर्जीव गति से आकर पुतलियों को पुनः ढांपा। मैंने कहा, "कुछ नहीं बचा। जी'सा चले गए चिमनारामजी!"

कैलाशजी मुझे धकेलते-से आए और उनकी छाती पर हाथ रख दिया। मुझसे कहा, "धड़कन है हलकी-सी!"

उम्मीद ऐसे ही झूठ बोला करती है। मैंने भी हाथ रखा, मगर उनका पिंजर मात्र था हाथ के नीचे...हंसा तो उड़ चला था!

तब तक मोहनजी डॉ. भीमदानजी को बुला लाए। वे हस्बेमामूल अपनी क्लीनिक के लिए निकलने ही वाले थे। उन्होंने डॉक्टरी मुआयना किया और बताया, "अब कुछ नहीं...इन्हें आंगन में लिटाओ!"

मुश्किल से पांच मिनट लगे, आंगन को गोबर से पावन कर उनकी पार्थिव देह वहां लिटा दी गई। मैंने 9:05 पर ई-टीवी जयपुर के संपादकीय सलाहकार अपने मित्र श्री ईशमधु तलवार को फोन पर बताया और 9:15 बजे चैनल पर स्ट्रिप चल पड़ी। फोन घनघनाने लगे। प्रिंट और इलेक्ट्रॉनिक मीडिया दोनों सक्रिय! मेरे पास एकाधिक अखबारों से आग्रह आए कि मैं हाथोंहाथ एक ट्रिब्यूट लिखूं और भेजूं कि कल सवेरे छप सके।

मैं चूंकि बोरूंदा में ही था और अंतिम संस्कार की तैयारी में संलग्न था, मैंने सबसे क्षमा मांग ली। लेकिन एक फोन ऐसा आया कि मैं मना न कर सका। फोन पर एक लड़का खांटी राजस्थानी में बोला, "सा म्हैं सौरभ बोलूं...आपरा दोस्त सुशील पुरोहित रौ बेटौ...!"

अब मैं क्या करता? जोधपुर के अत्यंत आदरणीय उदात्त सरलमना कवि-मानुस स्व. जबरनाथ पुरोहित के पुत्र मेरे मित्रवर सुशील का बेटा था यह! रिश्ते निभाने की कमजोरी शायद विजयदान देथा की ही विरासत ठहरी मुझमें!

उधर फ्युनरल की तैयारी चलती रही और इधर मैं 'ट्रिब्यूट' लिखता रहा। चार पेज पूरे होते-होते यात्रा आरंभ हो गई। मैं लिखना बीच में छोड़कर भागा।

जोधपुर के अनेक मित्र अपनी गाड़ियां लेकर पहुंचे थे। सीपी देवल और शिवदत्तजी भी थे। दोनों को मैंने ही फोन किए थे।

बिज्जी को पंचतत्त्वों में विलीन कर लौटेते-लौटते 5:00 बज गए। तुरंत नहाकर लिखने बैठा। 6:05 पर 'दैनिक भास्कर' के स्थानीय संवाददाता श्री रामेश्वर दाधीच, जोधपुर कार्यालय के निर्देशानुसार आलेख लेने आ पहुंचे। दिया। मैंने तो लिखकर पढ़ा भी नहीं। मां जाने कैसा लिखवाया उसने मेरी कलम से अपने लाड़ले बिज्जी का विदा-गीत! अलविदा बिज्जी!